# LA GESTA DEL DERECHO DE AUTOR EN CHILE

Conversaciones con Santiago Schuster

EDUARDO CARRASCO PIRARD

# LA GESTA DEL DERECHO DE AUTOR EN CHILE

## Conversaciones con Santiago Schuster

Catalonia

Carrasco Pirard, Eduardo

LA GESTA DEL DERECHO DE AUTOR EN CHILE
**Conversaciones con Santiago Schuster**

Santiago de Chile: Catalonia, 2025
240 pp. 15 x 23 cm

ISBN: 978-956-415-147-2

CLASIFICACIÓN (THEMA)
LNR - Propiedad intelectual

Diseño de portada: Felipe Campos
Fotografías de interior: Archivo SCD. Licencia CREAIMAGEN
Corrección de textos: Hugo Rojas Miño
Composición: Salgó Ltda.
Impresión: A Impresores S.A.

Dirección editorial: Arturo Infante Reñasco



Primera edición: marzo, 2025

ISBN: 978-956-415-147-2
RPI: q31xbf (Código de Solicitud, 10-03-2025)


Santa Isabel 1235, Providencia
Santiago de Chile
www.catalonia.cl - @catalonialibros

# Índice

# Índice

# Presentación

El derecho es una prerrogativa que la sociedad concede. Algunas veces esto viene de la forma en que se constituye la sociedad misma e incumbe a todos los que forman parte de ella. Otras veces es una gracia que se concede a unos pocos debido a una cualidad que ellos tienen que se reconoce indispensable para la vida en común. Nietzsche dice: "Sin la música, la vida sería un error". Nosotros decimos: "Sin el arte, la vida sería un error". La inevitabilidad de la música es la misma que tiene la pintura, la literatura, la escultura, el cine, y en general todas las formas en que se expresa ese gran misterio que llamamos "creación". Creación es hacer aparecer en el mundo humano lo que antes de esta aparición no estaba presente, enriquecer el mundo con algo nuevo, que además viene la mayor parte de las veces con el sello deslumbrante de la belleza. Es esa manifestación lo que le abre las puertas a un verdadero "más allá", lo que va construyendo de infinitas maneras el sueño de una promesa cumplida. Porque el arte, como dice Matta, "es el deseo de lo que no existe y la herramienta para realizarlo". Que exista el arte es la gran esperanza sin la cual estaríamos todos encadenados a un interminable presente, donde nada se movería nunca; a la igualdad perfecta y aturdidora de lo que ya fue, por la que no alcanzaríamos nunca la experiencia de que todo puede ser mejor, de que no estamos presos en la cárcel del tiempo, de que nuestra imaginación y nuestra sensibilidad son capaces de abrir esas puertas y regalarnos los momentos de perfección que nos son indispensables para seguir viviendo.

Es por eso que necesitamos creadores y por eso que nuestra sociedad debe organizarse para que los artistas de todos los géneros puedan existir en su seno. Los artistas han vivido la mayor parte de la historia de la buena voluntad de un mecenas que, por admirar su obra, los financian. Pero, a partir de la modernidad, esto ha cambiado, y las sociedades más avanzadas han inventado el "derecho de autor" como el modo de reconocer que el autor es dueño de su propia obra y que, en calidad de tal, puede obtener recursos a través del pago por el uso que hacen otros de sus obras.

Este derecho, como todos los demás derechos, para ejercerse debe ser reconocido. Y este reconocimiento no es un regalo del cielo; es el largo trayecto de una larga lucha que va desde la inexistencia de tal derecho, hasta su formulación en leyes y hasta la ejecución de estas leyes a través de la exigencia del cumplimiento que hacen todos los que de alguna manera se benefician de la obra de los artistas. En Chile, también ocurrió esta transformación de lo completamente injusto y arbitrario a lo legal, a lo justo y a lo beneficioso para los artistas y para la sociedad en su conjunto. Este camino difícil es el que se describe en este libro, que por eso se llama *La gesta del derecho de autor en Chile*.

# Prólogo

La *Gesta del derecho de autor en Chile* es una muy interesante revisión del proceso de transformación del derecho de autor en nuestro país desde sus inicios hasta la actualidad. Es interesante constatar que el libro no solo es un recuento histórico, sino que también tiene una mirada de futuro sobre los desafíos que enfrenta el derecho de autor y una proyección de las luchas que vendrán.

La conversación entre Eduardo Carrasco y Santiago Schuster sobre los cambios legales y la institucionalidad del derecho de autor nos acerca a las personas que han colaborado para hacer de esta regulación una protección más efectiva y adaptarla a los tiempos actuales. A través de los diálogos emerge el principal protagonista de los derechos de autor: los autores y las autoras que proyectan parte de su propia personalidad en las obras y merecen profundo respeto por su creación. Esta protección no solo los beneficia en su proceso creativo, sino que enriquece a la sociedad en su conjunto.

El libro se sumerge en la historia reciente de nuestro país. Se inicia dando cuenta de la insuficiencia institucional de la cultura en Chile a finales de los años setenta; de una Ley de Propiedad Intelectual desconocida, al extremo de que ni siquiera era estudiada en las universidades; de una oficina del Pequeño Derecho de Autor de la Universidad de Chile encargada de la gestión de los derechos de autor, en la que el autor tenía poco o nada que hacer. Esa precariedad se cruza con la precariedad nacional. Un país sometido a una dictadura militar, donde la expresión de las ideas era censurada con tortura y desaparición. A través de la persecución política se generó también una persecución de los artistas. Es imposible no hacer el cruce entre la democracia y el respeto al artista y su creación. Tal como explica Santiago Schuster, el derecho de autor dignifica al creador al identificarlo como el titular de los derechos, valorando a la persona y su vínculo con la creación. Para que eso funcione, se necesita que el Estado de Derecho también funcione.

La vuelta a la democracia a principios de los noventa permite una revinculación con las instituciones y el desarrollo de nuevos espacios de relevancia pública. La institucionalidad cultural y medioambiental son ejemplos concretos de la incorporación de nuevos temas desde lo público. El desarrollo de la Sociedad Chilena del Derecho de Autor (SCD), su denominación original, y todas las otras sociedades de artistas en sus más variadas formas de expresión creativa son ejemplo del Chile que se reconstruye de una forma distinta, destacando que la asociatividad tiene un rol importante que cumplir en la búsqueda del resguardo de los derechos y también en el desarrollo de iniciativas de interés público.

Las plataformas de gestión colectiva cumplen un rol fundamental al permitir que el artista se vincule con su obra y perciba una retribución económica por su uso, pero, tal como se explica en este libro, su labor transciende con creces ese objetivo. La forma en que la SCD desarrolla esta labor queda muy bien representada en este libro. Se habla de los premios Altazor, de las salas SCD, del Sello Azul, del Sello Oveja Negra, la Escuela de Música Popular SCD, las partituras de música chilena, la preocupación por los socios adultos mayores a quienes se les da apoyo económico, y podría seguir con la lista de iniciativas de ayuda a los (y las) autores.

Hay varios momentos del libro en el que nos encontramos a Eduardo Carrasco y Santiago Schuster discutiendo acerca de la complejidad y riqueza del proceso de creación artística y puntos de vista diferentes en relación con momentos desafiantes para la SCD. Este intercambio de ideas es un desafío para el propio lector, en el sentido de que invita a tener un rol activo en el debate y no conformarse con una sola postura frente a temas que generan controversia. La promoción del pensamiento crítico es siempre bienvenida, más aún en un libro que aborda la importancia del derecho de autor.

Quiero terminar esta invitación a leer el libro con una reflexión final. Los procesos de cambios institucionales son siempre colectivos y en este libro Santiago Schuster tiene especial preocupación por destacar a muchas personas, especialmente a autores, quienes han trabajado duramente en el fortalecimiento del derecho de autor, en su adaptación a los nuevos desafíos y en la promoción de un trato digno para los artistas nacionales. Algunos son más conocidos que otros, pero acá todos colaboran para dignificar la labor artística. Sin un compromiso colectivo, sería difícil o derechamente imposible imaginar todas las iniciativas desarrolladas por la SCD en la consolidación de la gestión del derecho de autor y también en el apoyo para otras entidades de gestión colectiva.

A pesar de lo anterior, e insistiendo que los procesos exitosos son generalmente colectivos, no puedo dejar de destacar cómo la labor de Santiago Schuster se cruza en esferas muy diversas, pero que se conectan con el derecho de autor. Este libro registra el vacío académico sobre esta materia tan importante, y muchos de quienes fuimos alumnos y alumnas de Schuster en la universidad sabemos cómo él se preocupó de abrir en favor del derecho de autor un espacio en la enseñanza universitaria, tanto en las labores de docencia como de investigación. La forma en que él explica el sentido del derecho de autor en este libro es el mejor ejemplo de la vocación de docencia de Schuster. Asimismo, si revisamos las políticas públicas sobre el derecho de autor, destacando la ley de la música, ley del cine, las modificaciones legales a la Ley N° 17.336 con toda la discusión sobre las excepciones legales e incluso las discusiones sobre una nueva Constitución, también nos encontraremos con un Santiago Schuster activo, dando cuenta de que estas temáticas no son simplemente representativas del ejercicio profesional de este abogado de la Universidad de Chile, sino que también es una pasión que lo moviliza e invita a involucrarse en cuerpo y alma en estas labores. Su rol en la consolidación de la Confederación Internacional de Sociedades de Autores y Compositores (CISAC) a nivel latinoamericano, la creación de la SCD con todos los proyectos ya mencionados son otros ejemplos de este estrecho vínculo.

Agradezco a Eduardo Carrasco por acercarnos a este recorrido por el proceso histórico del derecho de autor en Chile, y ciertamente agradezco este libro como testimonio del compromiso de Santiago Schuster en fortalecer el derecho de autor como un objetivo íntimamente ligado al resguardo de los y las artistas.

Elisa Walker Echenique

# Los comienzos

**Eduardo Carrasco (C):** *Quisiera empezar tratando de entender cómo se hace un Santiago Schuster, qué circunstancias dan lugar a esta persona, cómo llegamos a este ser humano que yo tengo ahora delante mío... ¿De dónde vienes tú?*

**Santiago Schuster (S):** Soy el cuarto de una familia de 11 hermanos. Dos fallecidos. Nací en Copiapó, en la casa de Marmaduke Grove, y esa es una curiosidad que me gusta. El 25 de julio de 1954, el año en que murió Marmaduke.

C: *¿Y por qué Marmaduke Grove?*

S: Grove era de una familia de Copiapó. Fue el fundador del Partido Socialista y participó en el Golpe de Estado de septiembre de 1924, que dio lugar a la República Socialista de los 100 días. Lo de nacer en su casa es casualidad, es lo que mi padre pudo arrendar y resultó ser la casa de Marmaduque Grove en la que nací. Porque en esa época, en Copiapó, los partos eran en la casa. Conocí esa casa el año 78, cuando fui por primera vez a Copiapó, ya adulto. Estaba en ruinas. Me acuerdo del nombre de la calle y el número, Las Heras 99. Pero siempre he sentido esa presencia de Grove, un desordenado, un revoltoso.

C: *¿Qué hacían tus padres en Copiapó?*

S: Ellos se conocieron en Rancagua, en la primera destinación de mi padre como joven oficial de Ejército. Mi madre tenía 14 o 15 años y mi padre era un alférez de 22. Pololearon un buen tiempo como las parejas tradicionales, se casaron y vivieron en distintas ciudades, según las destinaciones que les caen a los militares. Primero fue San Felipe y la siguiente destinación Copiapó, en el año 52. Entonces ya tenían dos hijos, y en Copiapó nacieron otros dos, mi hermana Jimena y yo.

C: *Háblame de tus padres...*
S: Alejandro Schuster Núñez y Alicia Vergara Cuadros son mis padres. Mi padre viene de una familia de clase media, de inmigrantes alemanes que llegaron con Vicente Pérez Rosales en los años 1850, los que poco a poco se fueron alejando de esos orígenes, pero que mantuvieron una cierta tradición. Mi abuelo paterno, que también se llamaba Alejandro, hace el primer cruce biológico cuando se casa con mi abuela Clementina Núñez Zamora, y ella, como sus apellidos lo indican, era puramente chilena, de una familia más bien acomodada, hija de un médico, don Ildefonso Núñez Olaechea, y su madre, doña Rosaura Zamora Garcés, de cierta alcurnia.

C: *¿De dónde era ella?*
S: Mi abuela paterna era de Santiago, pero nació en Vallenar y de ahí se trasladaron a Santiago. En realidad, primero huyeron desde Vallenar a Argentina para la Revolución del 91, porque don Ildefonso era un balmacedista comprometido. Mi bisabuela Rosaura era hija de un hacendado argentino, y por eso arrancaron en carretas hacia San Juan. Años más tarde regresaron a Santiago.

Ildefonso estuvo en la Guerra del Pacífico, se enroló en la Armada, y cuenta la historia —está documentado— que lo hizo junto con el cirujano Cornelio Guzmán. Cuando se enrolaron, como mi bisabuelo era algunos años mayor y más antiguo según el rango que le dieron en la Armada, pudo elegir en qué barco servir y él optó por la corbeta Chacabuco, que tenía más posibilidades de intervención en la guerra. La alternativa era La Esmeralda. Eso lo salvó de participar en el combate naval de Iquique porque su compañero fue destinado a La Esmeralda, que era una nave con escasas posibilidades de entrar en acción, y gracias a eso es que estoy sentado aquí contigo... aunque el cirujano Guzmán no murió en el Combate Naval de Iquique, fue tomado prisionero y, de acuerdo con las hojas de vida de ambos en la Armada, Guzmán estuvo nuevamente con mi bisabuelo, como cirujano, en la campaña de Chorrillos y Miraflores.

Mi abuela Clementina es una de las primeras universitarias chilenas, era química farmacéutica y estudió en la Universidad de Chile. En ese momento Química y Farmacia estaba en la Facultad de Medicina. Ella fue un personaje muy importante en mi vida; de hecho, me fui a vivir con ella a los 14 años, pero ese es otro tema.

C: *¿Y por qué te fuiste a vivir dónde tu abuela?*
S: Porque mi abuela tenía una casa grande, con mucho espacio y vivía sola con una hermana de mi padre, Olivia; yo tenía mucha cercanía con mi abuela y, en la precariedad en la que nosotros vivíamos en nuestra familia ya muy numerosa, mi traslado era un alivio para mis padres...

C: *Se deshacían al menos de uno...*
S: No fue deshacerse, pero creo que se daban varias cosas favorables. Mi papá era un hijo impecable, siempre preocupado de su madre, todos los días hablaba con ella. Me acuerdo de que íbamos juntos a llamarla por teléfono a una "fuente de soda" que estaba cerca de nuestra casa. En Recoleta con Dominica, al lado del Teatro Recoleta. El teléfono de pared se pagaba por minuto de uso al cajero de la fuente de soda, y tenía un receptor tipo bocina, debajo del disco de marcado, desde donde se podía hablar, al principio subido en los brazos de mi padre. En esa época tener teléfono era una rareza. Por lo tanto, mi traslado de residencia a la casa de mi abuela era una compañía y una ayuda. Para mí era guarecerme en un espacio seguro, porque ahí ya la precariedad no existía...

C: *¿Tu abuela vivía bien?*
S: Vivía en Simón Bolívar, en una casa grande, entre Brown Norte y Luis Pereira, cerca de lo que hoy es el Campus Oriente de la Católica. Conversábamos mucho, jugábamos a los naipes. Yo sentía que estaba en un lugar seguro. Eso me hizo muy bien y viví ahí tiempos felices.

C: *¿Hasta cuándo fue eso?*
S: Toda mi época de estudiante secundario seguí viviendo en la casa de Simón Bolívar y, de hecho, no volví más a la casa de mis padres, que se habían trasladado a un departamento en Providencia con Carlos Antúnez, como beneficiarios de los programas de vivienda de la Caja de Empleados Particulares; la forma usual en que la clase media adquiría los bienes raíces en ese tiempo. Además, llegó ahí mi hermano con su pequeña familia, entonces yo no cabía... Eran nueve, más mi hermano con su señora y su hijo.

C: *Entiendo.*
S: Cuando pienso en esa época, la identifico con un gran respaldo que tuve como niño y como adolescente. Mi vida habría sido distinta si no hubiera

tenido ese cambio para vivir con la abuela Clementina. Siempre tuve una buena relación con mis padres, no es que me haya arrancado de la casa. No era un rebelde, ni mucho menos. Pero lo cierto es que me hizo muy bien.

**C:** *¿Y qué relación tenías con tu abuela? ¿Discutían? Porque en esa época te metiste en política...*
**S:** No teníamos discusiones políticas. Mi abuela sufrió mucho esa época de la UP. Ella no tenía ninguna simpatía por el gobierno de Allende. Había un clima enrarecido por la violencia y la radicalización de las posiciones que se daba en todo el espectro social. Le preocupaba que yo no llegara a la casa y se angustiaba con las noticias en la radio, en las que decían que habían tomado a estudiantes detenidos...

**C:** *¿Y alguna vez te tomaron?*
**S:** No. Eran las cosas que se decían. Empecé a ser un tipo que salía en los diarios en esa época, siendo apenas un adolescente, y las radios eran muy alarmistas. "Violento incidente en el colegio tanto...". Y llegaba en la noche y mi abuela estaba llorando... Pero no fueron tantas veces, ella era una persona muy culta, lectora, informada, divertida. Conocí las historias de mi familia a través de ella, de mi familia antigua. Mi abuela fue una persona a la que me une un vínculo protector y de cariño, y para un adolescente que vive en una familia muy grande donde no hay posibilidad de ocuparse de cada uno en forma puntual, fue un regalo encontrarla.

**C:** *¿Y estuviste solo ahí?*
**S:** Sí, imagínate que cuando vivía con mi familia en el barrio Recoleta dormíamos seis en una habitación.

**C:** *¡Chuuu!*
**S:** Dos camarotes y dos camas, seis. Y con mi abuela pasé a vivir en un lugar donde tenía una habitación para mí solo, en una casa con balcón, patio, naranjos. Y eso fue bueno.

Pero ahora, para completar la genealogía, te puedo decir que del lado de mi madre todos son huasos rancagüinos. Mi bisabuelo, que es la piedra angular de esa rama, es Marcial Vergara, un personaje de novela. Mi bisabuela, doña Carlota Cerda. Ambos son de Rancagua. Mi bisabuelo era agricultor, con buena posición dentro de la sociedad rancagüina. Se dice que él, junto a otros próceres de la ciudad, construyó la medialuna de Rancagua, pero esa es otra parte de la historia. ¿Por qué te nombro a los bisabuelos? Porque son los que forman la columna vertebral familiar, en ambas ramas. Mi abuelo materno, Carlos Vergara Cerda, un hombre de una gran bondad, estuvo siempre ligado a la férrea personalidad de su padre.

**C:** *Estuvo a la sombra del padre.*
**S:** Cuando fallece mi bisabuelo dejó una cierta fortuna, la que no fue bien administrada por mi abuelo. Pero esta es una historia familiar que no conozco mucho. Lo cierto es que la desaparición del patriarca produjo un desbarajuste.

**C:** *Tu abuelo no se hizo cargo.*
**S:** Creo que no estaba preparado.

**C:** *Y esa familia se desmoronó...*
**S:** No. Mi abuela vivió con su hijo menor, otro Carlos, que lo llamaban "Chicho", alguien que me fascinaba porque era muy versátil, dibujaba, estaba al día en la onda musical, me decía que se aprendía inglés escuchando el rock and roll.

Cuando murió mi abuelo Carlos, joven, con cincuenta y tantos años, mi abuela Ester y este tío Chicho se fueron a vivir con nosotros, que ya éramos una familia grande. Estuvieron unos años... no sé cuántos.

**C:** *¿Cómo lo hacían?*
**S:** Me hago la misma pregunta. ¿Cómo podíamos vivir tanta gente en una misma casa? Era una situación incómoda, pero al mismo tiempo una experiencia fortalecedora, porque cuando tú has vivido la precariedad, te haces más fuerte. Teníamos que enfrentar muchas carencias y eso te produce una cierta inseguridad, pero por otro lado te da herramientas para resolver las dificultades. Y creo que eso fue importante. No viví tanto tiempo esas penurias, como mis otros hermanos, y particularmente mis hermanas, porque a los 14 años ya no estaba en la casa.

**C:** *¿A qué le llamas precariedad?*

**S:** La precariedad es realmente pobreza. Tiene mucho sentido la canción del gitano Rodríguez: "... siempre tuve un miedo inconcebible a la pobreza". Ese temor a la pobreza hace que uno tome decisiones radicales; por ejemplo, trabajar intensamente o estudiar mucho. Es la preocupación por el futuro incierto. Eso es bueno y malo. Por un lado, la precariedad te angustia, pero también te focaliza mucho hacia lo que viene. Y eso es valioso porque, cuando estás mirando el futuro, anticipas, preparas, no improvisas. Pero también te quita confianza. Nunca he sentido tener un respaldo material de alguien detrás mío... Si me metía en un problema, tenía que arreglármelas solo, como de hecho ocurrió más de una vez. En cambio, la mayoría de mis amigos tenían buen respaldo detrás de ellos...

**C:** *¿Y eran más débiles?*
**S:** No creo, la precariedad o el respaldo no define el futuro de una persona. Simplemente marca de cierta manera e instala valores; por ejemplo, la perseverancia, no decaer, seguir adelante contra viento y marea. En mi colegio el lema era "*Labor omnia vincit*", "El trabajo lo vence todo". Ese es el lema del Instituto Nacional y siempre ha tenido mucho sentido para mí.

**C:** *Peligroso porque, como tú sabes, el lema de Auschwitz era "El trabajo te hace libre". "Arbeit macht frei".*
**S:** No lo sabía. Pero esto es algo distinto, es auténtico, está en la insignia del colegio: *Labor omnia vincit*. La perseverancia te abre camino...

**C:** *Y ese valor te sirve toda la vida.*
**S:** Claro, porque da resultados, es esencialmente pragmático. Ahora, también me marcaron otras cosas: la música y también el lugar que ocupaba la espiritualidad. Mi papá me conectó con una religiosidad que hasta cierto punto fue abrumadora. Ellos eran muy religiosos, especialmente mi papá...

**C:** *¿Tu papá era luterano?*
**S:** No, mi abuelo por tradición familiar lo era. Mi papá es católico muy observante y eso influyó en mí desde el nacimiento, porque hay una historia un poco extraña que relatan mis padres. Se preveía que yo nacería para el mes de agosto, y mi padre había dicho que si el próximo hijo era hombre —no había ecografía en esa época— se iba a llamar Santiago, porque Santiago era el símbolo de la

evangelización en Chile, etc. Entonces, muere repentinamente mi abuelo paterno, Carlos, el 15 de julio, y se produjo un adelanto de mi nacimiento. Esto puede ser leyenda, pero siempre lo cuenta mi padre en forma muy veraz. Se produce un adelanto de mi nacimiento, y nazco el domingo 25 de julio, que es un año compostelano en que se celebra la fiesta del apóstol Santiago en Galicia, en Santiago de Compostela. Eso tiene lugar cada vez que el 25 de julio cae en día domingo. Dadas estas coincidencias mi papá pensó que yo iba a ser un santo —no, eso es un chiste— y me puso Santiago. Ese nombre me pesaba mucho cuando chico, aunque hoy está algo de moda, pero cuando yo era niño nadie se llamaba así, nadie. Era tener el nombre de la ciudad.

**C:** *¿Y tú sabías que había una relación con ese apóstol?*
**S:** No.

**C:** *¿Pero por qué te pesaba?*
**S:** Es que a propósito de mi nombre me hacían lo que hoy se conoce como *bullying* llamándome "Valparaíso", "Concepción", porque les parecía que yo llevaba absurdamente un nombre de ciudad. Lo único que quería era llamarme "Pablo" o de alguna otra manera.

**C:** *Y de lo único que no me has hablado es de la familia de tu abuela materna...*
**S.** No sé mucho de ellos. Aunque conocí a mi bisabuelo Arturo Cuadros, que era de una familia de relojeros y también músicos de la Serena. Mi abuela Ester Cuadros Pinto tenía dos hermanos, Arturo, que era veterinario, y Óscar, también relojero. Recuerdo haberlo visitado en una relojería en calle Compañía, se llamaba Tic Tac, cerca de la Plaza de Armas, me impresionó porque usaba un inmenso lente en uno de sus ojos. Para mí esa parte de la familia es mi abuela Ester, que era cuidadora y querendona, y que vivió con nosotros en Recoleta.

**C:** *Entonces volvamos sobre tu padre...*
**S.** Mi padre estudió en el Colegio Alemán, después fue al Instituto Nacional y finalmente a la Escuela Militar, donde se graduó de oficial. De esto conozco mucho porque con mi padre de 97 años nos juntamos todos los domingos a conversar y hablamos de su historia, que es también la historia de Chile. Tiene una memoria prodigiosa. Es muy interesante escucharlo,

porque vivió unos años bien tremendos, imagínate que en el año 38, cuando estaba en el Instituto Nacional, ocurrió la matanza del Seguro Obrero. Y él cuenta estos hechos tal como los vio, cómo salió con sus compañeros del colegio a la Alameda, porque los habían mandado para la casa, lo que vio en las calles, los tanques frente a la Casa Central de la Universidad, los comentarios de la gente, etc.

C: *¿Esta familia Schuster que tiene orígenes alemanes, de alguna manera mantiene ciertas costumbres de colonos? ¿Cuáles son? Por ejemplo, ¿llegaste a sentirte vinculado con Alemania?*
S: La lengua que los niños colonos hablaban en la Unión o en Valdivia era el alemán, y si aprendían castellano era por las "nanas", esa era la forma en que ellos se metían al mundo chileno. Mi abuelo se salió de esta tradición cuando se casó con Clementina. Recuerdo que desde niño, y a pesar de que mi abuelo bailaba cuecas, y era interesado en la cosa política, adherente del Partido Radical, etc., conservábamos una cierta tradición de fiestas alemanas: la Pascua de Resurrección, por ejemplo. Entonces, se cultivaba un cariño por las cosas de Alemania, la cultura, la música, pero no había un chovinismo alemán ni mucho menos. Mi abuelo era luterano y mi abuela, católica, y de hecho mi padre fue al Colegio Alemán cuando niño y aprendió el alemán.

C: *¿Tenían vínculos con otros alemanes?*
S: No, que yo recuerde, no. Salvo el señor Teicher, vecino en Bolívar, alemán, que tenía un telescopio y lo visitábamos con mi abuelo para ver la luna. Pero no recuerdo que hablaran en alemán.

C: *Entonces estaban asimilados.*
S: Totalmente.

C: *Por lo tanto, ese aspecto no te conformó a ti fundamentalmente. ¿Fuiste a algún colegio alemán?*
S: No, ninguna posibilidad de estudiar en la Deutsche Schule. Con la salida de mi papá del ejército su situación económica no mejoró mucho, no tenía una profesión, y entonces trabajó como empleado administrativo en algunas empresas y, como te he dicho, la situación económica nuestra no era buena. Cuando regresamos de Copiapó a vivir a Santiago, al comienzo estuvimos al

alero de mis abuelos en Simón Bolívar; luego de unos años nos trasladamos a Recoleta, a un edificio que hoy día está declarado patrimonio arquitectónico y que está al lado de la iglesia de la Recoleta Dominica. Fue un cambio potente. Llegamos a un lugar muy colectivo, muy social. Vivíamos en un edificio curioso, de tres pisos, que tenía doce departamentos, dos en cada piso, y dos en los descansos de las escaleras, que estaban construidos de tal forma que la pared exterior daba a un patio interior del primer piso, y era de madera y solo cubría la mitad del espacio. Es decir, un departamento al aire libre, que se llovía en invierno. Era una construcción muy curiosa, tú subías a la moldura de la pared, una madera horizontal que reforzaba la pared, y te mirabas con todos. Se escuchaba cada palabra del vecino...

**C:** *El edificio era vuelto hacia dentro...*
**S:** Sí, era un edificio con una fachada pequeña pero con un interior muy extendido, muy largo. Todos nos enterábamos de la vida de los vecinos y había algunos también con familias grandes. Y ese fue un elemento muy formador, porque había gente de distintas condiciones sociales, en general modestas. Nos enterábamos de todos los problemas que había dentro de las familias, los niños conversábamos gritándonos de un lado a otro, y teníamos una vida de muchos juegos entre nosotros. Era algo muy particular y, por supuesto, divertido...

**C:** *Era muy familiar.*
**S:** Muy familiar, así es, pasábamos juntos los años nuevos, los cumpleaños... El día en que el primer vecino tuvo un televisor todos nos juntamos en el living de su casa a ver...

**C:** *Eso quizás era el equivalente a lo que sucedió en los barrios.*
**S:** Claro, era una vida muy intensa: de saber lo que le pasaba al otro y de interesarse por lo que le pasaba al otro, que en sus extremos llegaba hasta la copucha, pero en su lado positivo era saber que uno vivía en comunidad. Y eso fue importante. A esas alturas yo era el cuarto de ocho hermanos; entonces, tú comprenderás que en medio de esa multitud de hermanos mis papás poco se enteraban de lo que a mí me pasaba. Yo era el "sándwich", por eso estoy seguro de que ahí hay un elemento que puede ser muy formador. Después vino mi primer colegio: el Leonardo Murialdo, de los padres

josefinos, que está ahí en Santa Filomena, cerca de donde hoy se encuentra la sala SCD. Estuve ahí en primera y segunda preparatoria. Era un colegio imposible: imagínate que en el curso al que yo entré ¡había 70 alumnos! Pero no fue difícil porque ya había aprendido a leer desde muy pequeño: mi papá les enseñaba a mis hermanos mayores y yo paraba la oreja. Entonces, eso fue también una luz que sirvió para introducirme al mundo. A mi madre este colegio no le gustaba porque lo encontraba muy masivo. Era una época en que la letra entraba con sangre, había un trato que no voy a decir que fuera muy violento, pero te llegaban cachetadas si hacías mal la letra "f". Por eso, me sacaron de ahí y me matricularon en la Academia de Humanidades, de los padres dominicos, que era más formal y que en vez de cachetadas te pegaban chirlitos en la nariz y además estaba al lado de mi casa. Era un colegio más selectivo y ahí estudié hasta "cuarta preparatoria", como se llamaba en esa época —hoy, cuarto básico—, y como todos los niños de barrio que en esa época eran buenos alumnos me postularon al Instituto Nacional. Este último se iniciaba en quinto básico y tenía un examen de admisión muy exigente, pues durante toda una semana tenías que ir a dar pruebas en cada uno de los ramos: castellano, matemáticas, inglés, historia... y fruto de su resultado era la lista de los niños que llegábamos al colegio. Era un lugar, diría yo, para entrenar la inteligencia. Había un entendido entre profesores y estudiantes que estábamos ahí por algo, y para algo, y que estudiar en ese colegio era un privilegio. Además, yo llegué al edificio nuevo del Nacional, que todavía funciona detrás de la Universidad de Chile y que nuestra generación inauguró el año 1965. La inauguración fue encabezada por el recién electo Presidente de la República, Eduardo Frei Montalva. En esa época el Instituto Nacional estaba muy orientado a la excelencia. Mi profesor de preparatoria, inolvidable, Luis Reyes Aravena, era de Cauquenes y siempre nos hablaba de su ciudad. Había egresado como profesor normalista, y estaba estudiando derecho al mismo tiempo que hacía clases. También era profesor en el Grange School y era comunista de partido.

C: *¿Y todo el mundo lo sabía?*

S: Por supuesto, y él lo planteaba con toda claridad. La formación que me daban mis padres, en cierto sentido, era todo lo contrario, porque mi papá era un hombre muy católico y se definía como anticomunista, muy contrario a todos los procesos revolucionarios de la época.

**C:** *Muy conservador.*
**S:** No, no era conservador, o quizás conservador en el sentido de los valores tradicionales, pero muy identificado con los más débiles, con los necesitados.

**C:** *Háblame de ese profesor del Instituto Nacional.*
**S:** Luis Reyes fue un tipo clave para mí porque, a pesar de nuestras diferencias, siempre respetó todo lo que yo decía, me dio la posibilidad de hablar abiertamente y tenía un método muy interesante para enseñarnos a pensar por nosotros mismos. Todos los lunes teníamos una clase de expresión oral, en la que teníamos que exponer sobre un artículo del periódico del domingo y tenías que comentarlo al frente de todo el curso, en una especie de planta elevada que tenían las salas de clases.

Nos hablaba del socialismo y de lo que él pensaba... pero siempre sentí que él tenía un gran respeto por lo que yo pensaba y nunca intentó siquiera convencerme de sus posturas. Yo fui evolucionando en mi pensamiento, por supuesto. Después me encontré en la vida con él como abogado, porque finalmente se tituló. No hizo una carrera profesional conocida. De lo que yo me acuerdo, en algún momento fue abogado de Ferrocarriles. Como formador fue extraordinario, admirado por todos sus alumnos.

Después vendrán en Chile todos los acontecimientos históricos que van a afectar a muchas personas y que tú conoces tan bien como yo. Pero el sello de ese colegio de excelencia, con un ambiente lleno de estudiantes motivados que después serían personalidades públicas, fue muy decisivo para todos nosotros. Yo entré en la época en que estaba Carlos Ominami, Osvaldo Puccio, los Büchi, Ricardo Solari y hasta Eliseo Salazar en el curso paralelo al mío.

**C:** *Era gente que en ese momento no era nada.*
**S:** Éramos todos picantes estudiantes que andábamos en micro. Yo con diez años me iba en micro al colegio: tomaba la Recoleta-Lira y llegaba hasta el colegio en Arturo Prat; y lo mismo todos los días de vuelta. Esa era mi vida escolar.

**C:** *Tú entraste en quinta preparatoria y te quedaste hasta el final.*
**S:** Menos un año en el que entré a la Escuela Militar.

**C:** *Fuiste milico.*

**S:** Sí, fui un año. Mi hermano Alejandro, que estaba en la Escuela Militar, se retiró porque se enamoró y se casó muy joven, lo que produjo una especie de vacío porque había un entusiasmo familiar por el asunto. Fue algo curioso. No le dije a nadie y postulé. Una experiencia muy divertida porque yo era malo para los deportes, y dentro de los exámenes para ingresar había un montón de pruebas físicas: cuántas flexiones en barras hacías, correr 2.000 metros, natación y cosas así; y yo ni siquiera sabía nadar... Pero igual me presenté y como nadie sabía de mi postulación no me importó pasar estas pruebas. ¡Y quedé! Porque en los exámenes más teóricos me fue bien y en una entrevista personal que le hacían a cada uno de los postulantes me fue muy bien. Me dijeron que mi entrevista personal había sido calificada de excelente y que esa era una de las razones por las que iba a entrar. En esa entrevista había un capellán y un mayor, los que me preguntaron si yo quería seguir la carrera militar. Y les dije que no estaba seguro y les expliqué por qué, y eso a los tipos parece que los convenció. El hecho es que entré y estuve un año y un día. Además tenía beca, por ser hijo de un exoficial. Fue un ambiente bueno, pero que tuvo dos caras. El lado negativo es que era un ambiente que no tenía mucho que ver con mi personalidad. Las cosas que me interesaban no eran las mismas del grupo de cadetes porque venía de un ambiente escolar distinto, donde había otra valoración de las capacidades de cada estudiante. Me acuerdo de que en la clase de castellano el profesor Ángel Custodio González, un escritor, poeta, que había sido embajador en Turquía, puso un cierto texto para la discusión o comentarios, y yo levanté la mano como lo hacía en el colegio para dar una opinión y fue fatal, me pifiaron. No hablé más. Estaba en tercero medio.

**C:** *¿Y cómo tendría que haber sido?*
**S:** Lo que pasa es que había unos estándares que son propios de la milicia: la fortaleza física, el compromiso con las misiones que se entregaban al grupo, la subordinación al que manda, etc., y yo era más bien individualista, en el sentido de que no me gustaba depender de otros. Pero tuve una buena relación con mis compañeros e incluso con algunos oficiales... Por ejemplo, el teniente que mandaba mi pelotón, de apellido Salgado —después estuvo en la Mesa de Diálogo entre militares y civiles sobre Derechos Humanos durante el gobierno de Frei Ruiz-Tagle—, era un tipo interesante, que le gustaba conversar de temas más de fondo, y a veces me invitaba a almorzar

a la testera del comedor, donde se instalaba como oficial de guardia. Pero más allá de eso, el lado positivo es que en la escuela aprendí a superar el rigor, el rigor del frío, del hambre, de las disciplinas, de la puntualidad.

**C:** *Hacer las cosas de todas maneras, a pesar de las dificultades...*
**S:** Y aceptar que un tipo puede ser tu superior jerárquico, aunque probablemente no le correspondería serlo bajo otros parámetros. Pero la disciplina era lo importante y eso me sirvió mucho porque —como decía mi profesor de castellano en el Instituto Nacional— yo era muy"parado en las hilachas"; o sea, bueno para la confrontación, las discusiones y qué se yo... También fue muy importante porque en la Escuela Militar dicen que uno encuentra los mejores amigos, y mi gran amigo de toda la vida salió de ahí: René Cuadra, un huaso de Rengo y que hasta el día de hoy sigue siendo uno de mis grandes amigos.

**C:** *No te imagino de milico...*
**S:** Estoy hablando del año 1971, así que yo le rendí honores a Salvador Allende. Me acuerdo perfectamente del 18 de septiembre de ese año formado en el paseo Ahumada, cuando pasó Allende saludando a las tropas. Es una imagen que tengo muy viva.

**C:** *¿Cómo vivían eso los cadetes? ¿Cómo viviste tú esa situación?*
**S:** Bueno yo estaba en la Escuela Militar el año en que vino Fidel Castro a Chile...

**C:** *¿Qué se discutía adentro? Nunca se sabe qué piensan los milicos, cómo están las cosas dentro...*
**S:** Creo que había una posición contraria al gobierno bastante generalizada. Pero con argumentos de adolescente: que al ministro de Defensa se le veía una papa en el calcetín... cosas de esas, por lo que yo recuerdo... Había también hijos de personeros de la UP (por ejemplo, estaba el hijo del presidente del Banco del Estado), pero nunca vi una actitud represiva por cuestiones políticas.

**C:** *¿Y había alguna mala onda hacia cadetes que podían ser de izquierda?*
**S:** No, estábamos más interesados en conflictos de adolescentes. Recuerdo que las grandes peleas que teníamos en esa época eran con los hippies de

Providencia y del Coppelia. Para nosotros eso era mucho más relevante en ese momento.

C: *Me acuerdo de eso, incluso hubo algunas peleas a combos que llegaron a ser legendarias. Muchos jóvenes se reunían frente al Coppelia los días sábado y se armaban grescas. En particular, hubo dos con cadetes de la Escuela Militar. Hay hasta fotos de diarios que recuerdan eso...*
S: Sí. En la época que estuve ahí, no había una cosa tan política que yo recuerde, no era una cuestión conversada o discutida con los demás cadetes. Si bien en esa época ya comenzaban las tomas de fundos y las ocupaciones de fábricas y en la escuela había mucha gente que sí tenía vínculos con familias del campo, porque muchos llegaban de regiones.

C: *Hijos de gente con fundos.*
S: Claro, pero muy luego volví al Instituto Nacional. Sucedió que un día me dieron una orden, y me rebelé. Ya ni me acuerdo de los detalles, pero fue por algo con lo que yo no estaba de acuerdo.

C: *¿Algo que dijiste?*
S: No, es que siempre te estaban aplicando castigos, diez flexiones en el suelo, correr alrededor de la cancha de fútbol... cosas de esas. Y me aplicaron una de esas sanciones por un "superior" que tenía un año más que yo, y la consideré tan injusta que me dije: "¡Me aburrí!". Y pedí la baja.

C: *¿Pero, ¿cuál fue el hecho preciso?*
S: No lo sé, debe haber sido algo poco importante, me acuerdo solamente que hubo un tipo que me aplicó una sanción por algo que yo en ese momento consideré injusto. Y parece que no cumplí el castigo, lo que hacía escalar la situación. En realidad, solo se trataba de una acumulación de hechos. Estaba de vuelta en el segundo año después de vacaciones y se produjo esto. Todo lo novedoso que había tenido el primer año, el segundo ya no lo tenía. Y me di cuenta de que eso no era lo que yo quería hacer. Para ser súper franco, nunca tuve una aversión hacia la carrera militar, nunca hubo un verdadero aburrimiento con la situación del internado, por ejemplo. No, me parecía que estaba bien, pero no era lo que quería, pensaba que tenía que volver al colegio y prepararme para la universidad.

**C:** *¿Y ahí pensaste inmediatamente en estudiar leyes?*
**S:** No, tenía una confusión, quería estudiar medicina.

**C:** *Te sentías con vocación de ayudar a los enfermos...*
**S:** No, yo creo que pensaba en una posición económica... Si estás en una familia numerosa y con carencias, eso te hace buscar un futuro con mayor seguridad que no había tenido en mi casa, y ojalá poder ayudar...

**C:** *Una profesión liberal.*
**S:** Exacto, y abogados pensaba que había demasiados. Economía también me parecía bien...

**C:** *Ahora, una cosa interesante es el interior de tu familia. ¿Cómo era esta situación de ser un hijo en medio de este tumulto de familia que tenías? ¿Cómo eran las relaciones con tus hermanos, la situación familiar interna?*
**S:** Creo que tuvimos una buena formación, un padre muy conversador que siempre nos trató como adultos, una buena onda entre los hijos; una madre muy estricta, extremadamente estricta...

**C:** *¿Por qué muy estricta?*
**S:** Porque su disciplina evitaba el caos. Todos teníamos una función establecida por mi madre, yo tenía que ir a comprar la parafina, o las verduras, antes de irme al colegio. Todos teníamos una tarea que cumplir o, si no, la familia no funcionaba, todo estaba organizado. Era muy estricta, pero hacedora de milagros porque no sé cómo nos daban de comer a los 10. Y mi papá en ese entonces trabajaba en la Empresa de Transportes Colectivos del Estado (ETC) en la noche. Entró a la Universidad de Chile a estudiar Ciencias Políticas y Administrativas, pensando en darle un mejor futuro a la familia. Trabajaba en los turnos de noche y estudiaba en el día. Esas son las cosas un poco locas de mi familia. Eso necesitaba disciplina y la que ponía eso era mi madre.

Ahora bien, ¿cómo me enfrento a esta realidad familiar? Creo que con un sentido de responsabilidad y de autocontrol: si yo no hacía las cosas por mí mismo no iba a pasar nada. Por ejemplo, mis padres nunca me preguntaron si había hecho las tareas, nunca supieron las notas que me sacaba, y creo que ni siquiera les interesaba.

C: *Pero les interesaba que pasaras de curso...*
S: Es que se suponía que me iba bien. Nunca se preguntaron mucho por mis amistades, no fui un niño problema. Mi hermano mayor fue un poco más complicado, pero no fue mi caso... Tenía buenos amigos, me trataban bien las familias del barrio y era probablemente un niño simpático, conversador. Para poder desenvolverte en el medio debías tener algunas herramientas, y creo que yo era un buen conversador, algo que les llamaba la atención. Desde niño aproveché eso. Yo era muy flacuchento y me decían en el barrio "Huesito". Me encantaba interactuar con la gente. Vivía un poco favorecido por mi sociabilidad. Y además había música de fondo, porque para mi mamá la música era muy importante; ella tenía una voz preciosa, cantaba boleros y yo aprendí toda esa música.

C: *¿Cantaba con una guitarra o con la radio?*
S. Con la radio y sabía muchas canciones. La recuerdo desgranando juntos porotos granados en la cocina y yo escuchándola cantar. Y todo transcurría en una atmósfera alegre. No era que nosotros fuéramos muy especiales; tengo la impresión de que todo el mundo era así en esa época. Los cantos y las radios salían de todos los departamentos. La señora Encarnación, por ejemplo, una señora bajita, española, exiliada, con un marido de mal genio y una hija que se llamaba Paloma, tenía un canto agudo que llenaba el vecindario. Las familias que vivíamos en ese lugar eran todas muy cercanas unas con otras, participaban juntas en las fiestas y en los cumpleaños, tal como nos zurraban a todos también. Entonces, la música era muy importante; mi mamá por ejemplo nos organizaba para la Navidad y nos preparaba para cantar como un coro y para que hiciéramos *sketches* o presentaciones.

C: *Como la familia Trapp...*
S: No exactamente, porque mi mamá no tenía una gota de alemana. A ella le gustaba que nosotros hiciéramos *sketches* musicales como los que ella hacía en el campo para su abuelo: mi hermana Jimena era la "pata", yo era el "pato", "buscando peces coloraditos y hierbecitas para almorzar". Y llegábamos a la casa de mi abuela en Simón Bolívar para las Navidades y entrábamos todos con velitas cantando "Adeste fideles". Los coros me impresionaron desde niño. Como vivíamos al lado de una iglesia, siempre se hacían conciertos y era una fiesta cuando llegaba el coro de la Universidad

de Chile dirigido por Mario Baeza. En fin, siempre seguíamos esos eventos, y la música empezó a surgir naturalmente en mi familia. Mi primer coro fue en la Academia de Humanidades y me hicieron cantar como solista "Noche de paz" con el coro del colegio, y nunca olvidaré que me salió un "gallo", porque estaba muy nervioso. Luego un día llegó una guitarra y mi hermano Alejandro con un talento natural le empezó a sacar sonido, y así todos porque la música se dio muy natural entre nosotros...

**C:** *Es interesante lo que me cuentas del Instituto Nacional de esa época, porque hoy día parece haber una decadencia de todo eso. El Instituto Nacional de esa época parece que era una cosa interesante como un lugar formador de valores cívicos y ciudadanos. ¿Te parece que había líneas educativas centrales dentro de ese colegio o tú estudiabas biología, gramática o historia según los profesores que te tocaban?*
**S:** Había buenos profesores, pero yo no podría afirmar que hubiera una línea central. Lo que sí ocurría es que nos tomábamos en serio el estudio, o más bien nos tomábamos en serio ser institutanos

**C:** *¿Pero a qué se debía el resultado de excelencia?*
**S:** Primero, al proceso de selección de los alumnos y, segundo, al proceso de selección de profesores, que era muy bueno y comprometido. Además, se agregaba a esto una apertura intelectual, sin censuras, muy laica, y estar muy abierto a hacer cosas, eso creo yo. Por ejemplo, desde mis primeros años en el colegio me interesó asistir a la academia de letras del Instituto Nacional. Lo encontraba entretenido a pesar de que sus integrantes eran alumnos mayores que yo. Pero iba a la academia y nadie me lo impedía.

**C:** *¿Y qué era la academia?*
**S:** La academia de letras era un lugar donde los estudiantes que tenían alguna inclinación por escribir presentaban, voluntariamente, sus trabajos y los sometían al juicio crítico de los demás. Como un taller: se sentaban en la biblioteca del colegio alrededor de una gran mesa y entonces alguien leía lo que había escrito y se producía un diálogo y una discusión muy entretenida, con críticas ácidas y a veces despiadadas. Hay algunos momentos imborrables; por ejemplo, cuando Osvaldo Puccio, que era presidente del centro de alumnos, hizo un análisis crítico de la *Biblia* desde el punto de

vista literario. Me impresionó que se discutiera y se analizara literariamente la *Biblia* por alguien que no era católico. Y tal era el interés, que los "viejos" de la academia nos motivaron a formar nuestra propia academia de letras, como la academia chica, infantil. Recuerdo que estábamos en séptimo básico y con cierta audacia hicimos una academia mixta con el Liceo N° 1 de niñas... Algunos llegaban ahí para conocer a las niñas, porque no te olvides que el Instituto Nacional, si bien tenía cosas muy buenas, estaba encajonado en la masculinidad. Por ejemplo, hasta los 13 años yo no sabía lo que era socializar con niñas de mi edad, eso no existía, y por eso esta academia era perfecta. No tuvo larga vida, pero había otras alternativas, como el grupo de teatro que organizaba un profesor de castellano, en el que también me metí.

**C:** *¿Me dices que tenías una inclinación hacia las disciplinas artísticas, creativas?*
**S:** Es posible... Lo estoy pensando ahora que me lo preguntas, porque son cosas que se me habían borrado. Pero eso no era todo. También se organizaban actividades en una casa que tenía el colegio en Quintero. Otra cosa importante era el fútbol, motivados por nuestro profesor de preparatoria, Luis Reyes, que era un gran futbolero. Él nos organizaba en equipos e íbamos a jugar baby fútbol al Estadio Nataniel, un gimnasio techado que quedaba en la misma calle Nataniel Cox, cerca del Instituto Nacional. Donde tenían cabida los buenos y también los malos para la pelota. Era un colegio entretenido.

**C:** *¿Y siempre fue así desde que entraste hasta que saliste?*
**S:** Sí, pero algunos años después empezó a deteriorarse un poco. El proceso de selección se modificó y vino todo el tema de la democratización de la enseñanza que cambió las cosas...

**C:** *¿Eso lo viviste tú?*
**S:** No, pero les pasó a las generaciones que vinieron después... unos años después de mi ingreso, durante el gobierno de Frei se inició lo que llamaron "la democratización de la enseñanza", que tuvo cosas muy buenas, pero que entre los criterios de eficacia del nuevo sistema educacional el factor cercanía domiciliaria en el barrio era determinante. El Instituto se empezó a transformar en el colegio del barrio San Diego y era más importante la cercanía al colegio que el proceso de selección de excelencia. Igual entraban

buenos alumnos. Pero se fue perdiendo esa cosa transversal social, que era muy característica. A nosotros también nos tocó vivir el proceso político chileno, que fue decisivo en lo que sería ese año 72...

C: *¿Y de qué manera?*
S: Cuando volví al colegio, en el 72, la acción política en los liceos públicos era un tema que estaba en ebullición. En el 72 las movilizaciones estaban desatadas...

C: *El colegio seguía funcionando...*
S: Sí, seguía funcionando perfectamente, pero había mucha actividad política.

C: *De alumnos que formaron grupos...*
S: Así es, y había mucha asamblea, muchas movilizaciones, y eso mismo ya generó un cierto roce entre alumnos que no era lo que habíamos vivido antes...

C: *¿Tú participabas en esas cosas? ¿Tenías afinidades con algún grupo?*
S: Sí, yo participé porque las respuestas que iba recibiendo, especialmente a nivel familiar, me parecían insuficientes. Por eso empecé a tener cercanía con los dirigentes DC y finalmente entré al grupo DC del colegio.

C: *¿Y ese es el primer gesto verdaderamente político que haces?*
S: Sí, ese es el primero y se dio en una circunstancia muy curiosa.

C: *¿Tenías 16?*
S: Sí, cumplí 17 durante el cuarto medio. Lo que ocurrió es que en el curso al que llegué, que no era al que había pertenecido hasta el 70, se produjo un conflicto serio, porque dos compañeros habían sido acusados de ser groseros con unas estudiantes de pedagogía en inglés, que estaban haciendo su práctica en el colegio. Ese fue el hecho y los expulsaron. Y uno de esos alumnos era el presidente de mi curso. Un tipo muy correcto. Y yo era el vicepresidente. O sea, el conflicto me llegó de rebote. Entonces, esto produjo un movimiento general en el Instituto Nacional en defensa de los expulsados. Y aunque esto no tenga ninguna similitud con lo que pasa hoy día en el Instituto Nacional, el asunto es que por primera vez en la historia del

colegio nos tomamos el colegio. Y esto se hizo justo el día de su aniversario y fue una toma en la que participaron desde el MIR, hasta Patria y Libertad, textualmente. Y como yo era el presidente "subrogante" del curso, era una especie de líder de la toma, lo que te indica que para mí todos estos hechos fueron una cosa casi casual.

C: *¿Cuánto duró la toma?*
S: Deben haber sido unas dos semanas. Para iniciarla tuvimos que entrar de noche por un sector que estaba en construcción, y cuando al día siguiente se hicieron presentes todos los profesores, y entre ellos mi profesor de básica, que ya te he comentado, Luis Reyes —que estaba consternado—, les abrimos las puertas, los hicimos pasar y, como era el estilo del Instituto, nos juntamos en una sala de clase con el objetivo de discutir los temas. No pudimos llegar a un acuerdo, porque los docentes se negaban a la reincorporación de los expulsados. Se fueron los profesores y seguimos en la toma. La toma tuvo una cierta relevancia pública y salió en los diarios, en las noticias de la radio y la televisión. Era noticia porque se trataba de la primera toma del Instituto Nacional y además todo era muy raro porque en ella estaban todos los grupos políticos involucrados.

C: *¿Lo que pedían era la reincorporación de estos alumnos que habían sido acusados de algo así como abuso sexual...?*
S: Se los acusaba de haber dado un pellizco o algo así a las estudiantes en práctica. Lo que ellos negaban. Te estoy hablando de los años 70, cuando estos hechos eran vistos de otra manera. Lo que pasaba con la toma del colegio es que cada grupo político medía si iba a cosechar algo en esta toma, eso era indudable, y yo estaba ahí porque el mismo grupo DC pensaba lo mismo. Y en esto estaban las cosas cuando llegó a la toma Guillermo Yunge, presidente de la Feses [Federación de Estudiantes Secundarios], democratacristiano, y me dijo: "¡Hay que terminar esta cuestión, este es un conflicto que no tiene mucho sentido, nosotros estamos peleando por otras cosas!". Y ahí comenzó a desinflarse la toma que terminó en un acuerdo de revisar la situación en un consejo de profesores. Esta movilización me dio una cierta visibilidad —como se dice ahora—, especialmente en el colegio. Ahí aprendí a hablar en las asambleas. Tenía un compañero que era un gran orador, Carlos Fresno, y él me estimulaba a que yo hablara. Con algún temor empecé a pedir la palabra

en las asambleas, y no salió tan mal. Y con esta incipiente notoriedad me llamaron de la DC y me dieron un nombramiento muy curioso, me designaron "vocal encargado de conflictos de la Feses". La Feses tenía una estructura que era controlada por los partidos, donde había un presidente, un secretario general y vocales. Estos vocales eran cargos políticos. Yo no había sido elegido, pero me insertaron en la estructura de la dirigencia de la organización estudiantil con mayor poder de convocatoria de la época.

C: *¿Todos alumnos del Instituto Nacional?*
S: No, de distintos colegios... recuerda que Allamand venía del Saint George y para poder meterse en política y entrar a la Feses se fue al Lastarria.

C: *Así es. Una forma no tradicional de entrar a la política.*
S: Todo esto hizo que me involucrara en la actividad política y lo encontré muy inspirador, porque la Feses en ese momento tenía una gran relevancia pública. Esto que te cuento ocurrió a una velocidad vertiginosa, porque si en agosto era vocal, ya en septiembre iba a los colegios y me encontraba en foros con Escalona, Allamand y otros dirigentes. Iba a todos los liceos que te puedas imaginar.

C: *O sea, te codeabas con políticos de tomo y lomo.*
S: Claro, fui parte del movimiento político nacional en ese momento. ¡Y tenía 17 años! Y si tomábamos la decisión de sacar los colegios a la calle al otro día, toda la ciudad de Santiago no funcionaba. Estuve en las reuniones con Aníbal Palma en el Ministerio de Educación, nos juntábamos con los parlamentarios... y todos estaban muy pendientes de lo que hacíamos los dirigentes secundarios. Conocí personalmente a Leighton, a Tomic, a Frei y a muchas personalidades de la DC.

C: *Te estabas embarcando en la política.*
S: Estaba definitivamente embarcado. Pero no se trataba de un juego. En Chile las cosas iban mal, y había desbordes por todas partes, y sentíamos que podíamos hacer algo para contener un deterioro de la democracia que nos parecía desastroso.

C: *Un dirigente.*

**S:** Claro, un dirigente. Como Guillermo Yunge, como Miguel Salazar, que fue después presidente de la Feses y en los años 90 secretario privado de Eduardo Frei Ruiz-Tagle en La Moneda. Y todos los que estaban ahí eran tipos que habían entrado a la política casi niños y para ellos era una cosa familiar. Yo no era siquiera de familia DC, no tenía formación política.

**C:** *La cosa estaba agitada...*
**S:** Dirigentes importantes del partido, de la JDC [Juventud Demócrata Cristiana], me llamaron y me dijeron: "Queremos que tú seas el sucesor de Yunge como presidente de las Feses". Venían las elecciones en la organización estudiantil en el agitado año 72. En realidad, no sé qué veían los dirigentes de la JDC en mi perfil político, y si pensaron seriamente que yo podía ser una carta. Y se hizo una elección interna y en esa elección íbamos Salazar y yo como únicos candidatos. Recuerdo que mi padre estaba alarmado porque la situación nacional empeoraba y me decía: "¡En qué te estás metiendo!". Él veía el periodo de la UP como algo catastrófico, como en ese momento de hecho lo era, y con un desenlace nefasto. Era la época en que ustedes andaban cantando por no sé dónde asustando a todo el mundo. Jajaja. ¿Te das cuenta de que desde la Escuela Militar habían pasado solo seis meses y yo ya estaba metido en el centro de la chuchoca? Hay una foto en una revista que nunca he podido encontrar donde estamos lanzando la campaña para las Feses en el escenario del Teatro Caupolicán: Yunge, Frei Montalva, Salazar, Tomic y yo, en ese orden.

**C:** *¿Y qué pasó después?*
**S:** Después vino el golpe, y a comienzos del 73 había entrado a la Escuela de Derecho.

**C:** *Entraste justo antes del golpe.*
**S:** Claro. El 11 de septiembre del 73 era candidato al centro de alumnos de la Escuela de Derecho. Tengo algunos afiches por ahí. En ese año organizamos una comunidad de dirigentes que nos reuníamos semanalmente en la casa de José Luis Moure, que era el jefe del grupo DC en la Facultad de Derecho, a pensar en lo que podíamos hacer en un ambiente político desolador. Éramos un grupo cerrado: con Guillermo Yunge, Gutenberg

Martínez, Raúl Donckaster, Ricardo Tudela y Gonzalo Sánchez. También esporádicamente participaba Marcelo Rozas, quien sería director de la influyente revista *Hoy* en los años 90.

**C:** *¿Y qué te movía en esta aventura política?*
**S:** No lo sentía una aventura. Tenía una preocupación por lo que estaba pasando en Chile. Veía que la situación se nos había ido a todos de las manos, y creía firmemente —y hoy lo reafirmo— que la DC era un buen brazo articulador de acuerdos democráticos. Nunca rompí mis vínculos con la gente de izquierda, con los comunistas de mi escuela. Tampoco con la gente de derecha. Éramos articuladores del diálogo y eso era efectivo. Esa posición ultrista de Patria Libertad y del MIR no era parte de mi ADN. Sentí que en la DC había una utopía inspiradora: el socialismo comunitario, la empresa de trabajadores, la redención proletaria, la revolución en libertad...

**C:** *Tú en ese momento te estabas formando, como dices, pero ¿tenías un ideario más o menos armado?*
**S:** Pensaba que, como movimiento juvenil, teníamos una responsabilidad, éramos un foco de atención; los senadores, diputados, dirigentes gremiales, todos estaban observando lo que podíamos hacer para revertir lo que se veía como desbocado. Nos veían como un grupo de estudiantes con capacidad de movilización, de discurso y de carisma. Éramos la generación que se estaba formando en la política, y que tenía un futuro abierto y auspicioso.

**C:** *Pero finalmente fracasaron.*
**S:** Mi ideario era un ideario popular. La DC tenía un discurso que me gustaba y que resultaba sólido, que decía que entre el capital y el trabajo se optaba por el trabajo donde estaba el ser humano. Esa respuesta estaba más allá del socialismo real, y resultaba ser una dura crítica al capitalismo. La DC estaba en la CUT, en las organizaciones campesinas, en las federaciones de estudiantes. Había un mensaje que era didáctico, entendible, y desde el punto de vista personal yo no tenía ningún compromiso ni con capitales, ni empresas, ni nada. Mi historia venía del mundo popular. Lo mío era una auténtica adhesión a una respuesta a los problemas sociales desde la democracia y desde la doctrina maritainiana del hombre integral.

**C:** *No eras rupturista. Pero en realidad ibas derecho hacia la política y dentro de una situación normal habrías sido político.*
**S:** Si yo lo miro desde fuera, éramos las cartas del futuro, como dice el"Peta" Fernández, el ministro de Interior de Bachelet.

**C:** *¿Y este era DC?*
**S:** Sí, siempre lo fue y con Bachelet también. Un día en que estábamos votando para la elección del decano en la facultad, él, dirigiéndose a los profesores que estaban ahí, se acerca y dice: "Quiero que sepan que Santiago Schuster, que ustedes ven aquí, fue una de las promesas del partido DC". Más que un elogio, fue una forma de recordar que el violento devenir que Chile tuvo en nuestra juventud había frustrado vocaciones, vidas, que podrían haber sido distintas, que tal vez habrían germinado de otra forma.

**C:** *Pero hay una cosa que en cierto momento me hablaste en la que sería interesante ahondar y es el descubrimiento de que tú tenías una facilidad de palabra, como un poder a través de la palabra que se empezó a ejercer en esas reuniones y asambleas del colegio... ¿Cómo era eso?*
**S:** Claro, también me gustaba escribir. La elocuencia, el hablar, me parecía un arte...

**C:** *Pero me imagino que encontraste un poder en esa elocuencia...*
**S:** Imagina lo que era para un joven de 17 años estar de repente ante un auditorio lleno de estudiantes explicando sus convicciones. Había poesía, pero también un vértigo que puede ser parecido a lo que sienten los grupos de rock en el escenario. Pero, francamente, en ese vértigo que era de todo el país, no sabíamos bien hacia dónde íbamos. No lo sabíamos.

Una vez, ya en el año 73, me tocó ir solo a Talca. Tomé un bus, llegué a la ciudad y me reuní con los presidentes de todos los colegios de Talca; yo en ese momento ya era universitario. Recuerdo que me alojé en la casa de un amigo de mi padre, el Dr. Verdugo, y fui sacando uno por uno a todos los colegios a la calle. Y al final llevaba por la Alameda de Talca a más de 2.000 estudiantes detrás mío. Ahora uno lo ve como algo raro, pero en ese momento era lo más natural. Y cuando todo terminó ese mismo día, me subí al bus de vuelta para viajar a Santiago, mirando por la ventana la tremenda cagada que había dejado en Talca. Barricadas por todos lados, las calles desiertas, un poco lo que pasa hoy día, la cosa no ha cambiado, descubría que había en mí un poder para intervenir en ese momento importante para Chile. Aunque no escondo que también sentía angustia. Después de tanta trifulca llegaba un momento en que no me sentía feliz. No sé si te acuerdas, pero en las familias y en todas partes había miedo y mucha violencia verbal, y también física. En el metro, en las micros, y en todas partes... era una cuestión muy explosiva y al mismo tiempo triste.

**C:** *Sí. Recuerdo que una vez fui a echarle bencina a mi auto, que era un Fiat 600, y en eso se acerca un tipo con cara amable, y sonriendo me dice: "¿Tú eres del Quilapayún?". Sí, le dije, pensando que era un admirador... Entonces cambió el tono y me dijo: "¡Te vamos a cortar el güergüero!" —se pasó la mano por el cuello y se alejó caminando—. Probablemente era un militar de civil. Quedé paralizado ante una violencia tan extrema.*

**S:** Acuérdate de que nosotros íbamos a las marchas, todos, de lado y lado, con cañas, linchacos, cascos de seguridad, y ese era el estilo; o sea, era una preparación para la batalla, esa era la actitud. Entonces, si bien el clima de agitación tenía un atractivo desde el punto de vista de la movilización de masas, los discursos, etc., llegó un momento en que la cosa se puso fea y tú ya no sabías hacia dónde iba esa cosa.

**C:** *¿Y eso se cortó bruscamente con el golpe?*

**S:** Yo he intentado una explicación y me doy cuenta de que no estaba muy consciente de lo que se nos vino con el golpe. No me daba cuenta del cambio brutal que habíamos vivido como sociedad y seguía en mi posición crítica, popular... Por ejemplo, me acuerdo de que durante una clase de economía política que dictaba Ricardo Claro empecé a hablar a favor de la reforma agraria y se acercaron unos compañeros al término de la clase a decirme que no siguiera porque era peligroso... No tomé conciencia inmediatamente de la gravedad de lo que había ocurrido. De hecho, las cosas siguieron bastante parecidas, Máximo Pacheco todavía era decano de la facultad, para darte una idea. Pero luego empezaron los ruidos subterráneos sobre lo que estaba pasando, y entonces mi actitud fue recluirme hacia lo personal y lo privado. Hubo distintas actitudes en nuestra generación, creo que se produjo una especie de estampida, los grupos que formábamos y con los que teníamos intereses comunes no funcionaban, la actitud de los asiduos de la política fue para mi gusto decepcionante y cada uno buscó acomodarse a la nueva situación. Unos se fueron al extranjero con becas; un número importante de mis correligionarios partieron a estudiar a Europa. Los demás nos quedamos aquí, no porque quisiéramos, sino porque así se dio la cosa, pero, para ser claro, yo no tomé una actitud de lucha, ni de resistencia: al igual que la mayoría de los jóvenes políticos de entonces asumimos una cotidianidad posgolpe... Quedamos cesantes de la política, aislados. Hice varias cosas en lo personal, primero me puse a pololear con Oriana el 24 de septiembre del 73; en segundo lugar, en diciembre di la prueba de aptitud académica de nuevo y entré a estudiar economía junto con mis estudios de derecho. Y tercero, entré al coro de Mario Baeza, que fue un momento muy clave porque ahí me encontré con un tipo genial, un creativo de un carácter terrible también. Y empezamos a hacer muchas locuras con Mario Baeza.

C: *Pero eso significó salir de la política, de la agitación, y de todo lo que había sido tu vida.*
S: Sí, claro, sentí que la sombra de Marmaduke Grove se había desvanecido y me llené de otras cosas.

C: *De las que vamos a hablar a continuación...*

# Los estudios de derecho y la entrada al mundo de la cultura

**C:** *Cuando entraste a la Escuela de Derecho, ¿qué sabías del derecho? ¿Cuál es el tránsito que hace un estudiante que entra quizás muy despistado sobre la disciplina en que se está metiendo y que poco a poco va haciendo su descubrimiento? Eso es lo que me interesa.*

**S:** Sí, porque yo no tenía ningún familiar abogado, no tenía antecedentes de ningún pariente cercano que ejerciera la profesión. Entré a estudiar derecho totalmente ignorante sobre en qué me estaba metiendo...

**C:** *¿Entraste por esa vocación de seguridad...?*

**S:** No, porque, como te había comentado, si hubiera buscado seguridad, habría estudiado medicina o economía. Pero entré a estudiar derecho porque en una conversación muy profunda con mi padre, que probablemente estaba preocupado sobre qué iba a hacer yo con mi vida, me dijo: "Mira, lo único que te puedo decir es que como te conozco desde hace tanto tiempo, si yo tuviera que elegir una profesión que encaje con tu personalidad, elegiría derecho". Además, mi gran amigo René Cuadra ya estaba decidido a entrar a derecho, entonces simplemente tomé ese camino. La verdad es que fue una decisión sin mucho entusiasmo. Pesó algo también el consejo de algunos amigos políticos. Había también un profesor en el colegio que me decía: "¡Schuster, usted va a ser abogado!". Pero la pregunta tuya es relevante porque hubo un tránsito entre esos primeros pasos y lo que vino después. Para mí, el primer año de derecho fue la gloria. ¡Una maravilla! Hay que decir que el primer año de derecho es lo mejor de la carrera, porque entras a estudiar introducción al derecho, que es filosofía del derecho, las teorías de los grandes pensadores, desde Santo Tomás de Aquino para adelante, hasta llegar a Kelsen. Mi profesor era Máximo Pacheco, que era un tipo con una gran vocación por la enseñanza. Recuerdo que una vez invitó a todo el curso a su casa...

**C:** *¿Era muy joven?*
**S:** Sí. Cuando llegamos a su casa estaban todos sus hijos, entre otros, Máximo, que ahora [2023] es presidente de Codelco. Él invitó a un grupo importante del curso a tomar té en su casa con el cardenal Silva Henríquez. Estábamos todos sentados en el suelo, en la alfombra, la casa era muy bonita, y él, por supuesto, hacía gala de su chaqueta de cotelé color vino tinto, sin cuello, y del iusnaturalismo, que era su visión del derecho. Me tocó sentarme cerca del cardenal, y a pesar de la dimensión que todos conocíamos de Silva Henríquez, hubo un ambiente de familiaridad, de un auténtico interés recíproco. Eso ha quedado en mi recuerdo, porque no tengo memoria sobre lo que conversamos. Meses más tarde tendría una larga jornada con el cardenal en Punta de Tralca: fuimos con Guillermo Yunge a almorzar, y estuvimos toda la tarde conversando. El cardenal nos habló de su preocupación por lo que se vivía en Chile en ese momento.

**C:** *¿Qué más había en ese primer año en la Escuela de Derecho?*
**S:** Estudiábamos sociología del derecho, economía política y otras materias generales que a mí me fascinaban. Por ejemplo, derecho constitucional en un sentido muy amplio. Todas materias que no eran derecho positivo, sino que puro pensamiento, lo que siempre abría un espacio para conversar, discutir, y todo eso era muy enriquecedor... A mí me gustó mucho. Para mí fue una sorpresa entrar a derecho y me pasó lo mismo que les ocurre a todos los estudiantes de primer año: al cabo de unas semanas de estar ahí ya me sentía abogado. Había una diversidad enorme en la facultad, alumnos que venían del San Ignacio, del Grange, del Saint George, del Liceo de Aplicación, y muchos estudiantes de provincia; eso hacía que el ambiente fuera muy interesante y de alto nivel. Esa variedad me gustaba mucho. Así que esa incertidumbre se me acabó rápidamente y eso contribuyó además a que el año 73 fuera un año de gran debate...

**C:** *¿Cómo se producía esa situación en este gran debate que tú dices? ¿Cuáles eran los temas que se discutían?*
**S:** Había un gran debate político. La Escuela de Derecho —y sigue siendo así— era la instancia donde se posicionaban los grupos políticos, por eso había mucha preocupación por lo que se hacía en la facultad. Eso implicaba que tuvieras una cierta responsabilidad por estar ahí, participar, y etc... Y

los debates eran en el hall de entrada de la escuela, yo diría todos los días... Eran grandes discusiones.

C: *¿Era un debate espontáneo?*
S: Sí, espontáneo. No es que hubiera foros o cosas organizadas... Era espontáneo.

C: *Como discuten los milaneses los partidos de fútbol en la plaza frente a la catedral. O los porteños en la calle Florida en Buenos Aires, donde se forman estos debates abiertos en que algunos tipos se ponen a discutir sobre cuestiones políticas, pero sobre todo de fútbol. ¿Esos eran debates sobre qué?*
S: Acerca del país, del problema económico, sobre el cumplimiento de las resoluciones de tal o cual tribunal. A la Escuela iban políticos invitados y a veces los debates con ellos se instalaban ahí mismo; eso era un poco más programado.

C: *O sea, se discutía sobre política contingente.*
S: Recuerdo una visita de Tomic a la facultad el día en que cayó Saigón, cuando se produjo el retiro de las fuerzas norteamericanas. Ese día se repletó la sala del aula magna, que escuchó un discurso vibrante de Tomic. Esas eran las cosas que ocurrían. Entonces, para un muchacho que ya estaba muy metido en esos temas y que no era ningún inocente, pues estaba inmerso en la vorágine de ese momento, todo esto era apasionante. En medio de las marchas, movilizaciones, suspensión de clases, tomas del edificio, que eran la regla general en ese momento, uno recibía estímulos de todos lados. Y si me preguntas qué me pasó en ese tiempo, te diría que fue un deslumbramiento con algo que a mí me interesaba extraordinariamente.

C: *Pero centrándonos en el tema del derecho propiamente tal, ¿descubriste algo que te señalara una vocación, algo profundo que estaba en juego en esa carrera o en esos estudios que estabas haciendo?*
S: La noción que tiene un estudiante de enseñanza media de la carrera de derecho es totalmente distinta a la que tiene un estudiante de derecho; y la noción que tiene un estudiante de derecho sobre lo que es ser abogado es también totalmente distinta a lo que es ser finalmente un abogado. Son como tres etapas y además muy marcadas. Cuando entras a estudiar

derecho te das cuenta de que sintonizas con el análisis profundo del derecho, con los principios, los bienes jurídicos que se protegen, las reglas, y cómo se construyen las reglas, etc.; y te das cuenta de que todo eso es una herramienta que te sirve como un elemento para construir tus propias argumentaciones. Yo sentí que eso estaba funcionando en mí y cuando te funcionan las cosas y tú tienes 17 o 18 años, uno se dice: "¡Esto es lo que yo quería!". El estudiante de ingeniería, por ejemplo, o el de medicina, está estudiando cálculo o anatomía, se forma en disciplinas abstractas; en cambio, el estudiante de derecho está revisando las cosas que pasan a diario en la sociedad. Recuerdo que un profesor llegaba con el diario y nos decía: "Miren todo lo que hay hoy día". Y todo lo que había era en gran parte la discusión social que tiene que ver con las reglas que rigen la conducta de las personas, reglas de convivencia, de ordenamiento, de contención. Eso es lo que le da el derecho a un joven: y uno se llena de ínfulas creyendo que ya domina esa disciplina, aunque por supuesto está muy lejos de eso; y eso es el primer año. El segundo año ya es derecho positivo, entonces viene el Código Civil, Penal, procedimientos, etc.

C: *¿A qué se llama "procedimientos"?*
S: Son las reglas que rigen los litigios, las normas sobre la formación de los tribunales, la jerarquía de los tribunales, los recursos procesales, eso es el derecho procesal. Y después viene el segundo, tercer, cuarto año, derecho civil, derecho procesal. Es eso.

C: *Y te vas acercando a una noción de la profesión o del trabajo del abogado.*
S: Exactamente, a partir del segundo año se profesionaliza mucho la carrera. Hoy día eso está en cuestionamiento, pero se profesionaliza mucho, porque al estudiante de derecho lo que le enseñan es a pensar como abogado. Tal como al ingeniero se forma con una mentalidad lógico-matemática, al estudiante de derecho le forman una mentalidad lógico-normativa. Nosotros trabajamos con la norma, con la regla, y, bueno, eso mismo es lo que yo termino ahora enseñando en la carrera de derecho. Al estudiante en general le cuesta asumir que debe aprender a manejar la regla, aunque no le guste, porque ese es su material de trabajo. Es como si a un médico no le gustara trabajar con el cuerpo humano, porque le pareciera muy desagradable; pero si estás estudiando medicina no tienes otra salida. Lo mismo el abogado.

Lo que tiene que conocer es la regla. Ahora, la escapatoria del estudiante es decir que hay que cambiar la regla, que hay que modificar la norma. Y uno les dice: "No, eso no es lo que hacemos los abogados, eso lo hacen los legisladores. Los abogados tenemos que trabajar con el material normativo que existe, no con alguno incorporado en no sé qué utopía social".

C: *Necesariamente tiene que meterse en el sistema.*
S: No hay nada más sistémico que el derecho, es lo que da la estructura de funcionamiento a una sociedad: lo que se debe hacer, lo que se puede hacer y lo que no se puede hacer. Y en otro sentido, ese primer año fue un año raro, pues en cierta forma es el año del despertar en la universidad. No te olvides que en los años 70, y 60 por supuesto, estar en la universidad era un privilegio muy particular porque había muchos que no entraban a la educación superior. Todos los años había una marcha con el lema "Universidad para todos", y marchaban los que no habían entrado a la universidad. Escuelas de derecho había solo dos en Santiago y en regiones había otras más, desde luego en Valparaíso y Concepción, por eso eran muy pocos los que podían entrar a la universidad. Era un privilegio estar en ese mundo. Y había otra cosa fantástica: la universidad era gratuita. Y para más remate, yo era un cliente del servicio de asistencia social de la escuela, y ahí me daban plata para libros. Así era el sistema, y el trato era según la situación social que tenías. Recuerdo que me iban a visitar a la casa...

C: *Iban ver si eras tan pobre como decías...*
S: Y cuando veían una multitud de gente en mi casa, claro, decían: "¡Bueno, ayudemos a este muchacho!". Eso fue así hasta septiembre, fecha en que se produce el golpe. Y hubo un cambio tremendo porque yo era teóricamente un estudiante político.

C: *¿Cambia en la universidad el tipo de actividad política que hacías como estudiante secundario?*
S: El tránsito fue meteórico porque todo sucedió entre el 72 y 73. No tuve la capacidad de acumular experiencias como un Miguel Salazar o un Yunge, que venían desde niños haciendo política. Para mí todo fue resultado de ciertas circunstancias: creyeron que yo podía hacerlo bien, me entusiasmé, y me metí en el cuento; participé mucho, tuve una actividad muy intensa.

Me dedicaba casi exclusivamente a eso, incluso en ese momento la política fue más importante que mis estudios.

C: *¿Pero seguías haciendo política estudiantil secundaria más que política universitaria?*
S: Claro, pero también participaba en la universidad porque acuérdate de que el 11 de septiembre yo era candidato al centro de alumnos de la Facultad de Derecho. Pero eso termina el 11 de septiembre del 73. Para ser más coherente con lo que pasó, te diré que cuando volvimos a clases después del 11 habían cambiado muchas cosas. Primero, vivíamos con toque de queda permanente y eso es muy determinante, muy asfixiante. Como seguíamos siendo irremediablemente jóvenes, con las chiquillas de la facultad nos íbamos a una discoteca a las tres de la tarde, que así funcionaban para subsistir. Además, desapareció la política, entonces todo lo que yo hacía se modificó. Se acabó el oxígeno que nos alimentaba en nuestras utopías.

C: *¿Y qué pasó con el derecho, con esa discusión que tenía lugar en la escuela? ¿Simplemente se ensombreció y se apagó?*
S: No se apagó totalmente, porque recuerdo algunas discusiones, como lo que te comenté con Ricardo Claro en algunas clases de economía política. Yo me puse a defender la reforma agraria y él se indignó. Yo no me había ubicado mucho en la nueva situación, o por lo menos la circunstancia de ser irremediablemente joven no desaparece, es algo fisiológico, no cambias de un día para otro. Acuérdate de que había ciertas cosas entre divertidas y ridículas. Yo usaba el pelo muy largo, entonces una de las amenazas que había era que los milicos te cortaban el pelo en la calle. Y andabas con temor...

C: *¿Los milicos te paraban y te cortaban el pelo?*
S: A mí no me pasó nunca, pero sí les ocurrió a muchos. Pero la verdad es que se consideraba algo divertido. Milicos y chascones. Con ese toque de queda o ese cambio evidentemente se acabó el tema político.

C: *Eso quiere decir que para ti los estudios se transformaron fundamentalmente en estudios profesionales.*
S: Varias cosas pasaron: te comenté que cuando vi esta situación, me dije: "¿Qué voy a hacer?". Porque todo ese mundo asociativo se acabó, cada uno

empezó a hacer sus propias cosas y sería falso decir que al otro día todos estábamos organizados. Al principio, parecía que todas las expectativas seguían abiertas: el senador Olguín estaba hablando con la junta de gobierno para ver qué se podía hacer; o sea, había un momento de desconcierto y posibilidades de diversa índole.

**C:** *No se sabía exactamente qué podía pasar.*
**S:** No se sabía si iban a llamar a elecciones, si le iban a dar la presidencia a Frei como presidente del Senado. El Congreso no se disolvía todavía, y cada uno en lo personal tenía que seguir haciendo su vida. Y la reacción a esta incertidumbre es una cosa que debe tener alguna explicación sociológica o psicológica, no sé. Creo que empiezan a formarse muchos grupos con distintas aficiones, hay un culto a la amistad.

**C:** *La sociabilidad se traslada a otros ámbitos de la vida...*
**S:** Sí. Había una gran sociabilidad en la escuela, buscábamos cualquier excusa para estar juntos. En mi caso, quise entrar a estudiar otra carrera, y de hecho meses después entré a estudiar economía.

**C:** *¿Cuánto duró eso?*
**S:** Un año y medio. Otro cauce para mí fue la música, y entonces entré al coro de la U. Técnica, con Mario Baeza, que era un grupo maravilloso.

**C:** *¿Cómo era eso?*
**S:** El coro era de la "Universidad Técnica del Estado", la "UTE", como se llamaba en ese momento, pero era muy diverso. Había estudiantes de todas las facultades de la Técnica, pero también de otras universidades, de medicina, de psicología, hasta había una monja...

**C:** *Era fundamentalmente estudiantil.*
**S:** Sí, estudiantil. Y era un coro que tenía un tremendo prestigio y de seguro lo conoces porque cantaron con Quilapayún en el Caupolicán. Mario Baeza hacía muchas cosas, era un coro que andaba por Chile, iba a Estados Unidos, se movía por todos lados, y era muy pedagógico en los sectores populares porque Mario era un tipo de gran carisma.

C: *¿Cómo lo conociste?*
**S:** Lo conocí porque en cada oportunidad que presentaba conciertos yo iba. Por ejemplo, cuando estaba en el Nacional entré a estudiar alemán al Goethe Institut, auspiciado por mi abuela Clementina, y ahí se presentaba el coro de la UTE. Cada cierto tiempo convocaban a los cursos del Goethe a asistir a los conciertos. Vi algún aviso para nuevos integrantes y fui a presentarme. No me fue muy bien en el examen —según después contaba Baeza como anécdota—, pues tenía una voz que no encajaba muy bien, según decía el jefe de cuerda de los bajos, pero Baeza dijo: "No importa, me interesa que este muchacho entre en el coro". Y de hecho, yo casi nunca canté, muy pocas veces. Pero Baeza me encargaba otras cosas... Por ejemplo, hicimos un programa muy bonito y que incluía coro, ópera y teatro. Porque a él le gustaba hacer cosas así, eran varios grupos corales que se ponían en el escenario sin director, ni nada. Se abría la escena y cantaba un grupo del coro *La forza del destino*, "Va pensiero", y otros coros de ópera. Entonces, se iluminaban dos cuadros vacíos que aparecían uno en cada extremo del escenario; y entonces en uno de ellos se instalaba una niña del coro, Blanca Pérez, muy bonita, y yo aparecía en el otro cuadro, con mis mechas largas de "perro de aguas", como decía Baeza. Y hacíamos un diálogo casi escolar, pero vestidos con traje alusivo a la ópera, leíamos un diálogo que había escrito Baeza. Y cuando terminábamos el diálogo se apagaban las luces sobre los cuadros y el coro cantaba. Era un concierto muy distinto, casi un anticoncierto, lo hicimos en Argentina y nos fue fantástico; lo presentamos también en Valparaíso, en la Universidad Técnica Federico Santa María. Era todo un espectáculo. También Baeza organizaba conciertos atípicos en el Goethe, como "Música para la mesa, la misa y la musa". Se ponían distintas mesas con grupos del coro, con iluminación especial y un ambiente que parecía mágico. Baeza era un tipo genial, que hacía cosas sorprendentes y nosotros lo seguíamos en sus locuras y nos entreteníamos muchísimo. A mí me gustaba participar. Ese fue otro canal de expresión.

C: *¿Tú te enrolaste en eso muy comprometidamente...?*
**S:** Sí, me enrolé en esto y participaba mucho porque además era una comunidad de personas que estábamos en eso. También vinieron rompimientos por el mismo tema de la intervención de la UTE. Algunos partieron

y eso fue duro; fueron tres años que estuve en el coro mientras al mismo tiempo estudiaba derecho y economía. Me di cuenta de que no podía seguir haciendo las dos cosas, y además empezó a producirse una situación complicada para mí porque necesitaba trabajar. De hecho, al poco tiempo, la empresa IANSA, donde trabajaba mi padre, fue intervenida: redujeron personal y mi papá quedó cesante. Me vi obligado a comenzar a pensar cómo me las iba a arreglar sin su ayuda.

**C:** *¿Cómo intervinieron?*
**S:** La reforma económica que se impuso en ese momento llevó a las empresas estatales a una revisión completa de su funcionamiento: vino la privatización, la reducción y la racionalización. Mucha gente se vio obligada a salir y uno de esos fue mi padre.

Por lo tanto, yo, que cursaba tercer año de derecho y segundo de economía, tuve que empezar a buscar trabajo. Y lo mismo les pasó a muchos jóvenes en mi entorno; la gente debía ingeniárselas para sostenerse, era lógico, porque las cosas se hacían cada vez más difíciles. Y empecé a trabajar. Como te decía, yo no era una persona contactada con el mundo de los estudios de abogados, ni tenía vínculos familiares con eso. Y los vínculos políticos habían desaparecido. Surgieron varias opciones: una de ellas era trabajar en el Ministerio de Relaciones Exteriores. Ahí se convocaba anualmente a un concurso público en el que se postulaba para ser funcionario de la Cancillería y un requisito era ser estudiante de derecho. Otro concurso que también se abrió el año 75 era en el Congreso Nacional, en la Secretaría Profesional de la Cámara de Diputados y también en la Secretaria del Senado. Y ahí me presenté. Fue un concurso con cientos de interesados y había cuatro vacantes. Y quedé. Ese fue un empleo que me interesó porque se trabajaba con las reformas de los códigos, proyectos de ley, etc. En eso estuve en los años siguientes. Pero, también debía continuar mis estudios de derecho, y en 1975 ya estaba en tercero. Al año siguiente, entré también en un estudio de abogados como procurador. Así llegó ese año 76 en el que había tenido un pequeño interregno en la relación con quien sería mi señora...

**C:** *¿Se habían separado?*
**S:** Habíamos tenido un distanciamiento, Oriana tomó su camino y yo el mío. Y de pronto me enteré de que ella estaba pensando en casarse.

Entonces el resultado fue que me dije: "¡No, esto no puede ser!". Fue un remezón de madurez, creo yo. Me lancé a la reconquista y a fines de ese año volvimos a nuestro pololeo. Pero para eso tuvimos que pasar por la aduana de mi suegro, que no estaba convencido de que yo fuera el yerno ideal...

**C:** *¿El suegro no te quería?*
**S:** No. O más bien parece que el otro postulante era un buen partido. Para no dejar dudas de mis intenciones le aseguré que esto venía en serio, y etc. Cuento corto: empecé a desempeñarme laboralmente y me casé en diciembre del 76 con 22 años. Oriana también trabajaba en una empresa y, bueno, ahí el destino me llevó a otra vida porque empezamos a ser familia...

**C:** *Tuviste tu propia casa...*
**S:** Así es, arrendamos un departamento en las torres del San Borja y nos fuimos allí a vivir. Yo trabajaba muchísimo y además estudiaba...

**C:** *¿Y cómo eran esos trabajos en el estudio de abogados y en la Cámara de Diputados?*
**S:** Lo de la Cámara de Diputados era una cosa bien simple. En mi caso, estaba a cargo de un funcionario del Senado antiguo, y tenía que ordenar los proyectos de ley junto a otros cuatro colaboradores que trabajaban allí. Nos trasladaron del edificio del Congreso al Diego Portales, donde estaba todo el sistema legislativo. Yo hacía mi trabajo.

**C:** *¿Ahí tenían que escribir las leyes?*
**S:** Minutas, los trámites que tenían los proyectos de ley, si estaban completos los antecedentes; era un trabajo bastante rutinario. En el estudio de abogados el aprendizaje era mucho más fuerte. De ahí que rápidamente con 22 años ya era prácticamente un abogado, y en cuarto año ya ejercía como asesor legal de varias sociedades.

**C:** *¿Cómo?*
**S:** Claro, esta oficina de abogados era un estudio tributarista; entonces teníamos una clientela excelente, como el café Paula, Monarch, Deves, y una cantidad de empresas importantes. A mí me tocaba ver toda la

organización societaria, la mantención de los libros de los directorios, y esto tiene que ver un poco con lo que tuve que hacer después... Me fui especializando mucho en el ámbito societario comercial. Luego, en el año 77 nació mi primer hijo, Felipe, que coincidió con mi egreso de la universidad, dos hitos que me remecieron...

C: *O sea, hiciste todos los trámites para recibirte...*
S: No, solo egresar de pregrado. Recuerda que los egresados de derecho luego de cinco años de estudio tienen que dar un examen de grado, la temible "licenciatura", ante una comisión de profesores, que abarca todo el estudio del derecho civil y procesal, más una cédula. Oriana, por su lado, al poco tiempo dejó su trabajo porque tuvo problemas en el embarazo y, bueno, lo que ocurrió es que llegó el año 77, pasó el 78 y llegó el 79, y yo no había hecho nada para titularme. Estaba quedándome un poco rezagado y el tiempo iba pasando, y me estaba ocurriendo lo que les sucede a muchos estudiantes de derecho, que se ponen a trabajar, se casan y no se titulan. Llegó el año 79, cuando nació mi segundo hijo, Pablo, tomamos la decisión de que yo iba a dejar de trabajar y mi señora con los dos niños se iban a ir al norte, a La Serena, donde vivían sus padres. Yo me iba a dedicar a estudiar para sacar mi examen de grado. Pedí permiso en el trabajo para concentrarme en sacar adelante mis planes.

Me acuerdo muy bien de que esto empezaba en abril. Nos subimos a la citrola con nuestros dos hijos, Pablo con solo semanas, y partí a dejarlos a La Serena. Con Oriana éramos unos críos, pero estábamos dispuestos a lograrlo. Los suegros nos apañaron, recibiendo a la pequeña familia en La Serena.

Luego siguió mayo, y yo todavía no podía echar a andar la máquina del estudio, no podía concentrarme. La ocupación en las cosas domésticas me quitaba mucho tiempo. Entonces se me ocurrió una idea algo descabellada, ir a pedir refugio al monasterio de los benedictinos.

Después del 11, con otros amigos, Gonzalo Sánchez, Germán Guerrero, que después fue embajador de Chile en México y en Cuba, nos fuimos a una especie de retiro a los benedictinos, como una forma de reflexionar sobre lo que había pasado y sobre lo que teníamos que hacer. Llegó también Fernando Edwards, de la facultad, quien estaba en proceso de definir su vocación religiosa. ¿Conoces el monasterio de los benedictinos? Es un lugar muy especial, tienen una casa de huéspedes donde puedes llegar, pedir que te reciban, y te puedes quedar. Nos quedamos varios días. Ahí conocimos a Gabriel Guarda, con quien hicimos una muy buena amistad.

Cuando me vi apretado por los plazos y la necesidad de concentración, decidí ir a golpear de nuevo la puerta a los benedictinos. Ahí estaba Fernando Edwards, que en ese momento ya era un monje. Le expliqué que necesitaba que me dieran refugio para poder estudiar para el examen de grado. Fernando lo consultó con el prior, y felizmente me aceptaron. Me quedé a vivir con los benedictinos durante cuatro meses...

**C:** *¿Ellos te mantenían?*
**S:** Sí, me recibieron con una generosidad increíble. Te dan un cuarto, una celda, con un lavatorio y una vista preciosa a las montañas. Las comidas las haces junto a los monjes. Es todo muy modesto, lo mínimo necesario y, por supuesto, había que cooperar con las tareas de la comunidad, porque yo era parte de ella. Tomé a mi cargo hacer el aseo de la casa de los huéspedes y también me ocuparon como lector, porque los monjes tienen voto de silencio y comen en silencio. Por eso, siempre hay un lector que lee un libro de interés filosófico, religioso o incluso político. Normalmente es un monje. Pero me asignaron el puesto de lector en el almuerzo. Recuerdo que el libro se llamaba *De Juan Pablo I a Juan Pablo II*, un libro de tapa dura de más de 400 páginas. El Papa polaco había sido electo hacía pocos meses, el año 78. También ayudaba como chofer, llevaba al padre Ángel a dar la comunión a los enfermos un día a la semana. El padre Ángel era un monje alemán encargado de la formación musical del monasterio, que había perdido todos los dedos de sus pies por congelación en la incursión alemana en Rusia, en la Segunda Guerra Mundial.

Según me contaron más tarde, no estaban muy convencidos de aceptarme, porque el monasterio se duele mucho con estas incorporaciones transitorias y cuando alguien deja la comunidad siempre se produce un cierto vacío, que no es bueno para la vida comunitaria. Me quedé hasta septiembre del 79, hasta el día en que di mi examen de grado. Ese día, durante la misa de la mañana, los monjes hicieron una oración especial, pidiendo para que pudiera tener un buen resultado en mi examen. Salí del monasterio esa tarde y me fui a la escuela. Al día siguiente dejé el monasterio para volver al mundo.

C: *¿Inscribiste tu tesis?*
S: No, el examen de grado es un examen muy solemne y ritual ante una comisión de profesores y, como te decía, te interrogan sobre todo el derecho civil, derecho procesal y una cédula. Di mi examen de grado y me fue muy bien, fui aprobado con distinción máxima. Ya había dado el paso más difícil, todavía quedaba la práctica y la memoria, pero el año 80 me titulé.

Para el año 80 me habían llamado para un nuevo trabajo, un abogado amigo de mi padre, Daniel Frías, me invitó a ser abogado interno de las empresas de Paños de Tomé. Fue mi gran escuela como abogado porque esa era una compañía que sobrevivía en medio de la crisis económica y que superaba con grandes esfuerzos la sustitución de importación de los textiles, todo lo cual le causaba tremendos problemas. El equipo ejecutivo era muy joven, El presidente de la empresa, Carlos Eichholz, tendría 40 años; el gerente general, Francisco Langlois, tenía como 32, y eran brillantes, ahí aprendí todo. Entre el 80 y 82 estuve ahí enfrentando las negociaciones con los bancos, reformulando programas de pago, litigios por deuda con bancos, con instituciones de previsión, negociación con los sindicatos; o sea, todo lo que te puedas imaginar lo hice ahí. Hasta que Paños Tomé pidió la quiebra. Cuando las empresas quiebran, todo ese andamiaje legal que tú has sostenido se pone a prueba. El proceso fue muy complicado. Es una experiencia muy dura porque hay mucha gente que se ve afectada: profesionales, trabajadores, clientes, acreedores, y los mismos dueños. Hasta ahí llegó mi experiencia como abogado de empresas.

Daniel Frías me dio un espacio en su elegante oficina de Santiago centro, sin ningún compromiso. Nunca dejé de trabajar como abogado, ni siquiera durante la época de la SCD; mi herramienta de libertad fue ejercer siempre mi profesión.

C: *Yo tengo que contarte una cosa divertida: mi bisabuelo llegó de Bélgica. Era técnico en máquinas de telar y vino a Chile contratado por Paños de Tomé para instalar estos telares; finalmente, se quedó para siempre.*
S: ¿En serio?

C: *El venía de Liege. Para que veas cómo son las cosas. Además, otra cosa divertida es que los famosos ponchos negros de Quilapayún son de Paños de*

*Tomé. En esos tiempos se fabricaban unos ponchos de color café, que a nosotros se nos ocurrió teñir de negro. Los que usamos actualmente son todavía esos mismos.*

S: O sea, Paños de Tomé estaba en la etiqueta de los ponchos. ¿Influyó tu bisabuelo en esto?

C: *Seguro que organizó todo desde el más allá.*

S: Sigo con mi cuento: el año 82 quiebra Paños de Tomé. En el 83, para cerrar este ciclo, vuelve a aparecer Mario Baeza en escena, levantando una nueva causa que era darle el Premio Nacional de Arte a Claudio Arrau. Estaban pronto a cumplirse los 75 años de Arrau y a Mario Baeza se le puso en la cabeza que había que darle el Premio Nacional. Pero la contra era que Arrau no era chileno porque había adoptado la nacionalidad norteamericana. Un día, Mario Baeza me llama por teléfono y me dice: "Santiago, veo que aquí se está diciendo —yo ya había visto algo de eso en los diarios— que Arrau no es chileno y que por eso no le pueden dar el Premio Nacional. Me parece que es un escándalo y algo completamente inaceptable. Vamos a formar un movimiento, pero quiero que me ayudes en la parte legal". Me preguntó: "¿Arrau es chileno o no?". "Es chileno —le digo yo— no ha perdido la nacionalidad". Y le doy mis argumentos jurídicos. Me manifestó sus dudas y, como lo vi a punto de abandonar, le dije: "¿Me cree maestro, o usted lo que quiere es que a Arrau lo denigren y no le den el premio?". Se quedó pensando y me dijo: "Tienes razón con tu pregunta, quiero que le den el Premio Nacional". "Entonces, yo lo acompaño maestro" —le dije— y armamos el comité de celebración de los 75 años de Arrau. Y ahí empecé a vincularme con el mundo de la cultura. El comité de celebración de los 75 años de Arrau estaba formado por Juan Pablo Izquierdo; Flora Guerra, gran pianista alumna de Arrau; Igor Saavedra, Premio Nacional de Ciencias; William Thayer, ex rector de la Universidad Austral y ex ministro de Frei Montalva. Con todos ellos hicimos una campaña formidable porque empezó a crecer esta cosa. Jimmy Brown, de la *Radio Andrés Bello*, se enganchó, y el mismo *El Mercurio* mandó a Sonia Quintana, una periodista de Artes y Letras para que fuera a entrevistar a Arrau a Nueva York. El diario *La Tercera*, con la periodista María Inés de Cardona, de la familia de los dueños del diario, también se unió a la cruzada. Se empezó a formar un movimiento político-cultural muy interesante.

Mario Baeza, lanzado a lograr el convencimiento de todos, quiso ir a hablar con el general Matthei, que estaba interesado en apoyar porque "tenía una hija pianista" —nos comentó—, la Evelyn, que no existía en ese momento en el mundo político. La Evelyn era una estudiante de piano que vivía en Londres. Me acuerdo muy bien de que estábamos con Mario Baeza sentados en la oficina de Matthei y este le dice a la secretaria: "Comuníqueme por teléfono con la Mónica Madariaga" —era la ministra de Educación—. "Mire —le habló delante de nosotros—, quiero que a Arrau le den el premio y no me importa que haya tocado para la oposición". Una de las críticas era que había tocado para Amnistía Internacional, entre otras cosas.

**C:** *Pero, además, él hizo declaraciones contra la junta militar.*
**S:** Por supuesto, era un desafío tremendo. Para Baeza no existían los imposibles. Finalmente, meses más tarde, Mónica Madariaga anunciaba que se le daba el Premio Nacional a Claudio Arrau y fue un momento maravilloso. Recuerdo que ese día nos fuimos con Mario Baeza a la *Radio Andrés Bello*. Yo era bastante ignorante, no era un tipo que pudiera hablar de toda la obra de Beethoven, de sus conciertos o de la calidad interpretativa de Arrau; no había escuchado presencialmente a Arrau, discos de él tampoco estaban en las disquerías. Estaba en el proyecto porque Mario Baeza me había embarcado y lo acompañé sin preguntar mucho. Ahí estaba Jimmy Brown, el director de la radio, emocionadísimo, y puso al aire el cuarto concierto de Beethoven. A partir del premio nacional vino una nueva causa para Mario Baeza, que fue la de traer a Arrau a Chile, y para eso había que unir todavía más voluntades. Se incorporó más gente alrededor de esto, y Arrau llegó el 10 de mayo de 1984 a Chile. Me acuerdo muy bien.

**C:** *¿No hubo que convencerlo a él primero? Porque él no quería venir...*
**S:** Por supuesto, y su señora tampoco. Pero fue un acontecimiento tan grande este reencuentro de Arrau con Chile, que no se pudieron negar. No te lo puedes imaginar. Cuando llegamos al aeropuerto estaba repleto de gente, de colegios, de niños cantando y fue un acontecimiento que conmovió al país. Cuando Arrau salió del aeropuerto había una columna de carabineros motorizados, con banderas chilenas, que lo escoltó por la Alameda hasta el Hotel Carrera. La gente en las calles salía espontáneamente a saludarlo, era

un *rock-star*, los canales de televisión con sus equipos móviles transmitían en vivo, había como un sentimiento de unión de todos para celebrar la venida de este Arrau sencillo, chillanejo, silencioso...

**C:** *¿Y cuál era el programa?*
**S:** Fue un factor de unidad y en esos tiempos de profunda división; la gente buscaba que tuviéramos algo en común. Estamos en el 84, año en que empezaron las protestas.

El programa de Arrau fue el Cuarto Concierto para piano de Beethoven en el Teatro Municipal, con la Filarmónica, dirigida por Juan Pablo Izquierdo, y el Quinto Concierto en la catedral, con la Sinfónica, dirigido por Víctor Tevah. No te puedes imaginar lo que fue el concierto en la catedral.

**C:** *¿Y tú en qué andabas?*
**S:** Yo era como el attaché de Ruth Schneider, la señora de Claudio Arrau. Ella andaba conmigo del brazo y así entrábamos a los ensayos del Teatro Municipal. Una persona muy cálida y distinguida. Estuve con Arrau en todos los lugares que visitó. Era como el secretario ejecutivo. Me tocó ir con él a Chillán en un avión con ocho personas, con Mario Baeza, Arrau, su señora, Agustín Arrau, su sobrino, que era el empresario que organizó toda la visita.

Empecé a aparecer en varios lados, incluidas las páginas sociales de los medios —y esto tiene que ver con el resto de la historia, por eso te lo comento— y me hice como famosillo. De todo esto hay fotos, como esta donde estamos firmando la constitución de la fundación Arrau. Claudio Arrau me dio un poder para cobrar su premio nacional y destinarlo a becas para jóvenes pianistas. Constituimos la Fundación Arrau, que en realidad se llamó como su madre, Lucrecia León de Arrau. La fundación tuvo un directorio que presidía naturalmente Mario Baeza, y que reunía a Gabriel Guarda, Fernando Léniz, Carlos Vial Espantoso, Malú del Rio (la señora de Agustín Edwards), Juan Pablo Izquierdo y Óscar Agüero, entre otros. La fundación tuvo su sede frente al Mulato Gil, en esa casa bonita que hay al frente, que pertenecía a Roser Bru o a su familia. Ese directorio de la fundación se suponía que iba a hacer grandes cosas, pero no hizo mucho. Realmente no hubo interés, no de parte de ellos, que fueron muy generosos en participar, sino que de las empresas que se suponía harían contribuciones para financiar a los nuevos talentos, emulando la historia de Claudio Arrau. Eso no ocurrió.

C: *Se hizo el museo Arrau en Chillán.*
S: Sí, pero eso fue mucho después. En ese proyecto no participé. Acuérdate de que Arrau muere en 1991 y trasladan sus restos a Chile. Pero te cuento todo esto porque puede explicarse de esta manera mi incorporación al mundo de la cultura. La venida de Arrau a Chile en el 84 todavía no ha sido estudiada en su trascendencia, no solo cultural, sino que también política. En mi caso, Arrau me abrió una puerta al mundo de la cultura, y el gestor de esto, sin que fuera su propósito, fue Mario Baeza.

C: *Te relacionó con el* establishment *de la cultura...*
S: Si bien había alcanzado una cierta estabilidad económica en mi actividad profesional como abogado, el acercamiento a este mundo de la cultura con el proyecto de la Fundación Arrau fue una motivación muy fuerte, ganas de construir algo distinto a la tarea reducida del ejercicio de la profesión de abogado. Y justo en ese momento me llama mi amigo y compañero en la Escuela de Derecho Cristián Jara, que estaba en la rectoría de la Universidad de Chile. Roberto Soto en ese momento era el general que cumplía la función de rector de la universidad, un personaje muy culto y excelente persona, que hizo muchas cosas positivas, como abrirse al resurgimiento de la FECH. Contra la posición de su entorno militar, él dio libertad de asociación a los estudiantes para que formaran nuevamente la FECH. Porque había una olla a presión en el mundo estudiantil y él entendió que había que darle alguna salida. Luego sería cesado en su cargo de rector, siendo sucedido por José Luis Federici.

El hecho es que Cristián Jara emplea la táctica de comprometerme con esa frase que te mencionaba: "La universidad que te formó te necesita". ¿Qué pasaba? Que el Departamento del Pequeño Derecho de Autor, como publicaban los diarios, era un foco interminable de conflictos, un verdadero escándalo. Fernando Rosas despotricaba contra la obligación de pagar derechos por obras del patrimonio cultural común; la "Araña", un periodista de *Las Últimas Noticias,* hablaba del botín de la universidad" y alegaba porque no se entregaba información completa sobre la administración de los derechos; Chito Faró hacía una huelga de hambre en las escaleras del Departamento del Pequeño Derecho de Autor, y así todo estaba muy revuelto. Los periodistas se entretenían yendo a entrevistar a los autores cuando hacían fila para cobrar su cheque de derechos de autor, fotografiaban las liquidaciones de derechos y las publicaban. Entonces, el rector Soto me dice: "Necesitamos hacer algo y hemos visto que usted tiene vínculos con el mundo de la cultura. Sé de su capacidad ejecutiva... ¿Le interesaría este proyecto?". La verdad es que yo en ese momento estaba en otra y el Departamento del Pequeño Derecho de Autor me sonaba como algo muy conflictivo...

Hago un paréntesis, yo había tenido una experiencia con el derecho de autor. Mi hermana Jimena, profesora de castellano, junto con Hugo León hacían facsímiles para preparar la prueba de aptitud académica, y también participaba en esto un profesor que salía en la televisión y hablaba sobre la corrección del lenguaje. El profesor Mario Banderas. En esa época la editorial que publicaba estos facsímiles estaba dirigida por un ex ejecutivo de Paños de Tomé, Luis Montero, quien me llamó y me pidió que lo ayudara a hacer un contrato sobre derechos de autor para el profesor Banderas. Me comentó que había buscado a un especialista en el tema y no encontró a nadie, por lo que recurrió a mí, pensando que podía ayudarlo a hacer el contrato.

Me puse a estudiar el asunto porque no sabía nada. El derecho de autor no se enseñaba en la universidad. Para informarme, tuve la idea de pedir una entrevista al fiscal de la Editorial Jurídica, la empresa editora de la Universidad de Chile. Llegué a la entrevista, en la oficina de este señor, que quedaba en Pedro de Valdivia, me anuncié a la secretaria y quedé ahí esperando que me recibiera. Pasó un buen rato. De pronto aparece este señor, el fiscal, y me encuentra en el pasillo. Era don Maximiano Errázuriz, que después fue diputado. Un tipo de baja estatura que me extiende su mano pequeña y blanda —todavía lo recuerdo— y me dice al pasar: "Mire, lea la Ley 17.336 que está en un anexo del *Código Civil*. Hasta luego". Yo quedé paralizado ante este trato tan arrogante. La asistente debe haberme visto muy afligido, porque quedé sin habla. Llamó a una persona que entiendo era la secretaria general de la editorial, de apellido Herreros, para pedirle si podía recibirme. Resultó ser una persona encantadora, una señora muy amable, me dijo: "Sí, no te preocupes, es que casi nadie sabe de esto, pero yo te voy a regalar un libro, y me regaló el libro *Derechos de autor y derechos conexos*, de Henry Jessen, que era el único texto que existía en la Editorial Jurídica sobre el tema. Era una publicación que habían impulsado los productores de fonogramas para la discusión de la ley en el año 70. Todavía lo tengo en mi biblioteca. Me fui súper agradecido. Después de varios años conocí a Henry Jessen, un connotado jurista brasileño y pude gozar de su amistad y de su sabiduría. Después de esta escena quedé con la bala pasada con el tema del derecho de autor y muy ofendido con el desprecio de este señor Errázuriz, y, bueno, redacté el contrato del profesor Banderas; no sé cómo quedó, pero todo esto dejó latente una inquietud desafiante al constatar que nadie o muy pocos en Chile sabían de derecho de autor.

Cuando estudié la Ley de Propiedad Intelectual para la redacción del contrato del profesor Banderas me encontré con las disposiciones que regulaban el Departamento del Pequeño Derecho de Autor, que, la verdad, no llegué a entender de qué se trataba.

Entonces, con esa experiencia, cuando varios años después me proponen asumir la dirección de dicho departamento, a pesar de que el asunto mismo era inquietante por la mala prensa sobre el departamento y su falta de arraigo en el medio cultural, se presentaba como un desafío inspirador.

Por eso la visita con mi amigo Rodrigo García, director del Grupo Zapallo, que había sido compañero mío en la cuerda de los bajos en el coro, para ir a cobrar sus derechos conexos se presentó como una buena oportunidad para conocer en la práctica el funcionamiento del departamento.

El Grupo Zapallo era un conjunto de música infantil muy conocido, del estilo de Mazapán. Rodrigo me dijo: "Oye, creo que tengo unos derechos conexos. Vamos juntos al Departamento de Derecho de Autor a ver cuánto es". Y así lo hicimos.

Recuerdo que había un funcionario que estaba con overol azul en la puerta de acceso a las oficinas, en el segundo piso del edificio de San Antonio, y parecía que se había duchado recién. Se estaba peinando con el pelo todavía muy mojado. Me quedó grabada esa imagen. Después lo conocería, "Luchito" Bravo, una gran persona.

Vi a muchas personas que trabajaban ahí. Había un espacio muy amplio como un *hall* de recepción, pero no había ninguna mesa o señalética. Nada que indicara adónde dirigirse. Como no pasaba nada, golpeamos una puerta que daba a ese *hall* y salió una secretaria muy seria. A nuestra consulta sobre los derechos conexos de Rodrigo la señora nos dijo: "Mire, aquí nosotros no damos ese tipo de información, vaya a la caja". Le expliqué que veníamos a preguntar por los derechos conexos del director del Grupo Zapallo; más comprensiva, nos indicó que habláramos con la asistente social, señalándonos el lugar en que se encontraba. Había efectivamente una asistente social.

Recuerdo que la señora nos recibió muy amable y nos dijo: "Yo lo único que puedo hacer es lo siguiente". A continuación abrió uno de esos cárdex de metal gris, típicos de las oficinas públicas de la época. En el cajón del cárdex se veían unos folletos de tapa azul y varias manzanas. Sacó uno de esos folletos y nos dijo que era la Ley de Propiedad Intelectual. Y me la pasó. Era el mismo recurso de Maximiano Errázuriz, solo que esta vez me lo entregaban cordialmente. Ya saliendo de las oficinas del departamento le digo a Rodrigo: "¿Sabes? Creo que voy a aceptar este cargo". "¡Veamos qué podemos hacer aquí!". Y la perspectiva me entusiasmó y ahí empezó la historia.

# Entendiendo el derecho de autor

**C:** *Previamente a meternos en todo lo que tenemos que conversar necesariamente de la SCD, los derechos de autor y qué sé yo, me interesa que conversemos sobre el derecho en general. Porque creo que, para entender bien el derecho de autor, tenemos que entender previamente y muy cabalmente qué es un derecho, en qué consiste el derecho. Este último es un fenómeno raro, es un fenómeno curioso porque uno dice: "Yo tengo un derecho", como si realmente residiera en uno eso que dice que tiene. Pero lo que pasa es que el derecho aparece como algo que tú tienes, que es tuyo: "Mi derecho", algo que tú posees, pero esa es una ilusión porque en realidad el derecho más bien se otorga y te lo otorgan los demás. Por lo tanto, nunca es una propiedad que tú tengas, con la que tú puedas contar sin recurrir a los demás.*
**S:** Entiendo muy bien.

**C:** *Y es algo que parece que reside en los otros, no en ti mismo...*
**S:** ¿Que te otorgan los demás o que te otorga el Estado?

**C:** *Ambas cosas: puede ser que te lo otorgue otro o que te lo dé el Estado. Quizás el Estado cumple una función de protección para que el otro te respete ese derecho. El Estado puede concederte un derecho, pero también puede proteger tu derecho. Por eso me pregunto si esas dos características que hemos anotado —y se pueden anotar más— dan lugar a una situación curiosa, porque no parece que en ti sea natural el derecho, como que tú vengas al mundo con derechos, porque en realidad si yo me imagino un tipo como un náufrago en una isla, me parece que no tiene ningún derecho. ¿Podrías decir que tenga derechos un Robinson Crusoe?*
**S:** O no los necesita.

**C:** *Pero más bien no los tiene.*
**S:** Hasta que aparece Viernes.

**C:** *Claro, ahí se puede regular hasta dónde llego yo y hasta dónde llega el otro. Entonces empieza a operar un derecho.*

**S:** El derecho puede observarse desde distintas miradas. Uno habla del derecho cuando se refiere a un sistema normativo; o sea, a un conjunto de normas que regulan las conductas de las personas, y esa es una primera mirada. Un sistema normativo debe tener ciertas características para que funcione, desde luego sus normas deben ser válidas; esto es, deben ser establecidas por un órgano legislativo, y reconocidas y aplicadas por jueces; todo eso corresponde a ese sistema de normas y esa es una de las formas de abordar este tema. La otra tiene relación con lo que tú aludías: cómo podemos hablar de un derecho subjetivo, es decir, de ese derecho que yo tengo sobre algo; entonces hay una mirada desde el derecho objetivo, la norma, y también desde el derecho subjetivo, este último, entendido como el derecho que yo tengo sobre algo.

**C:** *Pero ese derecho objetivo es un derecho que se establece.*

**S:** El derecho es una creación humana, pero ahí también hay dos posiciones. No quisiera entrar en un análisis demasiado académico, pero digamos que hay dos posiciones. Una es la postura iusnaturalista, que dice que hay ciertos derechos que son intrínsecos a la naturaleza humana y que, por lo tanto, estén o no establecidos, deben ser reconocidos; existen o tienen existencia por el hecho de que el hombre es hombre; por ejemplo, el derecho a la vida, el derecho a expresarse. Como decía mi profesor de introducción al derecho: "Es el orden querido por Dios". El otro es el derecho positivo, que dice que el derecho no es otra cosa que aquellas reglas que los seres humanos se han dado para organizarse socialmente, y hay otros que van todavía más allá, en un sentido puramente pragmático y afirman que el derecho es simplemente lo que dicen y aplican los jueces.

**C:** *Pero en una o en otra situación, cualquiera de las tres que señalaste, el derecho es algo que alguien tiene que respetar.*

**S:** Creo entender lo que quieres decir: para que yo tenga un derecho, este debe ser reconocido, porque si no es reconocido no sirve como regla social... Puede estar escrito en una ley, esculpido en bronce, pero si nadie lo reconoce, no tiene una existencia real. Y ahí entramos en un ámbito muy interesante. ¿Por qué existen normas? Y ya que existen, ¿en qué nos basamos para decir que una norma es válida, si está vigente o no? Y esto podemos aplicarlo desde las reglas más simples, como, por ejemplo, darle el asiento a una persona anciana, que no es una regla legal obligatoria, pero que la reconocemos. Eso lo haces porque hay una regla que está incorporada en tu comprensión de lo social, que conoces y aceptas, y que dice que si hay una persona anciana o inválida al lado tuyo tienes que darle el asiento. Lo mismo ocurre si entro a una iglesia y me saco el sombrero o hay que saludar cuando llegas a un lugar. Son reglas del mismo género. Esas reglas no están escritas, nadie dice que haya que darle el asiento a una persona inválida, pero se cumple. Y hay otras reglas que no son tan intuitivas como los ejemplos anteriores, y que para que existan tienen que originarse en un acto generador de reglas, que podemos caracterizar como socialmente aprobado, que tiene como efecto que estas reglas las debemos respetar; como tú dices, tenemos que reconocerlas. Es en este ámbito donde entramos a hablar del derecho. Pongamos el ejemplo de una regla simple: el disco "Pare". Tú, cuando vas conduciendo un auto, al cruzar una calle, probablemente te vas a detener y vas a observar que no venga otro vehículo para no impactarlo; eso sería una conducta prudente. Pero también puede haber personas de conductas imprudentes, que no se van a detener y van a poner en riesgo su vida y la de otras personas. El disco "Pare" se pone para que tanto las personas prudentes como las imprudentes se detengan y miren. En este caso se ordena una conducta en aras del bien común, para que las cosas funcionen y no se produzcan accidentes que se pueden evitar. La norma general se establece para los prudentes y los imprudentes. Sigo en las reglas de tránsito: 50 km de velocidad máxima. ¿Por qué se establece ese máximo? Porque se considera que tanto un conductor experto como uno mediocre estarán en condiciones de poder evitar un accidente. O sea, es más seguro para la circulación de los vehículos y de los peatones este límite de velocidad, pero esa regla puede ser contraintuitiva para un conductor experto que sabe llevar muy bien su automóvil y estar atento a las condiciones del tránsito, y es muy probable que pueda ir a una velocidad mayor sin provocar riesgo. Las reglas empiezan a ser generales para hacer posible que la sociedad se organice. Cuando empiezas a mirar esto solo desde el punto de vista subjetivo, esto puede parecer injusto o exagerado. Puedes decir: "Mire, ese disco 'Pare' me prohíbe que yo pase sin antes detenerme. Y yo voy apurado...". Y si no hay disco "Pare" en tu vía puedes decir: "Yo tengo derecho a que el otro se detenga para que yo pueda circular...". Por eso, el derecho tiene esa cosa rara que nos ordena, y por eso es tan importante —y en esto llego a estar de acuerdo contigo— que si yo tengo un derecho, este funciona en la medida en que tú y yo estemos de acuerdo en que esa es una regla válida, y que no debemos ignorarla. Porque si el derecho tiene vigencia es como ordenador de conductas, y no es una máquina productora de prerrogativas para las personas. Me interesa mucho más el derecho desde el punto de vista de su funcionamiento, que desde el punto de vista de un catálogo de derechos.

C: *O sea, te interesa el derecho desde el punto de vista del funcionamiento de la sociedad, el derecho como una forma de regular las relaciones entre las personas.*
S: Exactamente, por eso el derecho no regula a las máquinas.

C: *Claro. Y hay una cosa muy interesante y es lo que acabas de decir: el derecho se instituye en el reconocimiento, porque solo si es reconocido es un derecho u opera como derecho; por lo tanto, depende del otro y no depende de ti.*
S: Claro, pero el otro puede reconocer mi derecho por distintas razones. Uno, puede reconocerlo porque se ve obligado a ello, que es la forma más tradicional de reconocer el derecho. Si yo infrinjo tu derecho voy a ser sancionado, entonces es como el derecho...

C: *... obligado.*
S: Claro, la regla como una imposición. Pero eso no funciona porque lo relevante para que el derecho rija, no es que existan sanciones, sino que sea reconocido. O sea, yo no te quito la taza de café que tienes aquí en la mesa porque me van a sancionar, sino porque entiendo que, de acuerdo con unas reglas que pueden ser jurídicas o simplemente sociales, no corresponde que yo te prive de tu café, y eso ayuda a nuestra relación personal.

C: *Me concedes el uso personal de mi café. Y eso es interesante porque eso nos enlaza y nos relaciona con el tema de la propiedad. Justamente, la propiedad, que sería en este caso mi café, surge por el reconocimiento. Lo propio es lo que los demás me reconocen como propio. La relación que tú tienes con esa camisa cuando dices*

*"mi camisa" no es nada que tenga que ver con la camisa misma, sino conmigo. La propiedad no es algo que tenga la cosa por sí misma...*
S: Claro, la propiedad es un vínculo entre el dueño y la cosa, pero es un vínculo reconocido por ti.

C: *Exactamente. Es más que un vínculo con la cosa, un vínculo con los demás y eso es lo interesante.*
S: Totalmente de acuerdo contigo, pero hasta ahora el derecho se explicaba como esa relación con la cosa, que lo es en términos formales, pero, en términos del ordenamiento social, para que yo tenga un derecho sobre esa cosa, este tiene que ser reconocido, sin duda. Porque yo puedo tener una regla que diga: "No debes interferir en la taza de café de Eduardo Carrasco", pero si yo no te reconozco esa propiedad el asunto no funciona. Podrá haber una sanción y tendrá que actuar el sistema, pero lo importante es que el sistema no funcionaría si todo operara por coerción. Por eso hay algunas reglas que están establecidas pero que podemos dudar si tienen vigencia o validez, si nadie las respeta. Conducir a 55 km se estableció como una regla para transitar en la ciudad, pero asómate a la ventana del edificio...

C: *Nadie la respeta.*
S: Es una regla que no tiene el reconocimiento social... Pero, obviamente, no basta solamente con el reconocimiento social, tenemos que organizarnos primero para establecer cuándo esas reglas van a ser válidas y reconocerlas válidas entre todos nosotros, y cómo el no cumplimiento de esas reglas llega a ser sancionado. Lo que rompe este reconocimiento cultural o social de la regla debe tener un costo para que el sistema funcione, para que se restablezca el imperio de esa regla. Pero estoy totalmente de acuerdo contigo en que desde luego la propiedad como concepto de derecho ha tenido una evolución muy fuerte en el último tiempo; la propiedad como la relación entre yo y la cosa es una explicación insuficiente. La propiedad es mucho más interesante en la relación que tenemos entre todos respecto de un bien determinado.

C: *Exacto, o sea que algo sea propio significa que los demás te conceden esa propiedad.*
S: El sentido de lo propio tiene implícito una exclusión. Ahora bien, de lo que estamos hablando en este momento es de la explicación del derecho.

El derecho existe, más allá de lo que tú o yo digamos. Pero estamos explicando el derecho: una explicación puede consistir en que debe haber un reconocimiento del vínculo entre la cosa y el dueño, con todas las variantes que tú has señalado y que yo he complementado; sin embargo, también es cierto que la propiedad se explica en mejor forma en relación con las transacciones que se pueden hacer de un determinado objeto. Por ejemplo, es mucho más importante para el derecho de autor que respecto de una cosa como una obra intelectual se puedan realizar transacciones a que permanezca estática, lejana, en ese vínculo estrecho entre el autor y la obra. Que yo diga que soy el autor de esa obra y que esa obra es mía no tiene mucho interés como funcionamiento del sistema regulatorio si no hay transacciones. Tiene más sentido que yo pueda establecer relaciones contigo y con otros para que la puedas usar, disfrutar, explotar, etc.

**C:** *Eso lo encuentro raro, porque en realidad la propiedad depende del respeto de los demás a lo que tú consideras como tuyo. Las transacciones son una forma de reconocimiento de tu propiedad, tienen como base ese reconocimiento. El primer tipo que cerró un espacio de tierra que iba a considerar suyo cumplió su cometido, en la medida en que efectivamente los demás lo consideraron así; o sea, en cuanto los demás aceptaron ese hecho y no se metieron con sus vacas en ese territorio que él había señalado como propio. Eso significa que la propiedad es un otorgamiento de los otros o, más bien, la aceptación de los demás de no apropiarse o no discutir sobre lo que tú consideras tuyo. Porque —como tú también decías— no hay ninguna propiedad intrínseca que ligue esta taza contigo. Yo me la puedo llevar a mi casa y es mi taza. Eso es lo que hace posible el robo. Si esta taza fuera algo intrínsecamente tuyo, no existiría el robo, porque yo me apropiaría de ella y ella seguiría siendo tuya. Sería una locura. Entonces las cosas no tienen una relación con las personas, con los sujetos, por decirlo así; son indiferentes a quienes las posean.*

**S:** Eso es un poco embrionario dentro del concepto de una regla, de que, en la medida en que los demás la respetan, hay una regla que existe. Yo estoy contigo y coincido en que el reconocimiento es una condición necesaria para que un sistema normativo funcione. Pero por qué digo que es embrionario o insuficiente, porque hay otra forma de mirar la regla y este es un desarrollo que no es mío, sino que de los filósofos del derecho y de los teóricos generales de la norma, que dicen que la regla es una razón para la acción. Como yo sé que hay una regla, eso me indica fácilmente lo que puedo o tengo que hacer, entonces todo ese desajuste que tú estás viendo donde solo si tú me respetas es efectiva la norma, puede ser muy precario y disolverse con rapidez; quiero decir, puede alterar nuestra convivencia fácilmente... Entonces, como tú sabes que hay reglas, y que una de ellas dice que la taza de café no me la puedo llevar porque hay una esfera de atribuciones que le corresponden al otro, entonces, en lugar de iniciar todo un desorden social desde el punto de vista de tu conducta que va a hacer que yo reaccione para quitarte la taza, etc., tú tomas la decisión de no hacer tal cosa porque sabes que hay una regla, y eso es suficiente para que te comportes de determinada manera. Así, la sociedad funciona mejor, porque, si no, estaríamos todos discutiendo todo el tiempo si me puedo llevar el auto de la esquina, si puedo cortar el árbol, si puedo patear la puerta y entrar. Para que no ocurra eso tenemos una regla que es una razón para la acción, que puede estar permitida y puedo hacerlo, o prohibida y no lo hago; y así funcionamos. Al final, el derecho es eso: clarificar qué es lo que podemos hacer y qué no podemos. Pero ahí estoy hablando del funcionamiento del sistema que te he dicho es lo que me interesa.

C: *De acuerdo. Pero en el caso del derecho de autor que introdujiste, hay algo raro en relación con lo que estamos hablando. Porque estamos de acuerdo en que no hay relación alguna entre un objeto X, como la taza, y la persona que es su propietario. La misma relación puede tener la taza con cualquier otro ser humano en el planeta; o sea, esta taza puede ser mía, tuya, de él, etc.*

S: Cuando tú tienes algo, por ejemplo, la tenencia de la taza, se establece una relación entre el poseedor o el propietario y la cosa. Entonces, este fenómeno de la tenencia o posesión implica una regla: el poseedor es reputado "dueño", y como ya sabes que soy dueño, vienen todas las consecuencias de por qué tomas la decisión de no llevarte mi taza. Pero tú quieres llegar a un reconocimiento de algo que yo no tengo inconveniente en aceptar, y es el hecho de que no hay un vínculo carnal entre la cosa y el dueño, y si hay un vínculo este es solo jurídico; es decir, algo que hemos inventado, y que puede explicarse de diversas formas como lo hemos estado conversando.

C: *Pero quédate ahí y déjame seguir. No hay un vínculo; sin embargo, en el caso de la autoría pareciera haberlo, y eso es lo curioso. Es distinto que yo haga un poema, por ejemplo, que no existiría sin mi inteligencia, mi cabeza, mi sensibilidad y que*

*al parecer en él se concentran todas las propiedades que son yo mismo. En una obra reconoces a su autor, estamos hablando de las obras literarias o artísticas en general, donde parece que hubiera esa relación íntima que no existe en la propiedad de las cosas. Entonces, te pregunto: ¿Cómo ocurre esto? ¿Qué implicancia tiene esto? Porque en la propiedad de las cosas, de los objetos que se compran en el mercado, estamos de acuerdo en que no hay relación entre el comprador y la cosa, entre quién será su propietario y la cosa.*
S: No hay una relación como la que hay entre el autor y la obra.

C: *Exacto, hay una cosa rara en la obra...*
S: Esto tiene que ver con la evolución del pensamiento humano. Porque los romanos fueron los creadores del derecho tal como lo conocemos hoy; para ellos no existía otra cosa que esas relaciones entre los bienes y las personas, las cosas físicas o tangibles. Y, en cambio, con la obra intelectual estamos entrando en el mundo de los bienes inmateriales, de las cosas que pueden distinguirse del cuerpo físico en el que se encuentran expresadas. Esto corresponde a una evolución del pensamiento humano: llega un momento en que se afirma que debiera reconocerse una propiedad sobre el trabajo; o sea, que el ser humano pueda apropiarse de lo que ha hecho.

C: *Eso es Marx.*
S: Eso es Kant antes de Marx, es un pensamiento kantiano decir que la creación intelectual es una extensión de la personalidad, y aquí viene una explicación de cómo el derecho de autor es entendido de una forma distinta en el mundo europeo continental que en el entorno anglosajón. El mundo europeo continental, que es el que ha influido en nosotros, entiende que la obra intelectual es una extensión de la personalidad del autor y, por lo tanto —como lo proclama la asamblea revolucionaria en Francia—, es la más excelsa de las propiedades porque es una prolongación del ser humano, de su personalidad, de su espíritu. Esta mirada tiene que ver también con el reconocimiento de los derechos laborales, van muy a la par. En cambio, en el mundo anglosajón la filosofía que impera es la del utilitarismo, pues a ellos les interesa la protección en la medida en que sirve a la sociedad o al bien común. Y si algo es socialmente útil entonces buscan una regulación para que estas cosas existan, estén protegidas y se generen estímulos para que se sigan produciendo, y ese es su foco. Por

eso, en el sistema nuestro se habla de "derecho de autor" y en el mundo anglosajón, en cambio, se habla de "*copyright*", es decir, derecho de copia, lo que importa es la explotación de la creación.

C: *No la relación entre creación y creador.*
S: Claro. Tanto es así que en el mundo del derecho de autor, como lo conocemos en la tradición europea continental, el autor siempre es una persona física; en cambio, en el mundo del *copyright* el autor puede ser una persona jurídica, una empresa o una institución. El autor como tal no es el centro de atención; y los derechos morales, que son reconocidos con especial acento en el sistema de derecho de autor, en el sistema norteamericano solo se los acepta con fórceps bajo el derecho a la honra. Esta interpretación la han construido para poder adherirse al Convenio de Berna, recién a fines de los 80. Entonces, lo que dices sobre la obra intelectual en un vínculo ahora sí "carnal" con la persona que la crea, es el fundamento jurídico-filosófico del sistema que nos rige, pero no es la única concepción que existe sobre esto...

C: *¿Y en el mundo anglosajón el derecho se concibe de otra manera o siempre es derecho en cuanto reconocido? ¿En ambas corrientes lo que instaura el derecho es el reconocimiento?*
S: Creo que nos pegamos un salto, porque la reflexión anterior era preguntarnos sobre qué es el derecho, y ahora ya estamos en el funcionamiento del sistema de derecho de autor. Ya no es solo el reconocimiento, sino cómo se expresa ese reconocimiento, y si está vinculado a la explotación de las obras; nuestro sistema está orientado a un reconocimiento de la persona que ha creado la obra intelectual, y desde luego la utilización de esa obra es lo que va a ocupar a la regulación, pero no se obtendrá una explicación del sistema si no se tiene en cuenta este eje de protección en el autor.

Pero tomando tu pregunta, claro que hay una diferencia entre el sistema de derecho de autor con respecto a las reglas sobre la propiedad de las cosas físicas, porque en el régimen de las cosas físicas todo ocurre en una dimensión territorial reducida al espacio en el que se encuentra esa cosa, y, por lo tanto, es suficiente la aplicación de la ley chilena porque hablamos de cosas que están en este territorio. En cambio, en el mundo de las obras intelectuales, que es el mundo de los bienes inmateriales, hay necesidad de abrirse a una legislación internacional. La explotación internacional que hoy llamaríamos explotación global o multiterritorial es propia de las obras intelectuales. No solo debemos ponernos de acuerdo en normas de derecho locales, sino que también en normas de derecho internacional, y, para eso —y por eso—, los tratados son tan importantes en el ámbito del derecho de autor, porque son puentes de unión entre sistemas legales distintos. ¿Y qué hacen estos tratados? Establecen mínimos de protección. Ahí surgen los plazos de protección, por ejemplo, porque a diferencia de las cosas materiales, esta es una propiedad "transitoria". Digo, entre comillas, porque podemos hablar de derecho de propiedad intelectual o derechos sobre bienes inmateriales, que pueden ser parecidos, pero implican ciertas diferencias porque —ya que hemos empleado la expresión "raro"— lo "raro" del derecho de autor es que decimos que las obras intelectuales son bienes inmateriales y, por tanto, incorporales, pero, para que puedan existir, tienen que ejemplificarse en cosas o cuerpos ciertos, en cuerpos materiales, los que llamamos "soportes". A diferencia de las cosas físicas, que son como lo que tenemos aquí y que nos ha servido de referencia: una taza. Cuando se trata de una canción, que es un bien inmaterial, no se agota en las distintas ejemplificaciones que pueda tener. Puede ser una partitura, un CD; puede ser la memoria del computador o un vinilo. Esto es súper interesante, porque la obra intelectual necesita de cuerpos tangibles y la propiedad de esos objetos tangibles generalmente no es de los autores. Y estos soportes se rigen por el derecho común, igual que la propiedad de la taza; en cambio, la obra intelectual que está en ese cuerpo físico se rige por reglas distintas que son las del derecho de autor. ¿Y por qué muestro tanto interés y hasta una cierta pasión en esta explicación? Porque creo que este es el derecho del futuro. Cada vez más los bienes inmateriales son más importantes y están más presentes en este mundo digital. Y porque la realidad virtual está llena de bienes u objetos inmateriales protegidos por el derecho de autor.

C: *Es muy curioso porque en el fondo lo que me estás diciendo es que el derecho de autor es platónico, es un derecho sobre la propiedad de objetos inmateriales, o sea, ideas.*

S: En realidad no son ideas, porque las ideas son libres, sino que se trata de la forma de expresión de esas ideas, las obras intelectuales surgen de un acto de composición de esas ideas.

**C:** *¿Pero una canción no es una idea?*
**S:** ¿Qué es una canción? Tú que has hecho tantas, descríbeme una.

**C:** *Una canción puede tener distintos intérpretes, distintas formas de interpretación, pero también puede presentarse bajo la forma de la partitura, o de la grabación en un CD, o disponible en diversas plataformas, como sucede hoy día. Pero no se identifica ni se agota en ninguna de sus formas materiales.*
**S:** Es que ahí estás haciendo una confusión entre la canción y la interpretación, que son dos cosas distintas.

**C:** *Pero lo que tú creas es algo que no es la partitura, ni tampoco es la música que suena.*
**S:** No sé por qué le agregaste "que suena".

**C:** *¿Por qué la agregué "que suena"? Porque puede sonar de otra manera y si puede sonar de otra manera, esa manera en que está sonando no es lo determinante.*
**S:** ¿Cuáles son los elementos constitutivos de una canción? ¿De qué está hecha una canción?

**C:** *Dímelo tú, yo creo que es una cosa totalmente inmaterial.*
**S:** Claro, pero ¿por qué es inmaterial?

**C:** *Es en un sentido radical, pues todas las formas de existencia material posibles, o sea, todos los soportes posibles en que ella pueda presentarse no son ella misma.*
**S:** Te voy a dar un ejemplo para que no divaguemos demasiado. Es un ejemplo que les doy a mis alumnos: dos estudiantes de dramaturgia se acercan a su maestro y le piden que les dé una idea para hacer una obra de teatro. Entonces, el maestro los mira y les dice: un chico y una chica se aman, la familia de la chica es enemiga de la familia del chico y por causa de los obstáculos que surgen en este amor, los dos terminan suicidándose. "Pero maestro" —le dicen—, "eso es Romeo y Julieta". Y él dice: "Sí, pero para hacer Romeo y Julieta se necesitaron los versos de Shakespeare". Entonces, la idea de "chico y chica" está repetidísima, o la idea de un amor que abandona a su amor, etc., y las teleseries y todas las películas están repletas de esas mismas ideas. Pero la obra intelectual es la combinación de esas palabras que toman la forma de versos y que dan lugar a un texto complejo, y eso es

lo que protege el derecho de autor. En tus canciones, por ejemplo, lo que protege el derecho de autor no es la idea que tuviste para hacer una canción en la que se relata un cierto hecho social que a ti te parecía importante, eso lo puede hacer cualquiera. Y además se puede expresar de mil diferentes maneras. Pero tu canción es el texto literario, la combinación de palabras y modismos concretos que la conforman. Y el texto musical, la combinación de sonidos a la que tú le has dado forma, eso es la canción. Ese cuadro que está detrás de ti, que es de Balmes, es una combinación concreta de colores y formas donde por cierto hay una idea detrás. Él tuvo una idea que materializó de ese modo: tomó un lienzo, pinceles e hizo este cuadro. Ahora bien, ¿este cuadro son los óleos, pinceles, o el lienzo? No. Es la combinación de todos esos elementos que él hizo y que es única; esa es la obra intelectual y esa obra intelectual, como tu canción, puede ejemplificarse en partituras, grabaciones, presentaciones en vivo, fotografías y muchas ejemplificaciones. ¿Y esas ejemplificaciones son la obra? No. En este momento tu canción puede estar siendo interpretada en vivo en algún bar de mala muerte de Santiago o a lo mejor en una radio en Japón, o alguien puede estar traduciéndola al alemán, la misma canción, no hay otra, es la misma. Cada vez suena distinta, puede haber muchas interpretaciones, la puede cantar un tenor, un bajo, una contralto y puede haber distintos matices, tonos, técnicas y muchas particularidades distintas, pero tu canción sigue siendo la misma, entonces esa es la canción...

C: *¿Entonces la canción sería el texto más la música?*
S: El texto musical más un texto literario. Texto musical y el texto literario que no necesariamente se confunden con el soporte. Pero la obra necesita un soporte para que la perciban los otros. Salvo que sea una improvisación en vivo...

C: *Sí, debe tener una materialidad. Pero lo que me interesa y trataba de decirte es que una canción no se agota en ninguno de los soportes que puedan usarse para difundirla. Por eso se puede decir que la canción no existe materialmente por sí misma; para que exista debe tener un soporte...*
S: Para que se manifieste, porque ya existe.

C: *Ok, para que se manifieste debe tener un soporte, pero no se identifica con ninguno de los soportes que pueda tener.*

**S:** Y otra cosa todavía. Normalmente, quien es titular de la obra o el autor que es dueño de la obra no es dueño de los soportes en que está materializada su obra.

**C:** *Está bien, pero creo que si no se identifica con ninguno de los soportes, quiere decir que no es material.*
**S:** Por supuesto, y por eso las reglas que regulan la obra intelectual como objeto protegido, aun cuando se refieren a algo que está en la misma partitura, son diferentes a las reglas que regulan ese pedazo de papel escrito. Y eso es lo que cuesta que se entienda. El consumidor cree que, por tener el soporte, tiene derechos que en realidad no ha adquirido. Piensa que porque ha comprado un libro ya es el dueño de la obra literaria ejemplificada en ese libro y puede realizar explotaciones de la obra que está contenida en el objeto que ha comprado. Por eso es básico entender que son dos cosas distintas. La obra necesita vestirse en algún soporte para poder manifestarse y ser percibida, pero ella no es su soporte y eso... es raro.

**C:** *Es raro, y uno puede pensar que es muy difícil que te reconozcan una propiedad sobre una cosa que no tiene existencia material.*
**S:** Volvemos al tema del reconocimiento.

**C:** *Me refiero a la propiedad de las cosas, es más sencillo demostrar que algo material es mío que demostrar que esta especie de fantasma que es la obra sea mía...*
**S:** No. Es más sencillo. Solamente para clarificar lo que estamos hablando: esta taza que está sobre esta mesa, que está en mi lugar de trabajo y, por lo tanto, dentro de un contexto en que estas cosas tienen lugar, puede decirse que es de mi propiedad. Yo tengo la tenencia material de esta cosa y por lo tanto me es mucho más fácil administrar esa titularidad que tengo sobre esta cosa. Si te la quieres llevar, la puedes tironear y te puedo sacar una foto llevándotela de mi casa para demostrar que la tomaste de entre mis pertenencias. En cambio, las obras intelectuales como son inmateriales están en el aire, o en todas partes. Cualquiera puede tomar una canción y yo no necesito entrar a tu propiedad para sacártela como lo hago con la taza. La canción se canta, los libros se leen, las películas se ven. Alguien puede entrar a mi biblioteca y sacarme el libro *La casa de los espíritus*, de Isabel Allende, pero eso es una propiedad común, civil, y no es una

propiedad de derecho de autor. De hecho, si la propia Isabel Allende quiere entrar a mi oficina y llevarse el ejemplar del libro del que es autora, ella estaría infringiendo una norma de derecho común y mis derechos, porque yo soy el dueño del ejemplar. Pero, por otra parte, yo no podría tomar esa obra contenida en"mi"libro y transformarla en una obra de teatro, porque estaría explotando algo que no es de mi propiedad... Mi propiedad es el libro físico, no la obra, que es propiedad de Isabel Allende. Entonces, llegamos al quid del tema: los bienes inmateriales necesitan una regulación especial de protección, distinta a la de las cosas físicas o corporales. Porque en principio tus canciones no las posees de la misma manera en que yo tengo la posesión de la taza. Por eso, el ser social —y vamos a llamarlo de esa manera— establece una ficción, una invención del derecho, que es declarar que la explotación de las obras intelectuales ajenas está prohibida, disco"Pare". Así funciona, no puede funcionar de otra manera, porque como están en el aire, si no se establece una norma de prohibición, entonces no hay cosa protegida. ¿Qué hace el derecho? Instala un disco"Pare" y también un disco"Siga", porque el titular del derecho, o el autor, puede desactivar la prohibición y la desactiva autorizando el uso. Entonces, una conducta que estaba prohibida pasa a ser permitida y legítima. Por eso el derecho de autor, a mi juicio, no hay que entenderlo como un listado de facultades que el autor tiene sobre la obra intelectual, sino que como una habilitación especial que le da la ley para desactivar la prohibición y permitir que la explotación sea legítima; pero este efecto desactivador no solamente proviene del autor, sino que también del propio legislador, el que puede dar autorizaciones directas sin necesidad de recurrir al autor o al titular del derecho, y esas son las excepciones.

C: *¿Y esas excepciones por qué las tiene el Estado?*
S: El sistema funciona de ese modo: para las obras intelectuales hay una prohibición general de uso, y mientras esa prohibición está vigente nadie puede usar la obra ajena.

C: *¿Esa prohibición está establecida?*
S: Sí, en nuestro sistema normativo hay una norma expresa, el artículo 19 de la Ley 17.336. En otras legislaciones está en un grupo de normas, que son las que establecen que habrá infracción si no tengo la autorización. Pero

el eje del sistema —más que la prohibición— es la autorización, porque de otra manera no hay bien jurídico. La autorización que da el titular del derecho, o el autor que es el titular originario, y la autorización que da el Estado a través del legislador cuando resuelve que hay un interés público o social superior en ciertas explotaciones de las obras intelectuales que hacen necesario que una regla legal las autorice directamente.

**C:** *¿Y se pasa por encima del autor?*
**S:** No, no es que se pase por encima. Voy a tratar de explicar por qué no es así. ¿Por qué el legislador da esta autorización directa? Porque, en una determinada situación de uso, el legislador cree que no es conveniente esperar la desactivación de la prohibición de uso por el autor. Es lo que Schauer llama "el hecho desencadenante", que dice que en toda regla hay un hecho desencadenante que la justifica. Si creemos que es de interés público que los investigadores no tengan que solicitar autorización a cada uno de los autores de las obras que reproducen en fragmentos, en sus propias obras, para efectos de ilustrar su pensamiento. Eso se llama "citar", la ley permite la libertad de cita. De igual forma para traducir las obras literarias al sistema Braille, por ejemplo, autoriza ese uso directamente. Porque hay un interés preferente en favor de los discapacitados visuales. La forma tradicional es entenderlo, como lo has dicho tú al principio, como un listado de derechos por el que el autor es el único que puede usar la obra, cederla, autorizar su comunicación pública o su reproducción, etc., pero donde pueden establecerse excepciones que reducen esos derechos. La otra forma es considerar que hay un sistema que funciona con una prohibición general de uso de obra ajena y con autorizaciones que se otorgan para que cada una de las conductas prohibidas puedan convertirse en acciones de uso legítimas. Y no se sobreponen, porque en realidad las excepciones no son relativas al derecho del autor. Esa es la forma tradicional de entender que las excepciones le quitan algo al derecho del autor; ese es un error, porque la excepción no cercena el derecho, por una razón muy simple: si quiero hacer una cita de un libro, que es reproducir un texto en la obra propia, eso no impide que el autor me autorice a hacer la reproducción. El autor no ha perdido ningún derecho y si tengo dudas de que la cita a lo mejor es excesiva y va más allá de la autorización legal de cita, igual puedo pedir la autorización al autor porque este último mantiene su derecho incólume.

**C:** *En el sentido de que el autor podría pedir dos centavos...*
**S:** Naturalmente, el autor pierde mercado de autorizaciones, pero ese es otro tema que no afecta a la inalterabilidad del derecho y eso servirá para el análisis de otras situaciones. Todavía no hemos hablado sobre las contraprestaciones económicas, porque las autorizaciones pueden ser gratuitas; lo importante es que el eje del sistema es la autorización.

**C:** *Que él tenga el derecho a...*
**S:** Él tiene el derecho, claro, a desactivar la prohibición y para desactivarla puede naturalmente pedir una contraprestación económica. Entonces, la excepción en realidad es una excepción a la prohibición, no al derecho de autor, y lo que ella hace es que desplaza la prohibición o la modifica, para un caso particular.

**C:** *¿Y cómo opera eso?*
**S:** No le quita nada al derecho, pues el autor sigue siendo dueño de su obra y en muchos casos aunque un uso puede estar legitimado bajo una excepción o, como la llamo, una autorización legal, siendo suficiente para que el interesado realice esa explotación, el utilizador puede decir: "Mejor me cubro con una autorización convencional", con una autorización del autor, "y así estamos todos tranquilos". A lo mejor la licencia es gratuita, no tengo idea, pero eso da lo mismo. Lo importante es que la excepción no le ha quitado nada al derecho del autor, el autor puede seguir dando autorizaciones. Por cierto, si cuentas con una autorización legal no necesitas recurrir necesariamente a la del autor; pero el usuario siempre puede recurrir a la licencia del autor. Nada lo impide.

**C:** *Entiendo. Pero lo que sería interesante explicar es sobre qué base opera el derecho. Nosotros decimos que para que haya un derecho tiene que haber reconocimiento de ese derecho y, si no hay reconocimiento, no hay derecho. En eso estamos de acuerdo.*
**S:** Lo que pasa es que tú solo ves el reconocimiento en su formulación más embrionaria, como un reconocimiento social, pero yo lo llevo a una declaración formal, a través de los mecanismos que la propia sociedad establece, que son las reglas adoptadas por un órgano del que emanan reglas que prescriben qué podemos hacer y qué no podemos hacer.

**C:** *¿Cómo opera la obligación de cumplir ese derecho? O sea, ¿cómo se hace para que un derecho sea reconocido? ¿Hay una coerción, una amenaza?*
**S:** La coerción no es suficiente por sí misma para que una norma tenga validez, la coerción es casi puntual, casi anecdótica. ¡Cuántas infracciones se cometen todos los días a pesar de que hay coerciones de todo tipo! Tú me preguntas para qué sirve un derecho que no se puede ejercer. Tienes razón, si un derecho no se puede ejercer es letra muerta. Si se produce un desajuste respecto de una conducta que está prohibida y que igual se realiza, entonces el tema es cómo puedo contener esa conducta que es ilegítima, y eso tiene que ver con dos cosas: uno, que exista en la sociedad ese reconocimiento al que tú te referías y, dos, que la regla sea parte de la cultura de la sociedad; es decir, que la regla esté tan establecida como sacarse el sombrero cuando entras a una iglesia —un ejemplo de Hart— o ponerse la mascarilla cuando salimos a la calle. ¿Te has dado cuenta de que la autoridad suprimió la obligación de andar con mascarilla en la calle y la gente sigue con la mascarilla? Esa es una regla social y la gente ya asumió que hay una regla que es ponerse la mascarilla. El regulador dijo: "¡Pueden sacársela!", y no lo ordenó. Está permitido no usarlas y, sin embargo, la gente sigue ocupándolas. Bueno, en el caso de las reglas de derecho de autor son reglas sociales, son reglas aplicables a las conductas humanas y, en consecuencia, lo que puedo hacer es activar el sistema coercitivo para que se sancione cuando hay un desajuste entre una conducta y una regla que prohíbe esa conducta. Pero vuelvo a decirlo, y lo digo contigo, eso es insuficiente.

**C:** *¿Y cómo logras esa situación ideal en que el derecho es respetado tan espontáneamente?*
**S:** La norma es un hecho cultural, pertenece a la vida social, se puede establecer una norma..., pero el reconocimiento social es indispensable.

**C:** *¿Dices que es como un compromiso?*
**S:** Creo que no sacamos nada solo con establecer reglas que no se incorporan a la vida en sociedad. Una regla no tiene relación causal con las conductas de las personas. Si yo establezco una regla, eso no significa que a partir de ese momento todas las conductas de las personas se van a ajustar a esa regla. Si en la calle Lota, por ejemplo, hay un disco "Pare" y yo empiezo a poner discos "Pare" cada 10 metros, porque me parece más

efectivo para asegurar la buena conducción vehicular, tú me vas a decir que estoy loco, que es irracional ese disco "Pare" cada 10 metros; por lo tanto —y es lo probable que ocurra—, esa señal de tránsito se convertirá en algo ornamental, todos se van a pasar la señal de prohibición. Entonces, lo que digo es que las reglas deben tener una racionalidad, que tiene que ver con la realidad social, para que exista esa comprensión social elemental, para que las normas tengan ese reconocimiento social que ya les ha dado el derecho. Para su vigencia se necesita una declaración formal del cuerpo social, la dictación de una ley por el Congreso Nacional, pero también un reconocimiento social, y para que este se produzca tiene que haber racionalidad en el diseño de la norma. Antes pensaba que las excepciones eran un despojo al autor, hoy día creo que las excepciones son autorizaciones legales necesarias para que la regla que establece la prohibición general pueda ser sostenida socialmente...

C: *¿Eso no significa entonces que para que opere el derecho de autor tiene que haber un conocimiento mínimo del valor del derecho?*
S: Pero eso ocurre con todo. Para darte un ejemplo: los medios dicen que la violencia intrafamiliar ocurre todos los días. No lo sabemos, pero hay una regla que dice que no puedes violentar a tu cónyuge. No puedes. Ahora bien, ¿eso puede ocurrir? Sí. ¿Basta que establezcamos una regla para que eso no ocurra? No. Primero, la sociedad ha reaccionado con mucha dureza frente a esas conductas. Y lo segundo, la sociedad ha establecido formalmente que eso es una conducta prohibida y, por lo tanto, si se transgrede, habrá coerción; pero son ambas cosas. Entonces, ¿por qué en el derecho de autor nos planteamos tanto el tema de la contención normativa y social? Porque se trata de cosas inmateriales y porque lo importante es el respeto espontáneo, y eso es mucho más relevante en el mundo del derecho de autor que la sola posibilidad de contener coercitivamente las conductas ilegítimas. El Estado con su aparato regulador puede controlarlas y ahí podemos seguir especulando y hablar, por ejemplo, sobre la responsabilidad que tienen los proveedores de servicios de internet, que es todo un tema de discusión actual.

C: *Entiendo.*
S: Y hay una cosa con la que quizás quisiera concluir. Esto del derecho de autor sobre las obras intelectuales es el resultado de una decisión

adoptada por la sociedad; o sea, responde a una decisión que toma el órgano legislativo que la sociedad se ha dado, el derecho de autor puede o no existir. Pero si creemos que debe existir una regulación sobre el uso de las obras ajenas, entonces tenemos que aceptar la forma en que el sistema funciona. Se puede decir: "No vamos a poner más discos 'Pare' porque consideramos que la gente es razonable y se detendrá naturalmente en los cruces de calles". Pero hasta ahora el disco "Pare" se considera algo razonable, porque nos ayuda a evitar accidentes, y el límite de velocidad también lo consideramos razonable.

**C:** *Es socialmente aceptado...*
**S:** Sí, por lo que tú has dicho al principio: el derecho es una ficción desde el punto de vista del derecho positivo, algo que los seres humanos nos hemos dado para que nuestras conductas sean adecuadas, para que tengamos cierta certeza y razones para la acción, para convivir sin conflictos, o para facilitar la solución de los conflictos, porque, si no, estaríamos en el forcejeo de cada cual para gozar de las cosas que le interesan. El derecho nos da una forma de regular nuestras conductas y entonces aquí no hay, como usamos decir, una la ley de la selva, o la ley del más fuerte, porque tenemos razones para comportarnos de cierta manera y para eso nos hemos dado unas reglas, que no las establecemos ni tú ni yo, sino que las establece un órgano instituido socialmente, para que esa norma sea formalmente reconocida y así regule lo que parece necesario en los ámbitos en que existe un interés común.

**C:** *Pero esa norma no ha existido siempre, y en ciertas sociedades no ha habido un derecho de este tipo...*
**S:** La primera ley de derecho de autor es una ley de la Revolución Francesa. En realidad, antes se había dictado el estatuto de la reina Ana de 1709 por el Parlamento Británico, pero son los dos decretos de la Revolución, de 1791 y 1793, los que sientan las bases legislativas de lo que hoy conocemos como derecho de autor, muy cercano a nuestro sistema legal actual.

**C:** *¿Qué dice esta ley?*
**S:** Con la Revolución Francesa se derogan los privilegios concedidos por el soberano a los editores y al mismo tiempo se establecen estos nuevos

derechos, con una dimensión moral y patrimonial en favor de los autores. La necesidad de regular la explotación de las obras literarias y artísticas venía desde mucho antes, porque el derecho de autor es hijo de la tecnología. No es importante el derecho de autor cuando cada obra está contenida en un ejemplar único o muy escaso, y antes de la imprenta el ejemplar de un libro era una obra intelectual casi en sí misma. Por ejemplo, la *Biblia* era un texto que solo estaba en los conventos y cuando se inventa la imprenta por primera vez se publica la *Biblia,* terminando con el monopolio de los ejemplares que salen de los conventos y llegan a la masa de los fieles. Y Lutero es el primero que la traduce del latín a una lengua vernácula y esa es la primera formalización del idioma alemán, porque antes de eso solo se conocían dialectos de los pueblos germánicos. Todo eso sucede porque hay una nueva herramienta tecnológica. Entonces, ¿por qué es importante el derecho de autor a partir de la imprenta? Porque se produce la multiplicación de las obras literarias, la impresión gráfica las masifica y entonces esta forma de explotación nueva lleva a decir: "Aquí hay un bien que deberíamos proteger". Las razones que invoquen los Estados pueden ser diversas, justicia distributiva, estímulo a nuevas creaciones, control estatal, etc.

C: *Cambia la forma de financiamiento del autor, pues antes de la imprenta el autor se financiaba por la protección de la aristocracia, por el mecenazgo. Y de repente se acaba eso, se acaban los nobles, las cortes y todo eso.*

S: No creas que es solamente eso. Fíjate que Beethoven por supuesto que vivió del mecenazgo, pero solo parcialmente; él organizaba eventos de sus conciertos y desde ahí obtenía ingresos para vivir. Beethoven nunca quiso ser un *Kapellmeister,* que era la aspiración de todos los músicos en esa época. Tenían un sueldo asegurado, podían componer, etc., pero como Beethoven quería componer su propia obra de acuerdo a sus intereses y hacer música que no era religiosa —con excepción de la Misa Solemnis y algún oratorio, que no es lo mejor que hizo— trataba de ganar su sustento de otras maneras. Recurría especialmente a la venta de sus partituras a los editores musicales, y personalmente negociaba la venta de esas partituras. Mozart tenía extremo cuidado con la reproducción de sus obras. Él exigía que todos los copistas de partituras trabajaran en su propia casa y no los dejaba salir con ningún papel, porque existía el peligro de que se duplicaran las partituras. El riesgo era que ese duplicado se vendiera a la competencia de los editores que trabajaban con otros músicos; de pronto, una obra comprometida con un editor de Leipzig aparecía publicada por un editor en Budapest. Por eso, la forma en que se remuneraba a los autores no era solamente el mecenazgo, ya que el editor también era una fuente de recursos. Y el editor solo podía tener éxito comercial si no se filtraba el ejemplar y se publicaba en otra parte. Las discusiones que tenía Beethoven con sus editores son interesantísimas, está bien documentado. Esto es crucial para Beethoven cuando ya no puede vivir de sus ingresos como intérprete virtuoso, y serán sus partituras la fuente de sus ingresos.

Bueno, ¿qué quiero decir con esto? Que el derecho de autor, siendo hijo de la tecnología, permite que la réplica de las obras amplíe las explotaciones; lo que deja en mayor evidencia que la obra intelectual es un bien inmaterial que se puede multiplicar en soportes y que eso redunda en una mayor libertad económica para los autores y en un incremento de la diversidad de la oferta. Luego vendrá la invención del fonógrafo y eso producirá la cesantía de los músicos, porque este aparato reemplaza y sustituye la labor de los intérpretes; ocurre lo mismo con la radiodifusión o la invención del cine, que aparece como un substituto de los libretos para las obras de teatro. Internet no es algo distinto. La revolución digital no es otra cosa que una multiplicación al infinito de los ejemplares en clones del ejemplar original. A tal punto, que la reproducción pasa a ser una forma de explotación que decae frente al *streaming* y las comunicaciones interactivas. Entonces, la explosión digital demuestra dos cosas: primero, que los bienes inmateriales en la sociedad contemporánea son cada vez más importantes, y, segundo, que la sociedad resuelve darles protección porque se necesita una cadena de valor para que se pueda remunerar a los aportadores del contenido y se puedan desarrollar las industrias que están detrás.

**C:** *¿A qué llamas tú "cadena de valor"?*

**S:** La cadena de valor ocurre en la producción y distribución de todos los bienes. Se construye con las acciones requeridas para que esos bienes lleguen al mercado. Saco la leche de la vaquita, la echo en un tarrito, se lo paso al distribuidor de leche, el distribuidor la purifica y la empaqueta y la lleva al supermercado, y, al final, el consumidor paga por ese litro de leche. Paga y retribuye al supermercado, y este al distribuidor y así a toda la cadena de valor, hasta llegar a pagar al granjero para que ese bien vuelva a producirse. Entonces, esa cadena de valor es tan necesaria en el mundo de los bienes físicos, como en el ámbito de las obras intelectuales. Por supuesto que no es un privilegio de una industria, ni de nadie; yo puedo ser autor y escribir una poesía a mi madre, aunque puede que esa poesía no fascine a mucha gente. Pero lo que interesa a los ciudadanos y al Estado es cómo las obras intelectuales —que son un bien para las personas— pueden seguir produciéndose. Y cómo esta señora que es valiosa para la sociedad, porque hace buenas obras artísticas, buenas canciones, cine, literatura, etc., pueda seguir haciendo su trabajo. Para eso tiene que haber una cadena de valor. Cuando se interrumpe la cadena de valor, es decir, cuando no hay retorno para el lechero que saca la leche, ese señor no va a poder seguir realizando su tarea desde el punto de vista económico; no lo digo desde el punto de vista espiritual, porque a lo mejor seguirá haciéndolo, y el autor igual, pero finalmente tendrá que dedicarse a otra cosa para sobrevivir. Por tanto, el desafío es cómo estas reglas que hemos establecido pueden ser aplicadas para que funcione la cadena de valor, porque la regla de derecho de autor no tiene una finalidad en sí misma, sino como una herramienta para que haya muchas personas que puedan dedicarse a este oficio; es decir, crear, producir, empaquetar las creaciones, distribuirlas, publicarlas, transmitirlas y que todo esto funcione. Esta es una mirada utilitarista, por supuesto. Otra mirada sería: cómo podemos aplicar justicia distributiva y que llegue alguna compensación al que dio impulso a la cadena de valor. Esa es la gran injusticia que surge del modelo de los gigantes de internet, porque ellos hacen su plan de negocios basados en contenidos creativos, porque si estos no existen, los teléfonos inteligentes —como decía Jean Michel Jarre, quien fue presidente de la CISAC— serían menos inteligentes o serían simplemente tontos.

C: *No servirían para nada.*

S: Esa es la discusión, una discusión apasionante porque esto de los bienes inmateriales no se detiene, al revés. Otro ejemplo que me gusta emplear es este: si se vendiera Apple mañana... Tú sabes que cuando se venden las empresas se hacen estudios o auditorías para establecer cuánto valen las cosas que tienen las empresas y si estas cosas existen efectivamente... ¿Crees tú que en esas auditorías a Apple lo que va a interesar a los compradores es valorizar los escritorios que tiene Apple, los edificios, los computadores? No, lo que les va a interesar es cuánta propiedad intelectual tiene Apple, cuáles son sus bases de datos, sus marcas, sus patentes, sus licencias; es decir, todos sus bienes inmateriales, que es lo valioso de esa gran empresa. Eso es lo que hace que Apple sea el gigante industrial y económico que hoy día es. Cualquiera se da cuenta de que los bienes inmateriales son cada vez más importantes, pero lo que pasa es que todavía nuestras escuelas de derecho siguen siendo decimonónicas. El mayor foco de la enseñanza del derecho se concentra en la propiedad física, en las cosas tangibles, y seguimos estudiando con gran profundidad un *Código Civil* al que solamente le importan los bienes físicos.

**C:** *En otros países ya hay grandes diferencias.*
**S:** Los norteamericanos tienen la Digital Millennium Copyright Act, que es la que establece los "puertos seguros" en beneficio de los proveedores de servicios de internet [ISP, por su sigla en inglés] (Entel, Telefónica, Claro, etc.). Son refugios normativos para que no se vean afectados por las infracciones al derecho de autor que cometen los subscriptores de sus servicios. La idea es que los ISP colaboren en contener las infracciones en las redes digitales, ya que son los únicos que conocen la identidad de los internautas que las cometen. Tú haces una denuncia y hay un sistema muy rápido de contención, ya que luego del aviso el proveedor de servicio baja el contenido presuntamente ilícito ("*notice and take down*"), sin perjuicio de que el afectado por esta medida pueda reaccionar por otras vías, impugnando la bajada del contenido. Si el proveedor de servicio nada hace queda como responsable de los daños ocasionados al titular de derecho de autor. Eso ha hecho que el comercio electrónico de contenidos protegidos en Estados Unidos crezca tremendamente. ¿Cómo se hace en Chile? Lo que decidieron los legisladores fue establecer un procedimiento judicial para dar el aviso de infracción. Entonces se presenta un escrito a los tribunales, la Corte de Apelaciones distribuye a un tribunal, y ese tribunal tiene que comunicar el aviso de infracción al proveedor de servicio de internet. Luego, y cuando sea posible, un receptor judicial irá a notificar al proveedor del servicio, y así se irá desarrollando el procedimiento judicial. Entonces, es un sistema del siglo XIX para un problema del siglo XXI. Yo no digo que el norteamericano sea el mejor, puede haber otros, pero de lo que estoy seguro es de que el sistema chileno no funciona. Desde el año

2010, cuando se estableció este procedimiento de notificación judicial en Chile, no ha habido una sola causa, no hay sentencia alguna y nunca se han presentado requerimientos de este tipo, no se usa. ¿Sabes por qué sistema nos regimos en Chile? Por las reglas internas de propiedad intelectual de YouTube. El sistema regulatorio de YouTube es más relevante que el sistema regulatorio formal procesal chileno. ¿Por qué? Porque YouTube tiene reglas que dicen: "Mire, si usted sube contenido que no está autorizado, yo lo bloqueo y le bajo su contenido". ¿Y por qué? "Porque yo tengo un contrato con usted". Pero como eso solamente lo hace YouTube y no lo hacen todos, no sirve en todos los casos. En Estados Unidos esto funciona muy bien y lo más curioso es que se acaban de llevar a cabo unas audiencias públicas convocadas por la Copyright Office, para saber si este sistema de "*notice and take down*" es o no socialmente aceptado por todos los sectores involucrados. ¡Y están todos de acuerdo! Y dicen que es un sistema muy bueno, muy racional, y agregan que lo único que no quieren es el sistema instaurado por una reciente directiva europea del año 2019, que ha hecho responsable de comunicación pública a todas las plataformas digitales que tienen más de 60.000 usuarios, cuando el modelo de negocios permite que sus usuarios compartan contenidos protegidos. Estas plataformas (Facebook, Twitter, Instagram, entre otros), si no tienen medidas para contener, tienen que obtener licencia de los titulares de derecho. Todavía no se implantan esas disposiciones en el derecho interno de cada país de la Unión Europea (UE) y hay mucha controversia porque algunas disposiciones de la directiva podrían afectar la privacidad de datos personales.

C: *Eso es europeo.*

S: Eso es europeo. Nosotros no hemos avanzado en estas cosas. ¿Por qué? Porque nuestros políticos nos miran a los ciudadanos solo como consumidores y no creen que seamos capaces de hacer una oferta en la sociedad del conocimiento y de la información. Por eso sacaron la protección del derecho de autor de la propuesta convencional y después tuvieron que ponerla de nuevo, ante una fuerte oposición de la comunidad creativa organizada. Se olvidan de que nuestros países, Latinoamérica, no es conocida fundamentalmente por sus ingenieros; es conocida por sus futbolistas y sus artistas, esa es nuestra oferta. Chile es más conocido por Neruda o la Mistral, o por Violeta. Pero los Estados de la región no se interesan por la protección del derecho de autor. El derecho del inventor fue suprimido en el proyecto de nueva Constitución, porque no creen que también nosotros podamos aportar en ese ámbito; las patentes son cosa de otros, no nuestras...

C: *La inteligencia es de otros.*
S: La inteligencia es de otros y ese es nuestro cuarto subdesarrollo. Porque hay un subdesarrollo identitario y varios más, pero este es uno intelectual, por el cual nos consideramos incapaces de hacer una oferta en la sociedad del conocimiento.

C: *Y los que crean, se van.*
S: Para terminar la idea: ¿Crees que Estados Unidos o la Unión Europea se complican porque haya una norma que sacó el derecho del inventor de la Constitución chilena? Les da lo mismo, eso afecta a los inventores nacionales y si hubiesen logrado suprimir el derecho de autor, como se había propuesto, también les daría lo mismo. ¿Por qué? Porque para eso tienen los tratados internacionales y el comercio internacional, que es la forma en que ellos regulan su relación con los países en términos de propiedad intelectual. Hasta hace muy pocos años, hasta 1993, no se contemplaban sanciones cuando los Estados incumplían con las obligaciones de los tratados que regulan la propiedad intelectual. Desde la creación de la Organización Mundial de Comercio (OMC) esas normas pasaron a ser reglas de aplicación universal. Si incumples la norma de propiedad intelectual que está incorporada al tratado de la OMC, te aplican sanciones económicas quitándote beneficios del comercio internacional. Ellos tienen formas bien estructuradas para defenderse y los que no tienen cómo defenderse son los nacionales.

# El Pequeño Derecho de Autor y la creación de la SCD

C: *Tenemos que conversar de tu entrada a la universidad, al Departamento del Pequeño Derecho de Autor. Me contabas que te llamaron para eso. ¿Quién te llamó?*
S: Me llamó Cristián Jara, compañero de la facultad y amigo de toda la vida. Eso te lo comenté antes. Cristián era jefe de gabinete del rector de esa época. Principios de 1985.

La crítica que recibía el Departamento del Pequeño Derecho de Autor ya estaba en la prensa, donde se hablaba de cosas como "el botín del derecho de autor". Había periodistas que se dedicaban a preparar reportajes críticos sobre este tema. Recuerdo a "la Araña", de *Las Últimas Noticias*. También a Fernando Rosas, director de la *Radio Beethoven*, que reclamaba porque se pagaban derechos por las obras de dominio público; es decir, recaudación de derechos por difundir a Mozart, Bach, y qué se yo. A esto se sumaba la indignación de algún autor emblemático como era el caso de Chito Faró, el autor de "Si vas para Chile", que se instalaba a protestar en las escaleras del edificio de San Antonio, donde funcionaba el departamento. Había un ambiente muy malo y la universidad en ese momento ya tenía suficientes problemas por su lado. Como yo había tenido cierta notoriedad "público-cultural" durante la venida de Claudio Arrau, creo que Cristián pensó que yo tenía algún contacto estrecho con el mundo de la cultura y de la música. Me llamó por teléfono, y en tono muy ceremonioso me dijo: "La universidad que te formó te necesita". Necesitaban un nuevo director para el departamento.

Cristián Jara es un tipo simpático y hábil político, tenía una tarea difícil en la contingencia universitaria de entonces. Le contesté que podía ayudarlo a buscar a alguien. "No, queremos que seas tú" —me respondió muy enfático—. Yo quedé de pensarlo. Ya te conté que se dio la coincidencia de que Rodrigo García, director del grupo de música infantil Zapallo, compañero en el coro de Mario Baeza, me comentó en esos días que tenía que ir a cobrar unos derechos al departamento y que él entendía que podían ser cuantiosos. Esto fue una casualidad. No recuerdo bien cómo me encontré con él y terminé acompañándolo al Departamento del Pequeño Derecho de Autor. Ya te relaté la recepción que tuve, donde me mandaban de un lado para otro y vi que había mucha gente. A mis 30 años me pareció que la oferta de dirigir esa organización —algo misteriosa para mí— podía ser interesante. Yo nunca había tenido equipos de gente a cargo. Me pareció que podía ser un desafío. Pero no me lo tomé muy en serio, en el sentido de tomar un compromiso de largo plazo. Pensé que podría seguir ejerciendo mi profesión como abogado y tener una experiencia novedosa. Luego de preguntar a varias personas con las que estaba relacionado sobre esta posibilidad, algunos me alentaron a involucrarme en este asunto, y esa fue la razón por la que acepté. También hubo otros que me advirtieron que en este asunto de platas y artistas no era conveniente meterse. Pero no les hice caso.

C: *¿Cómo funcionaba esto en esa época? ¿Cuál era la operación? ¿Cómo y cuánto cobraban los autores?*
S: Primero hay que entender que esta institución no era tal, era un departamento o una unidad básica de la Universidad de Chile; una unidad que estaba dentro de la dirección económica de la universidad. Este Departamento del Pequeño Derecho de Autor venía funcionando desde 1948. Ese año, en una ley miscelánea del Ministerio de Hacienda (creo que fue la ley de presupuesto), se incorporó un artículo en que se encargaba a la Universidad de Chile la recaudación del Pequeño Derecho de Autor. La universidad en ese momento era como un Ministerio de Cultura. Creo que le pareció interesante una actividad en la que había recursos. No sé si las autoridades de la época entendían mucho de qué se trataba, pero dado que el Pequeño Derecho de Autor era un tema que venía creciendo en el mundo, se vio como una buena idea tomar la administración de este derecho.

C: *¿Por qué se llamaba "pequeño derecho"?*
S: Es un término que se utilizó en contraposición al derecho de las obras de teatro, al que se llamó "gran derecho". La asociatividad de los autores en relación con el derecho de autor se inició con las obras de teatro. Los franceses son los primeros en formar una sociedad de autores en el mundo, la SACD [Société des Auteurs et Compositeurs Dramatiques]. Cuando

surge un nuevo derecho relacionado con la música —estamos a principios del siglo XX— ya está inventado el fonógrafo, y hay una incipiente industria musical a través de la reproducción de discos, a la que luego se agregará la industria de la radiodifusión.

C: *¿El pequeño derecho fundamentalmente tiene que ver con la canción?*
S: La música en general, pero mucho más...

C: *Incluye una ópera, una sinfonía, cualquier cosa.*
S: Pero mucho más la música popular, que se relaciona directamente con esas industrias. Estamos en el año 48 y ya se habían organizado muchas sociedades de autores en el mundo. En Chile no había logrado cuajar un proyecto de ese tipo. Los mexicanos ya tenían su sociedad de autores, los uruguayos, argentinos, brasileños y aquí no se había hecho nada. Cuando se tiene noticia de esto, la universidad se interesa, y entonces se dicta esta ley del año 48, que le entrega a la Universidad de Chile la función pública de recaudar estos derechos.

C: *Recaudar y repartir.*
S: Es un caso único en el mundo en que una universidad se dedica a recaudar en los bares, restaurantes...

C: *¿Así era? ¿Recaudaban en los bares?*
S: Por supuesto...

C: *¿Y sobre qué base?*
S: La intervención de la universidad en la administración del Pequeño Derecho de Autor llega al año 70, que es cuando se discute y aprueba la actual Ley de Propiedad Intelectual. Es la Ley 17.336. Hasta antes de esa ley solo había un decreto dictado durante el gobierno de la República Socialista de los 100 días, fue un gobierno *de facto* encabezado por Marmaduque Grove, comandante en jefe de la FACh. El año 70, a fines del gobierno de Frei, se aprueba esta ley y durante el período en que se discutió el proyecto de ley hubo una gran tensión entre organizaciones de autores y artistas y la Universidad de Chile. José Goles fue entonces el dirigente señero de ese movimiento autoral, porque conocía la experiencia

de las otras sociedades en el mundo, sabía del potencial que esto tenía. Puede verse en las actas del Congreso de esa época este debate, cuando la universidad se empeñaba en mantener la gestión de estos derechos. Finalmente, se llegó a una solución de transacción, pero la Universidad de Chile ganó la pelea y mantuvo su función...

C: *¿Los autores reclamaban que se hiciera una sociedad?*
S: Claro, tener el mismo estándar de los autores mexicanos, argentinos...

C: *Pero eso implicaba la formación de una sociedad de autores.*
S: Por supuesto, ya se habían formado algunas, pero eran simples asociaciones civiles y no tenían una estructura ni recursos para montar una organización que pudiera asumir la gestión. Ante las fortalezas de la universidad, se veía como algo riesgoso entregar la gestión a los autores. En el debate parlamentario hubo una gran movilización de los sindicatos, de los folcloristas. José Goles, Clara Solovera, Jaime Atria, Nicanor Molinare, entre otros, habían formado una sociedad que tenía por sigla SAIC, que aspiraba a sustituir al Departamento del Pequeño Derecho de Autor.

Desafortunadamente había otras organizaciones que tenían aspiraciones similares y finalmente la universidad ganó la pelea, pero con una fórmula de transacción. Se estableció que el departamento estaría gobernado por una comisión permanente integrada por un autor del género clásico, uno del popular y uno del folclórico, y por dos representantes de la universidad. Esa comisión permanente sería el órgano normativo de este departamento de la universidad en lo relacionado con la gestión de los derechos, y por lo tanto esa sería la vía de participación de los autores.

C: *¿Cuándo entraste al departamento? ¿Tenías que entenderte con este grupo de gente?*
S: Estamos en el 70, y has saltado al 85.

C: *Entiendo...*
S: Entre el 70 y el 73 no pasó nada y luego vino el 73, cuando la universidad pasó a una gestión de corte militar totalmente vertical. Las organizaciones de autores, los sindicatos, o habían desaparecido o tenían

un perfil muy bajo. Cuando llegué al departamento, el año 85, el director era un funcionario más de la universidad. La comisión permanente había sido recién formada. Pero cuando yo llegué, estaba en funciones como una forma de normalizar la situación del departamento, que estaba muy agitada.

Paradojalmente, la universidad había nombrado en la comisión permanente a José Goles, el gran adversario del Departamento del Pequeño Derecho de Autor. Vicente Bianchi era el segundo integrante, por la música de raíz folclórica, y Santiago Vera, un músico joven, que más tarde sería presidente de la Academia de Bellas Artes del Instituto de Chile, por la música clásica. La comisión permanente se completaba con dos representantes de la universidad, que, si recuerdo bien, uno era el director económico de la universidad, Roberto Oyanedel, y el otro, Mario Vergara, quien más adelante sería parte de nuestro equipo. Lo cierto es que la comisión permanente tenía muy poco que hacer. Teóricamente, fijaba las tarifas aplicables a los usuarios de la música y las reglas de distribución de los derechos. Pero estas reglas finalmente eran fijadas por la universidad. La comisión era un órgano más bien consultivo que tenía que hacer propuestas a la universidad,

C: *¿Cómo se llamaba esta comisión?*
S: Comisión Permanente del Pequeño Derecho de Autor. Como te mencioné, había sido incorporada a la Ley de Propiedad Intelectual el año 70.

C: *¿Cómo cobraban en esa época los autores? Por ejemplo: ¿Tenían que hacer un trámite para inscribir la obra? ¿La inscribían ahí mismo?*
S: El departamento tenía un sistema de declaración o documentación de las obras similar al de cualquier sociedad de gestión de derechos a nivel internacional. En esa declaración se incluían los datos del autor, la música, la letra y debía acompañarse una partitura. El departamento se regía por unas reglas internas de reparto de los derechos, y, por último, había unas tarifas fijadas por la Universidad de Chile. Eso era el andamiaje normativo del Departamento del Pequeño Derecho de Autor.

C: *¿Tarifas fijadas de acuerdo con los usuarios?*
S: No, la universidad tenía la atribución de fijar las tarifas.

**C:** *O sea, la universidad decía que los restaurantes tenían que pagar tanto y así ocurría.*
**S:** Así es.

**C:** *¿Eso funcionaba? ¿Se recaudaban derechos?*
**S:** Cuando llegué el año 85 la situación era más o menos la siguiente: la recaudación debía emanar de unos comprobantes que se emitían en la unidad central de informática de la universidad. Recuerdo muy bien que estos documentos, necesarios para ir a cobrar a los usuarios, llegaban después de que se cerraba el período de cobro. Es decir, cuando ya eran inútiles, por lo tanto se cobraba con recibos. Esto decía relación con las prioridades de la universidad y el Departamento del Pequeño Derecho de Autor no era una de ellas. Esto no era una cosa que estuviera dentro de la función de la universidad. Basta imaginarse que los juicios en contra de los usuarios morosos eran litigios entre la Universidad de Chile y el bar El Tufo. Era una cosa extraña escuchar en la sala de los tribunales el llamado a comparendo de la Universidad de Chile con el tal bar...

**C:** *La universidad cobraba estas cosas, como tú dices. ¿Y cómo lo hacía?*
**S:** Había un sistema de representantes o cobradores. Algunos eran comisionistas y otros funcionarios de la Universidad de Chile, empleados públicos que se regían por el estatuto administrativo. Cuando llegué ese año 85 se habían hecho avances importantes; la directora anterior, María Fernanda Correa, era una ingeniera comercial que trabajó mucho en ordenar la cosa financiera, pero terminó yéndose por la presión pública que había en el tema. Se había acumulado mucho dinero por derechos conexos, que nunca se habían distribuido. Ahí se inserta la historia de mi amigo del Grupo Zapallo, que iba a cobrar sus derechos.

El clima era de mucha insatisfacción de los autores y especialmente de los artistas intérpretes que no cobraban sus derechos conexos. Estos derechos se habían establecido por la ley del año 70 y estaban siendo cobrados por la universidad desde entonces, pero nunca se habían distribuido. En este clima revuelto los usuarios, es decir, las empresas que utilizaban música y debían pagar el derecho de autor y los derechos conexos —que, por cierto, no tenían ningún interés en pagar—, menos estaban dispuestos a hacerlo en este clima en que los mismos beneficiarios se mostraban descontentos.

Una de las primeras cosas que debimos afrontar fue el reparto de estos derechos conexos.

C: *Pero antes de seguir con el tema estructural, explícame cómo se distribuían los derechos...*

S: El departamento tenía sus oficinas en la calle San Antonio con Compañía, la esquina más ruidosa de Chile en ese entonces. Contaba con una sala de máquinas perforadoras donde llegaba la información de obras y uso de obras recogidos de los informes que debían enviar los usuarios, bajo la jefatura de doña Lilly Cornejo, histórica y eficiente funcionaria del departamento. Se incorporaba la información mediante perforaciones en unas tarjetas y luego se aplicaba algún tipo de manejo de información que hacía el conteo de las obras, de los usos y, finalmente, de los derechos que debían ser distribuidos y pagados. No me preguntes detalles de ese procedimiento porque los desconozco. Recuerdo que una de las primeras medidas que me propuse adoptar como director fue aislar acústicamente esa sala de máquinas y disponer que las personas que trabajaban ahí tuvieran protectores de oídos, orejeras, porque había un ruido ensordecedor. Otra curiosidad es que esas máquinas perforadoras, cuando venía la época de la Prueba de Aptitud Académica para ingreso a las universidades chilenas —hoy la PSU—, se las llevaban a otro lugar para perforar las tarjetas llenadas por los estudiantes que rendían la prueba, y el departamento se quedaba sin las máquinas y sin procesar la distribución de derechos hasta que fueran liberadas de ese proceso.

Respecto de la distribución de sus derechos, que es tu pregunta, no solo había una crítica nacional, sino que también una tremenda crítica internacional porque no se hacían remesas de derechos y la CISAC, la red mundial de sociedades de gestión colectiva, tenía una posición muy desfavorable al Departamento del Pequeño Derecho de Autor.

Lo que se recaudaba en esa época —una cifra que mantuve en la memoria— eran aproximadamente 500.000 dólares. La distribución total anual no llegaba a 100.000 dólares.

C: *¿Había acuerdos de la Universidad de Chile con esa instancia para cobrar esos derechos?*

S: El departamento no tenía un vínculo de representación, ni de los autores nacionales en forma individual o colectiva, ni tampoco de las sociedades extranjeras. La universidad no lo necesitaba, porque era un monopolio legal. Hubo un director anterior, Homero Zamorano, que hizo varios progresos en ese sentido, buscando una relación con la CISAC y las sociedades del extranjero.

C: *Entonces el Departamento del Pequeño Derecho de Autor al menos en el cobro era eficiente...*

S: El monopolio legal sin duda era una fortaleza para la administración de los derechos. Pero se trataba de un departamento de la universidad, donde su personal estaba regido por las reglas del estatuto administrativo. Si tú necesitabas disponer que un recaudador se trasladara de inmediato a Concepción porque había un problema en esa ciudad con un grupo de usuarios, tenías que pedir una comisión administrativa a la dirección económica de la universidad, tramitarla y aprobarla por la contraloría interna y recién entonces podía salir el recaudador...

Los cheques de distribución de derechos, cuando había pago, tenían que llevar la firma de la dirección económica de la universidad. El departamento por supuesto le permitía hacer caja a la universidad porque la recaudación no quedaba en el departamento, sino que se iba de inmediato a las cuentas de la universidad, y, cuando había que distribuir los derechos, se proveían los fondos que se necesitaba. El mayor problema eran los procedimientos de identificación para repartir los derechos. Se necesitaba identificar a los titulares de las obras, de repertorio nacional y extranjero, con sus porcentajes de participación, así como a los editores musicales principalmente internacionales. Los procedimientos tenían un soporte tecnológico muy débil —para emplear un término— y por lo tanto quedaba un gran porcentaje de recaudación sin distribuir. Y de acuerdo a la legislación de esa época, los derechos que no se distribuían en el plazo de un año pasaban al Fondo Universitario de las Artes, que naturalmente pertenecía a la universidad y lo administraba ella misma. Eso era mal visto, ya que la menor distribución favorecía directamente a la misma universidad. Era otra de las grandes críticas que había. Otro tema adicional... a la misma institución que distribuía los derechos entre los autores, en cierta forma, le "convenía" que no fueran distribuidos ya que financiaban este Fondo de las Artes. No era un propósito, pero así se veía y así ocurría. Una locura.

**C:** *¿Cuánto de lo que se recaudaba iba a parar a ese fondo?*
**S:** Primero, había un descuento por gasto de administración, que era el 30%. Eso quedaba en la universidad, y con eso se pagaban los gastos que tenía la institución para recaudar y distribuir. Así lo decía la ley. El 70% restante iba a reparto, del que más de la mitad no lograba identificarse.

**C:** *Tremendo. O sea, lo que se recaudaba y llegaba a los artistas ¿era como el 20%?*
**S:** Era muy poco, además considera que parte de lo identificado no era cobrado. Entonces, claro, la situación era mala y cuando me encontré con esto...

**C:** *Era espantoso para los autores, para la universidad era un buen negocio.*
**S:** Claro, pero de repente la universidad y el rector que estaba en ese momento, Roberto Soto, que era militar, y que había sido subsecretario de Relaciones Exteriores, se daba cuenta de que este era un asunto que debía resolverse de raíz. A la universidad la trataban de ladrona por la prensa. Esto ya era un costo de imagen, que se sumaba a todos los problemas que tenía la institución por otro lado. Todos estos fondos del derecho de autor, dentro de los grandes recursos que se manejaban, no eran tan cuantiosos...

**C:** *Estamos hablando de la universidad nacional, con sedes en muchas regiones...*
**S:** Ya no era nacional, había sido jibarizada y le habían quitado todas las sedes de las regiones, pero con la misma carga de la estructura administrativa central. Lo que quiero mostrarte es que en ese preciso instante en que esta institución me llama para que la ayude a arreglar este tema, no lo hizo con la intención de que el Departamento del Pequeño Derecho de Autor saliera de la universidad, sino que solo deseaba encontrar a alguien que le permitiera resolver los problemas de la contingencia, que estaban ahí. Entonces, me interesé, sin mucho conocimiento y quizás con la intención de hacer algo que tuviera una cierta trascendencia en un mundo que me interesaba, el de la música, la cultura, los artistas. Y el rector encontró a alguien que podía ser funcional al objetivo de liberar a la universidad de un problema marginal.

Puedes imaginarte que me sentí muy halagado en el escritorio de director ejecutivo del departamento, cuando de repente la secretaria me dice que "don Eduardo Gatti quiere pedirle una entrevista". Eduardo Gatti era mi ídolo en ese momento (lo sigue siendo). Era una cuestión muy motivadora para mí estar en ese mundo.

Creo que es necesario contarte —no sé si ya lo hice— que, justo antes de mi llegada al departamento, el Gobierno y el Ministerio de Educación en particular habían recibido un reclamo desde la OMPI [Organización Mundial de la Propiedad Intelectual. Ginebra, Suiza] a raíz del convenio de cooperación que la sociedad suiza de autores había iniciado unos años antes con el Departamento del Pequeño Derecho de Autor para dotarlo de infraestructura informática y dar formación a sus técnicos, a instancias del que entonces era el subdirector general de la OMPI, un chileno, Marino Porzio.

Marino había conocido la sociedad suiza de gestión de derechos (la Suissa) y había visto lo fantástico que era y cómo funcionaba y cómo se pagaba a los autores, y le dijo al director de la sociedad suiza: "Usted no sabe lo terrible que es esta situación en mi país". Y luego le preguntó: "¿No cree usted que podríamos construir un sistema de cooperación para que parte de lo que ustedes tienen lo llevemos a Chile?". El director de la Suissa, Ulrich Uchtenhagen, inmediatamente se puso a disposición para colaborar. Viajó a Chile y no solamente eso, sino que además tomó cursos intensivos de español. Con esta mentalidad de Cruz Roja que tienen los suizos, se comprometió y firmó un convenio con la Universidad de Chile. Inmediatamente invitó a un grupo de funcionarios del departamento a Suiza con todos los gastos pagados, para que recibieran entrenamiento en la Suissa.

Muy luego surgieron suspicacias sobre este suizo, y se empezó a comentar que su propósito era hacer un negocio de ventas de computadores y programas. La universidad tomó distancia de este convenio y no aprobó nuevos programas de formación de funcionarios del departamento en Suiza. Eso produjo la indignación de Ulrich Uchtenhagen.

La OMPI reclamó al Gobierno de Chile por esta situación que le parecía totalmente descabellada y el ministro de Educación de la época decidió invitar a Uchtenhagen a Chile para solucionar este problema con ramificaciones internacionales, que en realidad había sido provocado desde la Universidad de Chile, y que era necesario resolver de raíz.

Me enteré por quienes iban a ser mis más estrechos colaboradores, Tatiana Urrutia y Jorge Mahú, de que se aproximaba esta bomba atómica suiza. Había pedido tener una reunión con las personas claves en la gestión del departamento y aquella se produjo en mi oficina de abogado.

Óscar Agüero, abogado del estudio, a quien le comenté de estas noticias, me señaló que conocía a Marino Porzio, el director general adjunto de la OMPI, y que lo llamaría. Marino se enteró por Óscar de que yo iba a asumir y le sugirió a este suizo indignado que se reuniera conmigo antes de montar esta arremetida en contra de la universidad. Y así fue.

Óscar Agüero coordinó un desayuno en el Hotel Carrera donde estaba hospedado el temible Ulrich Uchtenhagen, quien ya hablaba castellano correctamente. Ulrich, con una cara de piedra, me expresó que estaba indignado con toda esta situación de la Universidad de Chile y su desconocimiento de los compromisos acordados. No sé bien lo que le dije, pero debe haber sido un discurso en que le manifestaba que estaba dispuesto a asumir la dirección del Departamento del Pequeño Derecho de Autor, y las ideas que tenía para responder a las expectativas de la comunidad creativa chilena y a los compromisos con la comunidad internacional. Debo haber mostrado algo que solo la juventud y la aflicción pueden lograr, un optimismo y mucha esperanza en el posible trabajo conjunto.

El suizo me quedó mirando unos segundos y luego dijo: "Querido colega, a partir de este momento damos vuelta la página e iniciamos una nueva cooperación".

Este iba a ser un hecho que iba a marcar mi vocación y todo el resto de mi carrera en el derecho de autor, aunque naturalmente en ese momento lo ignoraba. Esto debió ocurrir en los últimos días de marzo y a los pocos meses...

C: *¿En qué año fue esto?*
S: 1985. A los pocos meses me llegó una invitación para ir a un curso de formación en gestión colectiva en Costa Rica, que dictaba la OMPI con la sociedad suiza de autores, y ahí es cuando pude entender por primera vez en qué consistía la gestión colectiva, y me di cuenta de que lo que había en Chile era un engendro, una cosa que no tenía explicación.

Antes de la llegada a Costa Rica ya había hecho algunas cosas que estaban orientadas a romper el aislamiento en que se encontraba el departamento. Convoqué a un grupo de dirigentes autores y artistas a formar un Consejo Nacional de Sociedades de Autores y Artistas, con la idea de tener un equipo orientador de lo que íbamos a hacer. Por supuesto, José Goles, por SAIC; la sociedad Condauco, cuyo presidente era Galvarino Villota, el autor de "Marcianita", con letra de José Imperatore Marcone; la Asaiech

[Asociación de Artistas, Intérpretes y Ejecutantes de Chile], de Alejo Álvarez, Valentín Trujillo; por el Sindicato de Músicos de Orquesta, Margarita Herrera, concertista en piano, presidenta del Consejo Chileno de la Música; el Sindicato de Folcloristas y Guitarristas, representado por otro dirigente emblemático. El formato fue el de un consejo asesor del que saldría una propuesta para la Universidad de Chile. Se empezaron a tomar actas de los debates y conclusiones. Bueno, ese grupo de dirigentes dio un respaldo fuerte a la dirección del departamento y tuvo buena recepción, sin perjuicio de rivalidades históricas entre algunos de ellos.

Paralelamente, mientras esto se estaba desarrollando, me enteré de que el Departamento del Pequeño Derecho de Autor, que usaba la sigla DAIC en el medio internacional (un desafío especial era aprenderse las decenas de siglas que abundan en el mundo del derecho de autor), estaba siendo sometido a un proceso de reclamación internacional en el seno de la CISAC. Se había formado un equipo evaluador que se llamaba Grupo CISAC-América Latina —donde estaban las principales sociedades europeas y norteamericanas—, que tenía la misión de examinar la situación crítica de América Latina, donde uno de los problemas prioritarios era el caso chileno.

Todo esto era una vorágine de acontecimientos que, si bien parecía muy estimulante, al mismo tiempo ejercía una presión muy fuerte sobre nosotros. Empezaron a pasar cosas —que son casi detalles— pero que demuestran la intención de acercamiento a la comunidad de autores. Algunas cosas creo que de algo sirvieron. Por ejemplo, para dar cierto nivel de dignidad a lo que estábamos haciendo, arreglamos la sala donde se reunía la comisión permanente y también el Consejo Nacional de Sociedades de Autores y Artistas. Las oficinas de la calle San Antonio ni siquiera tenían doble vidrio, y había un ruido ensordecedor de micros, bocinazos y gritos. Son cosas anecdóticas que parecieran poco importantes, pero pusimos doble vidrio a la sala y se produjo un silencio que cambió nuestra forma de conversar; pintamos, alfombramos, compramos unas sillas modernas y también instalamos dos mesas antiguas que entonces se llamaban "de ministro" y que estaban en algunas oficinas. Las juntamos y a la sala de reuniones le dimos forma de salón de directorio. Encargamos unas fotografías muy grandes al archivo fotográfico de la universidad con las imágenes de Pedro Humberto Allende, Enrique Soro, Violeta Parra, Osmán Pérez Freire, Clara Solovera, Nicanor Molinare y Jaime Atria, que el querido Víctor Rojas, emblemático jefe de los servicios auxiliares, instaló en forma de galería con marcos gruesos pintados de color bronce brillante. Los mismos que seguramente tú viste más tarde en la sala de reuniones de la SCD, pero que ya no están. Esta verdadera escenografía le daba a la sala un aspecto ceremonial, de importancia. Queríamos indicar que estábamos haciendo algo trascendente.

C: *Histórico.*
S: Claro. Otra cosa que hicimos fue terminar con esa sensación que tuve el día que llegué por primera vez con mi amigo Rodrigo García y nadie nos recibió. Pusimos un gran mesón de atención al público y armamos un departamento de comunicaciones que funcionaba en ese sector. Cuando la gente llegaba al lugar sabía dónde tenía que ir y había un equipo de personas preparadas para conversar y saber cuál era su problema. Ahí llegó a hacerse cargo Juan Alfonso Pino. Teníamos que ampliar los vínculos y romper el aislamiento del mundo cultural. Pino, quien también había sido un integrante del coro de Baeza, era egresado de economía, pero fundamentalmente era uno de los más reconocidos especialistas en ópera en Chile —producía los subtítulos que se proyectaban en pantallas sobre el escenario en la temporada de óperas del Municipal—. Tenía un mundo de contactos al que no teníamos gran acceso. Había que lograr cambiar el rostro del departamento y hacerlo cercano al mundo popular y también al clásico.

Usando el contacto de Alfonso invitamos a Jorge Dahm, quien era un gran operático y también un caricaturista que tenía un programa en la televisión, con su personaje-cómic Roscapumpa. La idea era que nos hiciera unos folletos con Roscapumpa que explicaran lo que era el derecho de autor y la tarea del departamento. Uno dirigido a los usuarios y otro para los autores. Esta imagen distinta comenzó a producir un entusiasmo entre el equipo del departamento. Con Tatiana Urrutia y Jorge Mahú formamos un equipo de trabajo muy estrecho y comprometido. Empezamos a creer que era posible construir un cambio y comenzó a producirse un entusiasmo general y una mística compartida con el Consejo Nacional de Sociedades de Autores. Pero todavía no sabíamos bien cuál sería nuestro proyecto.

Juan Alfonso se fue porque la ópera lo demandaba demasiado y necesitábamos a alguien que estuviera más dedicado y así llegó Maricarmen Florez, que la robamos desde la Dirección de Relaciones Internacionales de la universidad. No sé cómo la convencimos. Maricarmen fue un tremendo apoyo en esta etapa inicial para atraer a los autores al departamento.

Luego vendría el curso de San José de Costa Rica. Ulrich lo dirigió y lo dictaban profesores del nivel de Delia Lipzyc y Carlos Villalba, un matrimonio de juristas argentinos de mucho prestigio, a quienes debo muchas enseñanzas. También el autoralista venezolano Ricardo Antequera, el más multifacético de todos, porque no solo era un académico y un jurista notable, sino porque al mismo tiempo cantaba todo el folclor latinoamericano, que lo llevó a ser bautizado como la "voz de terciopelo" por Carlos Fernández Ballesteros. Carlos Corrales fue nuestro anfitrión tico. Los participantes eran representantes de cada país de América Latina, que cumplían diversas funciones. Recuerdo a Gustavo Vignoli, director jurídico de una de las sociedades más antiguas de la región, AGADU [Asociación General de Autores de Uruguay], y a Vanisa Santiago, quien dirigía la sociedad UBC [União Brasileira de Compositores] de Brasil. Todos ellos serían nuestros compañeros inseparables desde entonces.

Ahí surgió nítido el proyecto, porque entendí en qué consistía la gestión colectiva. Para mi vergüenza, Ulrich repetiría en cada nuevo curso que se iniciaría en los próximos diez años lo que él llamó la "Declaración de San José". La declaración que me atribuía, pronunciada en su rígido tono suizo, era la siguiente: "¡He comprendido lo que es la gestión colectiva, vuelvo a mi país y formo una sociedad de autores!". Eso ocurría a principios del año 86 y recuerdo que efectivamente volví completamente convencido con la idea de formar una sociedad de autores.

**C:** *Eso fue entrar en conflicto con la universidad, una traición en cierto sentido.*
**S:** No había otra respuesta que una sociedad de autores, emulando el modelo de las sociedades más desarrolladas. Empezaron las conversaciones y negociaciones complejas con las autoridades de la universidad. Vale la pena contar algunas cosas interesantes de lo que ocurrió entonces.

Llega el año 86, vuelvo de Costa Rica y efectivamente tengo claro que hay que formar una sociedad de autores. Me reúno con el Consejo Nacional de Sociedades de Autores y Artistas, la plataforma política que teníamos para hacer este planteamiento. Ya no se trataba solo de un departamento de la universidad, sino que de una organización que tenía una prestancia y una forma de asociatividad a la que los autores se habían incorporado a través de sus organizaciones. Me interesa destacar que estábamos en el año 86, ya que se cumplían los 100 años de la Convención sobre la Protección de las Obras Artísticas y Literarias, que la OMPI administraba y se proponía celebrar en los cuatro continentes. Ciudad de México había sido elegida como el lugar en la región.

C: *¿Es la Convención de Berna?*
S: Claro. El convenio madre de toda la legislación mundial en materia de derecho de autor. Es la convención a la que todos los ordenamientos jurídicos del mundo se vinculan y que hoy en día es uno de los cuerpos normativos internacionales de aplicación global, ya que todos los países miembros de la Organización Mundial de Comercio están obligados a su cumplimiento. Faltaban algunos años para esa evolución, que sería en 1993. La OMPI me invitó a México y fue la oportunidad de contactarme con el medio internacional. Estábamos en la vitrina y nos veían como un proyecto novedoso. Recibimos el respaldo internacional de la CISAC a nuestro trabajo.

El año 1986 era importante para el derecho de autor y pensamos que esta era la oportunidad de informar a la universidad, explicándole que habíamos llegado a una conclusión que consistía en formar una sociedad de autores que sustituyera al departamento de la Universidad de Chile. Y, por otra parte, queríamos enfatizar en que simbólicamente lo hacíamos en el centenario del Convenio de Berna. La universidad lo empezó a pensar.

C: *¿Toro aún estaba ahí?*
S: No, seguía Soto Mackenney. Toro es anterior. Marino Pizarro, un académico humanista y miembro importante de la masonería, era el prorrector. La negociación con la universidad estaba lanzada.

C: *¿Por qué la universidad no te cambió? ¿O no se dieron cuenta de que eras un enemigo?*
S: Creo que tenía un respaldo público grande. Una larga entrevista que me hizo Ana María Foxley para la revista *Hoy* en diciembre del 85 muestra esa mirada interesada de los medios en lo que queríamos hacer. *El Mercurio,* que era un enemigo declarado del departamento, dio un giro de apoyo. A Rosario Guzmán Bravo, que era la jefa de espectáculos, creo que le caí bien

y empezó a seguir los hitos que íbamos marcando. Por ejemplo, la formación del Consejo Nacional de Sociedades de Autores.

C: *El respaldo público que tenías es lo que inhibió a la universidad, porque si yo hubiera sido rector en ese momento y veo que un tipo está revolviendo el gallinero lo saco de una patada.*
S: No sé lo que hubiese pensado la universidad, pero Soto Mackenney se convenció de que esto era lo que correspondía hacer.

Eduardo, esto era política, era administrar el capital de apoyo que habíamos ganado con el Consejo Nacional de Sociedades de Autores. Hay cosas que se me habían olvidado y que las recuerdo ahora. También habíamos celebrado un convenio de cooperación con la Facultad de Derecho de la Universidad de Chile, que se firmó con Rafael Eyzaguirre, el decano de la época, y Vicente Bianchi, por la Comisión Permanente del Pequeño Derecho de Autor. Se hizo en el *hall* de acceso de la facultad, en una ceremonia en que participaron académicos y estudiantes. Firmamos un convenio de cooperación para que nos ayudara a dar forma jurídica al proyecto. La facultad encomendó la tarea a dos académicos: Manuel Montt Ruitort, director del Departamento de Derecho Comercial, y a Sergio Espinoza, profesor del mismo departamento. Por lo tanto, ya no era un proyecto que se le había ocurrido a un abogado deschavetado, sino que un proyecto en que la propia Facultad de Derecho estaba involucrada. Esto, por supuesto, fue reporteado por la prensa.

Eran muchos factores los que empezaron a jugar. Habría sido escandaloso echar pie atrás. Y tampoco era la intención de la universidad; al contrario, se veía como algo positivo y que se impulsaba desde adentro.

Quedaba todavía aún otra condición para sacar adelante el proyecto. Me llamó Soto Mackenney para decirme que estaba de acuerdo con lo que se estaba haciendo en el Pequeño Derecho de Autor, y que daría curso al proyecto. "Pero usted tiene que ayudarme en otra área" —me señaló el rector—. "La administración de los cuerpos estables; es decir, la orquesta sinfónica, el ballet, los coros, la radio", que eran otro desastre y donde la universidad destinaba cuantiosos recursos para que siguieran existiendo. Esto se prestaba para que avivaran la cueca los detractores, llamando a suprimirlos.

La orquesta tenía una breve temporada en el Cine Astor, un lugar que no estaba acondicionado acústicamente para conciertos, y después ya no tenía dónde ensayar. El ballet no tenía temporada y actuaba esporádicamente, los coros, por su lado, y la radio con una sufrida programación de autofinanciamiento. Sin ninguna integración ni visibilidad positiva para la universidad.

No tenían nada, solo los valiosos recursos humanos de los cuerpos estables, que debían costearse y que no generaban ingresos importantes.

El rector quería formar un centro de extensión artística y cultural para reunir a los cuerpos estables bajo una orgánica común. Gustavo Letelier era uno de los asesores de planificación de la universidad, un cineasta muy interesado en el tema y quien estaba a cargo de diseñar el modelo del nuevo centro. Por supuesto le dije que podía contar con nuestra colaboración."Lo apoyamos rector, no tenga dudas"."No"—dice él—,"yo quiero que usted sea el director ejecutivo de ese centro".

Lo que me llevó a fundar el Centro de Extensión Artística y Cultural de la Universidad de Chile (CEAC) y las empecé a ver un poco más verdes, porque tenía a mi cargo dos proyectos grandes. Ahí vino el Teatro Baquedano, que fue uno de los pasos iniciales del centro. Se armó un muy buen equipo con Letelier en programación, un ingeniero comercial que era gerente de administración del Teatro Municipal; y con Horacio Hernández, a quien conocí en la *Red Norte de TV*, a cargo de la parte de promoción y comercial. Nos dieron un piso de la torre 15 de Diagonal Paraguay, y allí con unas diseñadoras magníficas y el ejecutivo de ventas de la radio nos instalamos para darle forma a este proyecto.

Marino Pizarro fue nombrado presidente del CEAC, había un órgano directivo que integraba el decano de la Facultad de Artes, Luis Merino, y el Premio Nacional de Teatro Fernando Debesa.

Fue muy motivador dirigir el CEAC, aunque la gobernabilidad de los cuerpos estables no era fácil. Organizamos un plan de promoción muy original con la colaboración de Antonio Márquez y lanzamos las temporadas de la orquesta y el ballet con gran éxito, incluyendo las Semanas Musicales de Frutillar. Esto partiría en el 87 y ese fue mi compromiso.

C: *¿Cuánto tiempo te hiciste cargo de eso?*
S: Dos años y algo más.

C: *¿Y funcionó tu dirección?*

S: Soto Mackenney salió del cargo poco antes de la inauguración del centro. En su reemplazo entró Federici y toda la universidad se declaró en huelga general e indefinida.

Inauguramos todavía con la pintura fresca del Baquedano reciclado. La apertura de la temporada sería con la *Consagración de la primavera,* de Stravinski. La coreografía de Patricio Bunster, el ballet bajo la dirección de Maritza Parada. Al frente de la Orquesta Sinfónica, el director titular, Francisco Rettig; en la escenografía, Bernardo Trumper y en la iluminación, Ramón López. Un equipo de lujo.

Lo único que funcionaba era el CEAC en medio de una situación caótica de la Universidad de Chile. Faltaban dos años para el plebiscito.

Fue muy emocionante esa inauguración. Asistió todo el cuerpo de decanos, de todos los colores. Nadie cuestionó que estando la universidad paralizada nosotros siguiéramos adelante. Los cuerpos estables se mostraron como un factor de unidad.

La verdad es que fue un acontecimiento. Pero, bueno, ya veremos que la cosa tampoco sería fácil. Pero funcionó y la mejor prueba es que existe hasta el día de hoy. Firmamos un contrato de arriendo con el Teatro Baquedano por 20 años, porque el dueño, Faustino Alonso —propietario además de la pizzería Il Successo, aledaña al recinto—, un español macizo y simpático pero de pocas palabras, que tenía una oficina de cuatro metros cuadrados en uno de sus locales de pizzas, decía que solo sabía comprar pero no vender. Con ese principio, hoy es el dueño de la cadena de hoteles Diego de Almagro.

Por primera vez desde que abandonó el Teatro Municipal, la orquesta tenía una sede estratégicamente bien ubicada. Claro que había carencias: la calefacción no funcionaba, los músicos pasaban frío, había paros de los músicos, y yo tenía que ir a hablar seguido con ellos. Maritza Parada, la directora del ballet, de un carácter muy fuerte, era el baluarte optimista de todo el proyecto.

La *Consagración de la primavera* fue un éxito. Remontamos *Carmina Burana* con el teatro repleto y decenas de funciones. La orquesta, el ballet, los coros, todos en un mismo escenario. Conocí a Ernst Uthoff y tuve largas conversaciones con él y con Lola Botka, su esposa, negociando sus derechos de autor sobre la obra. Me fascinó la importancia que él asignaba a sus derechos de autor y también el pisco sour que preparaba

Lola. Luego montaríamos *La mesa verde*, otro clásico del Ballet Nacional, de Kurt Jooss.

No todo fue éxito, pero había un teatro de la Universidad de Chile con boleterías, y a partir de eso ya no se habló más de suprimir la Orquesta Sinfónica de Chile o de terminar con el Ballet Nacional. En fin, habíamos conseguido el objetivo.

Esos fueron los dos proyectos en los que me vi inmerso, los que me absorbían completamente y ya con una familia grande, porque en ese momento con Oriana teníamos cinco de los seis hijos que finalmente tuvimos. Quisiera contarte muchísimas cosas de mi familia, de mis hijos e hijas, que son lo más importante de mi vida, pero eso se escapa de lo que queremos conversar.

C: *Lo sé. ¿Pero cómo te las arreglaste para sacar adelante el proyecto de la SCD?*
S: Y, además, debía seguir en mis tareas de abogado, como te comenté. En la universidad, por decirlo de alguna manera, había instalado mi proyecto político, pero solo en el país de la cultura. Lo que no había hecho en la política por razones obvias, lo hice en la cultura.

El proyecto de la SCD finalmente cruzó todos los pasadizos que puedas imaginar durante todo el año 86 y llegamos a diciembre. La universidad todavía lo estudiaba. Me acuerdo muy bien de que el prorrector Marino Pizarro decía: "Esto debe tener su tiempo y la universidad tiene sus propios tiempos".

Yo pensaba que había que hacerlo impostergablemente en el 86, porque se nos acababa la justificación del centenario del Convenio de Berna y las organizaciones de autores y artistas empezaban a ponerse nerviosas o, por lo menos, a preguntarse si la universidad estaría dispuesta a entregar el control a los autores.

C: *¿Este proyecto ya era un proyecto explícito? Háblame de eso.*
S: Era muy difícil modificar la ley, ya que surgirían muchos intereses que ya habíamos observado. El proyecto que proponíamos tenía la virtud de no requerir una modificación legal. Así lo habíamos concebido.

C: *Pero me parece que nos adelantamos. Lo que no has explicado es qué es la sociedad de gestión y por qué es mejor que el sistema que había existido hasta ese momento.*

S: Hay una razón muy básica. La situación de los autores chilenos era muy injusta, casi marginal. Me fascinaba la experiencia internacional. Las sociedades de autores que me impactaron, como la española, la francesa, la argentina y también la uruguaya, las que eran organizaciones poderosas, autónomas, importantes en el medio y con una infraestructura propia relevante.

Los autores con sus equipos técnicos eran quienes tenían el control, eso es lo central y, por lo tanto, no solo se trataba de una organización que se dedicaba a recaudar y distribuir derechos, sino que de una sociedad de autores que tenía fondos de ayuda social, fondos de estímulo al repertorio nacional, recursos para capacitación. Con esos recursos, la organización podía asumir objetivos que desde el solo voluntarismo eran muy difíciles. Veíamos que los autores chilenos estaban en una situación de interdicción; o sea, no podían intervenir en la administración de sus propios derechos; en cambio, todos sus pares en la experiencia comparada sí podían hacerlo.

En seguida, todas las sociedades de autores del mundo tenían un sistema de descuento del 10% de lo que se recaudaba y que se destinaba para fondos sociales y culturales. Ese fondo los autores chilenos lo perdían, porque el Departamento del Pequeño Derecho de Autor, como organismo público, no podía hacer sino aquello que decía la ley. Y la ley nada decía acerca de fondos de ayuda y culturales.

Finalmente, como era un departamento de la universidad regido por el estatuto administrativo y reglas de funcionamiento de la universidad, su operación era de una rigidez espantosa para una entidad que debía actuar en un mercado de usos de obras musicales.

C: *Administrativamente funcionaba muy mal.*

S: Mal. No tenía ninguna autonomía, ni operacional, ni financiera. Ni siquiera para firmar un cheque para distribuir derechos o para comprar un computador. Nada, todo tenía que pasar por los órganos jerárquicamente superiores de la universidad.

Por eso creo que nuestro proyecto despertaba simpatías y habíamos logrado un respaldo incluso dentro de la universidad. No podría decir que había gente en esta última que se oponía al proyecto. Veían que la cosa se estaba haciendo bien.

A fines del año 86, demandamos al Festival de la Canción de Viña del Mar, o sea, a la Municipalidad de Viña, que fue otro hito aventurado del plan. En ese momento, la gestora del festival de Viña era una de las favoritas del gobierno.

**C:** *¿Quién era?*
**S:** Eugenia Garrido, lo fue por varios años. Cuando demandamos, ya los medios nos consideraban fuente de noticia. Por supuesto, dimos la información que salió en todos los medios. Me llamaron del Ministerio de Educación, ordenándome que retirara de inmediato esa demanda. También recibí un llamado de la universidad: "¿Se volvió loco? ¡Tiene que retirar la demanda!".

Dije que no la iba a retirar. "Si quieren me sacan de aquí, pero no la voy a retirar". Tuve el respaldo del rector, quien me dijo: "Si usted cree que eso es lo que hay que hacer, está bien". Este juicio fue emblemático porque era pararse en dos patas...

**C:** *¿Pero en qué consistía el juicio?*
**S:** Pago de derechos de autor por el uso de la música nacional e internacional del festival. La municipalidad había ganado un juicio al Departamento del Pequeño Derecho de Autor en los años 60. Esa sentencia decía que el Festival de Viña no perseguía fines de lucro porque estaba orientado a incentivar el turismo y el conocimiento de la ciudad...

**C:** *¿Y sentenciaba que no pagara?*
**S:** Que estaba exento, claro. No sé si se había formado la SCD, no estoy seguro...

**C:** *Estaban por formarla porque si no, qué sentido tiene...*
**S:** Ese es un punto importante, porque la SCD no podía demandar y tampoco el Departamento del Pequeño Derecho de Autor. Pero sí había un poder legal para que el abogado que tenía las facultades pudiera interponer una demanda. Si no hubiera sido así, habría sido necesario pedirle la firma al rector poco menos que para cada una de las demandas.

Decidimos demandar y luego de algún tiempo ganamos ese juicio, que llegó hasta la Corte Suprema. Eso nos dio una gran credibilidad pública y en el medio autoral.

C: *El festival tuvo que pagar derechos a partir de ese momento.*

S: La demanda se interpuso por varios años hacia atrás. El festival no pagó lo adeudado hasta el año 90. La municipalidad pidió una fórmula de pago y fue acordada. Pero nos hemos pasado del momento de la fundación de la SCD, que para mí es lo central.

Estamos llegando a fines del año 86 y aún no formábamos la SCD. El primer problema era que la universidad se convenciera del proyecto y le diera curso. El segundo dilema era resolver cómo llegaríamos a constituir esta organización. ¿Quiénes la iban a formar? ¿Tenía que ser una organización legitimada por las organizaciones autorales? ¿Quiénes iban a ser los fundadores? Obviamente sabíamos que se necesitaba una diversidad legitimante. Pero también conocíamos malas experiencias de sociedades de autores en la región, que tenían un modelo sindical, de muchas disputas, y donde las elecciones de un nuevo consejo directivo eran verdaderas batallas campales.

Era el momento de tomar contacto con autores y autoras que no habían participado en el proceso hasta ese momento: Eduardo Gatti, Alberto Plaza, Juan Amenábar, entre otros, y muy especialmente Scottie Scott.

C: *¿Scottie era contraria al régimen?*

S: Scottie era una autora que vivía solo de sus derechos. Su compromiso era con la producción musical, especialmente en la televisión. Era una líder innata. Muy pragmática, no tenía posición política, solo le interesaba lo que sumaba al mundo autoral. Su formación había sido el Santiago College. Eso la muestra como un personaje extraño en el mundo popular. Tenía como lema "Si algo te perjudica o te beneficia, puede ser también perjudicial o beneficioso para tus pares". Así se movía ágil y solidaria en el mundo de la música popular y era muy respetada.

Nos dimos cuenta de que necesitábamos sumar las caras visibles de la música popular. La Scottie era muy influyente en el sector, era una dirigente innata, y aunque nunca había sido dirigente de una organización ella era muy importante. Eduardo Gatti, un autor que tenía una gran imagen en el medio y en el mundo musical alternativo, no oficial, que se identificaba con el Café del Cerro. Alberto Plaza, de gran popularidad y que representaba la nueva oleada de compositores de la década. Valentín Trujillo, con ascendiente en el mundo de los músicos de orquesta. Margot Loyola, la heredera natural de Violeta Parra. Luis Aguirre Pinto, representativo del mundo folclórico tradicional. Juan Amenábar, un destacado académico de la Facultad de Artes, que había sido el autor de la *Marcha de la Patria Joven*, "Brilla el sol de nuestra juventud...". Eugenio Rengifo, líder de los Huasos del Algarrobal, que había tenido un papel muy importante en la venida del Papa Juan Pablo II con sus canciones. Y, desde luego, José Goles y Vicente Bianchi, que estaban en el proyecto desde sus inicios.

Se trataba de construir un proyecto unitario, evitando traspasar las naturales rivalidades que existían en las organizaciones de la época. No queríamos importar esas contiendas. En ese sentido, el modelo partía de cero.

Finalmente logramos llegar a un grupo de 12 autores y autoras.

Había un problema más. Para formar una corporación de derecho privado sin fines de lucro, en esa época existía como requisito una especie de certificado de "buena conducta". Es decir, antecedentes "políticamente limpios". El regulador era la Intendencia, y supimos que había observaciones a algunos de nuestros fundadores propuestos.

**C:** *¿De ese grupo que me nombraste?*
**S:** Valentín Trujillo y Margot Loyola, a quienes les atribuían filiación comunista. También José Goles. Era la miopía del aparato.

Nosotros no podíamos aceptar esas censuras. Necesitábamos que se dictara una resolución que nos eximiera de ese trámite. Estoy casi seguro de que fue Soto Mackenney el que consiguió que se concediera la exención. Se dio el visto bueno a la nómina de fundadores bajo el pretexto de celeridad en la personería de la SCD. Esta se requería para una reunión internacional que habíamos organizado para el mes de abril con las sociedades del Grupo CISAC-América Latina.

La universidad exigió que en el consejo directivo de la SCD debía haber dos representantes. Seis autores y dos representantes de la universidad. Todas las decisiones relacionadas con materias presupuestarias requerían el voto conforme de los representantes de la universidad. Un seguro contra el caos. En rigor, la SCD se formó con la Universidad de Chile como un miembro más, con veto en las decisiones, y con un grupo de 12 autores. No había otro camino y se aceptó esa exigencia. Todo ese proceso demoró la decisión de la universidad.

C: *¿Ese era un trámite o una ley que se dictó?*
S: Un decreto. Acuérdate de que las corporaciones de derecho privado sin fines de lucro necesitaban un decreto del Ministerio de Justicia para que pudieran obtener la personalidad jurídica.

Ahora debíamos acordar con la universidad quién sería el presidente de la SCD. José Goles tenía cuestionamientos desde el punto de vista político y él lo sabía. Por eso se acordó que ese cargo lo tomara transitoriamente Alfonso Letelier, académico y destacado compositor de música docta. Me reuní con Alfonso y él prestó su nombre generosamente. Eso implicaba la presencia en la SCD de la Facultad de Artes de la Universidad de Chile. Letelier, exdecano, era un nombre que estaba por sobre el bien y el mal, inobjetable para la universidad. También para nosotros.

El último eslabón para terminar de construir el proyecto consistía en diseñar un contrato entre la universidad y la nueva corporación, que hiciera viable la operación de la SCD sin afectar las competencias de la universidad. Ese contrato no podía invadir las atribuciones normativas y operacionales de la Universidad de Chile establecidas en la Ley de Propiedad Intelectual. Lo que hicimos fue diseñar una herramienta contractual por la que la SCD prestaría servicios a la universidad en forma compartimentada.

C: *Y curiosamente esta corporación iba a contratar a las mismas personas que trabajaban en la universidad.*
S: Eso todavía no se abordaba. Sería otro paso mucho más complejo. Teníamos que invitar y convencer a los cerca de 60 funcionarios públicos de la Universidad de Chile, regidos por el estatuto administrativo, con inamovilidad, con vacaciones todo el mes de febrero, etc., y proponerles que pasaran a un proyecto de los autores dirigido por estos "cabros" treintañeros. O sea, salir de la seguridad de la casa universitaria para un proyecto que era poco menos que una aventura.

El convenio todavía tenía que pasar por la dirección jurídica y luego por la contraloría de la universidad, y ser visado favorablemente. La toma de decisiones en la Universidad de Chile hasta hoy está llena de trámites burocráticos. El cargo de contralor lo ocupaba el Prof. Hugo Araneda Dorr, que había sido Subcontralor General de la República. Como te decía, los servicios se prestarían en forma compartimentada: por una parte, servicios informáticos de procesamiento de datos, en todo lo relacionado con la documentación de las obras y la distribución, y, por otra parte, servicios de recaudación periódica y servicios de cobranza judicial, para lo que se otorgan los correspondientes poderes. Por este concepto la universidad pagaría una remuneración equivalente a un porcentaje de lo recaudado, menos los gastos que demandaría el funcionamiento mínimo del departamento.

Como contraprestación de los servicios, la universidad pagaba a la corporación de los autores el 30% de los gastos de administración, que era lo que le permitía la ley. El único ingreso directo consistía en que la universidad tendría para pagar los costos de la estructura mínima que quedaría del departamento: el pago del arriendo de las oficinas y equipo del departamento, que era el otro mecanismo que habíamos considerado para cerrar el modelo. Por lo tanto, concluido el proceso de recaudación se transfería el total a la universidad. La SCD facturaba el porcentaje pactado como precio de los servicios y el saldo quedaba en una cuenta de fondos pendientes de distribución, en la universidad.

C: *El 70%...*
S: Sí. La universidad tenía que mantener esos fondos en sus cuentas hasta que se produjera la distribución de derechos, lo que podía hacer gracias al procesamiento de datos que realizaba la SCD, porque la ley no estaba modificada, era solamente...

C: *Tenía que existir esta corporación, pero, por decirlo así, la administración de los derechos seguía siendo de la universidad.*
S: Sí, porque ella tenía la función pública de la gestión de los derechos. Este es uno de los temas que van a ser promovidos más adelante por la Asaiech, de Alejo Álvarez, en contra de la SCD. Alejo Álvarez no se conformó con el modelo "desde 0" que puso en marcha a la SCD. Su propuesta era repartirse el modelo entre las organizaciones.

El 7 de enero de 1987 se firmó el acta de constitución de la SCD en una pequeña sala del segundo piso del Hotel Carrera. Soto Mackenney no firmó el acta de fundación y delegó en Marino Pizarro, prorrector, la representación de la Universidad de Chile. La SCD se constituye con la universidad y los autores. El acuerdo final fue ese. No se trataba de un proyecto que, como tú lo dices, se llevara la gestión de derechos de la universidad. Pero sí, a partir de ese momento, al menos el 30% de los recursos serían administrados por una corporación privada de los autores, con otra mentalidad. Y el 70% restante sería responsabilidad de la misma sociedad de autores chilenos, a ella le correspondería procesar los datos del reparto, cruzando información de obras y de usos. Ese era el andamiaje jurídico y operativo que habíamos ideado.

Se firmaron luego los convenios de representación recíproca con las sociedades extranjeras y la SCD pudo retener el 10% de las remesas al exterior para fondos sociales y culturales. Por fin una sociedad de autores chilenos podrá crear un fondo de salud, fondos de emergencia y, bueno, empieza un movimiento totalmente nuevo...

C: *La repartición y todo eso la organiza la SCD, pero se pagaba por la universidad.*
S: Exactamente, los cheques los hacía la universidad, pero era la SCD la que elaboraba los listados de reparto como resultado del procesamiento de la información, y ahí empiezan a producirse algunas casualidades positivas. Tuve noticias de que un doctor matemático de la Universidad de Montpellier, Víctor Cabrera, guatemalteco, experto en informática, estaba pensando venir a radicarse a Chile con su esposa chilena. Me preguntaron si conocía a alguien que pudiera interesarse en sus servicios. "Claro que conozco, que se venga a trabajar con nosotros". Y nos trajimos a este súper capo a diseñar el sistema informático de la SCD.

Él fue quien en un año nos enseñó que el procesamiento de datos no consistía en comprar computadores. En un año desarrolló un sistema de información para la SCD y nos fuimos a una base de datos relacional Oracle y quedamos a la vanguardia tecnológica de todas las sociedades de autores, lejos. Los españoles, que eran los líderes de la tecnología en gestión colectiva, no podían creerlo.

En un año habíamos construido un sistema informático con tecnología de punta. Teníamos una base de datos relacional, distribuíamos derechos con precisión y las liquidaciones de derechos que empezaron a recibir los autores entregaban más información y detalle de usos que cualquier liquidación a nivel internacional.

En el primer año también duplicamos la recaudación histórica de la universidad.

**C:** *Pero la orientación, el norte de todo este proyecto, ¿era separar la SCD de la universidad?*
**S:** Por supuesto, ese era el norte.

Los 12 que fundaron la SCD se empezaron a multiplicar. Muchos autores quisieron inscribirse en la SCD. Muy pronto llegamos a 300, 400 miembros. Luego empezaron a llegar los autores del exilio, como es tu caso. Estos reconocieron en la SCD a las sociedades que los acogieron durante el exilio en Europa y en América Latina. Illapu, Inti Illimani, Quilapayún, Isabel Parra, la sucesión de Víctor Jara. La SCD vivió un crecimiento extraordinario y recibió un respaldo a todo nivel. Al mismo tiempo, empezamos a convertirnos en un proyecto estrella a nivel internacional. Una sociedad moderna dirigida por los autores con capacidad de crecimiento y con resultados.

Pero, por supuesto, la transición especialmente frente a los usuarios no sería fácil. Por eso se llamó Sociedad Chilena del Derecho de Autor. Si lo piensas bien, suena como académico. Parecía una sociedad casi científica del derecho de autor. Fue una buena táctica de imagen. La nueva entidad llegaba a los usuarios con un aspecto universitario, alejado de lo gremial. Eso era lo que necesitábamos en la etapa de transición.

Eduardo Gatti creó la sigla SCD, sin vocales, dijo. Era muy forzada como iniciales de Sociedad Chilena del Derecho de Autor y había otras siglas propuestas. Para algunos, "SCD" era difícil de pronunciar y se hacían bromas. Pero Gatti insistió y explicó que sonaba bien en inglés y en francés, que eran idiomas oficiales de la CISAC: se aprobó la sigla de Eduardo Gatti.

Llegó luego el momento de la contratación del personal de la universidad para incorporarlo al proyecto de la SCD. Con Tatiana fuimos conversando uno a uno con los funcionarios, dándoles la opción de seguir o no. La opción era un contrato de trabajo al que se le podía poner término con un aviso de 30 días de anticipación; no tenían indemnización por años de servicio porque iban a empezar recién a trabajar; estarían más horas porque la jornada se iniciaría antes y terminaría más tarde para completar la jornada de 48 horas de entonces. Ofrecimos un incremento proporcional al aumento de la jornada.

**C:** *¿Cuánta gente se fue y cuánta gente se quedó?*

**S:** Todos se fueron a la SCD y la verdad es que no pudieron irse todos porque dos personas tenían que seguir apoyando la parte administrativa en la universidad; tuvimos que pedirles que lo aceptaran por un tiempo.

**C:** *Se quedaron y después se integraron.*
**S:** Sí. Me acuerdo de que una era la Luz Patricia, que era mi secretaria, una excelente persona; ella después se fue al CEAC a trabajar en un mejor puesto. Así se formó esta organización. Tuvimos una gran adhesión interna. Quizás era la certeza de que estábamos haciendo lo correcto.

Después vendrá la crisis de 1990, que es otro momento difícil. Cuando llega la nueva democracia vamos a empezar a crecer mucho, y ya cerca del año 90 habíamos cuadruplicado o quintuplicado la recaudación. Ya habíamos comprado la casa de Bellavista y habíamos construido la sala de la SCD, que tuvo un gran impacto porque fue la única sala que funcionaba solo con músicos chilenos y todos los días. Y los conciertos se repetían, como si fueran una obra de teatro. Lanzamos el famoso ciclo de la Sociedad de los Músicos Vivos con la producción del "Chico Larraín".

**C:** *¿Cuándo se fundó la SCD?*
**S:** El 7 de enero de 1987.

**C:** *Cuando tú hablas del 90... 87, 88, 89, son tres años.*
**S:** En realidad dos años para el plebiscito y tres años casi justos para el retorno a la democracia.

**C:** *Ahí es donde tú dices que se crece, desde el 87 al 90.*
**S:** Muy fuerte. Firmamos convenios de representación con casi todas las sociedades de autores del mundo. Pero este crecimiento despierta intereses. Nunca se habían juntado tantos recursos en una organización autoral, que empieza a ser importante. La SCD ya se había consolidado en su funcionamiento. Se había convocado a una asamblea de socios y Alfonso Letelier dejó la presidencia para que pasara a José Goles.

En ese tiempo, la Asaiech, que se había formado para la administración de los derechos conexos, planteaba que el derecho de autor quedara en la SCD y el derecho conexo en ellos. Eso no tenía sentido, significaba duplicar gastos y disminuir la fortaleza del proyecto. Por otra parte, los músicos que generaban más derechos conexos eran miembros de la SCD y no de Asaiech. En fin, el consejo directivo de la SCD categóricamente no aceptó esta idea. Las características que tenía la Asaiech en ese momento no les llenaba mucho el gusto a los que estaban dirigiendo el proyecto.

C: *La Asaiech era...*
S: ... una organización dirigida por Alejo Álvarez (Alejandro Angellini), quien era el presidente. Un actor de teatro que también había dirigido cine. De música nada. Gran tribuno y orgulloso miembro del Partido Radical. Recuerdas que ahí tuvimos la visita de Luis Cobos, el director español, presidente de la asociación de artistas españoles y de la Federación Íbero-Latinoamericana de Artistas y Ejecutantes (Filaie), que vino a Chile y...

C: *Tengo una vaga idea de que yo empecé a participar en reuniones y a convencerlo de no sé qué cosa, ya no me acuerdo.*
S: Sí, al final Alejo Álvarez se convenció de trabajar con nosotros, pero será mucho más tarde.

En forma paralela formamos la Sociedad Chilena de Intérpretes (SCI), para tener una figura de intérpretes a nivel internacional. La idea surgió durante la venida de Cobos, que era un invitado de Asaiech, y como nadie lo recibió ni siquiera en el aeropuerto, nos llamó y lo recibimos. Tuvimos un almuerzo Inti-Quilapayún con Cobos en la Enoteca, donde tú estabas junto a Horacio Salinas y varios artistas relevantes.

En medio de este crecimiento otros grupos de creadores y artistas se acercaron a la SCD para pedir ayuda en la formación de nuevas sociedades en otras áreas. Los dramaturgos, encabezados por Sergio Meza y Alejandro Sieveking; los actores, con Luis Alarcón y Liliana Ross; los artistas plásticos, escultores, fotógrafos y diseñadores, con José Balmes, Guillermo Tejeda, Luis Padilla. De allí surgió un lema que nos orientaría hacia el proyecto grande para la comunidad creativa: "Todos los autores, todos los artistas, todos los derechos". La Asaiech presentó un recurso ante la Contraloría General de la República (CGR), como te adelanté. Un recurso que decía que el convenio entre la universidad y la SCD era ilegal porque había una delegación de la función pública de la universidad en esta corporación privada y que eso estaba reñido con lo que establecía la Ley de Propiedad Intelectual. Esto empieza a tener un desarrollo y pasa por las distintas etapas de una presentación ante la CGR. El año 89, esta última dictamina, dando lugar a este reclamo de la Asaiech, diciendo que efectivamente este contrato no podía ser firmado por la universidad.

C: *Lo revocaba.*

S: Lo dejaba sin efecto, lo que significaba terminar el proyecto. Pero naturalmente no se trataba de una cuestión de un día para otro, y había alternativas de corrección de acuerdo al mismo dictamen. Todo esto fue desarrollándose en la contingencia del año 89. Lo que hicimos inmediatamente fue presentar un recurso de protección ante la Corte de Apelaciones para que se declarara que el contrato estaba legalmente suscrito, que había que cumplirlo, y etc., y para eso contratamos a un prestigioso constitucionalista, Guillermo Pumpin. El recurso se perdió en la Corte de Apelaciones. Esto se produjo justo en los días del cambio de gobierno con Aylwin. Este cambio implicaba que asumía como rector de la Universidad de Chile Jaime Lavados. Con este recurso perdido en la Corte de Apelaciones, apelamos a la Corte Suprema. La apelación quedó ahí presentada con muy bajas expectativas.

Recién asumido el rector Lavados, creo que luego de un par de semanas nos envió una comunicación, citando a José Goles y a mí a dar cuenta de lo que habíamos hecho con la SCD y con el departamento.

Llegamos con don José a la rectoría. Nos hicieron pasar a una gran sala, que estaba repleta de gente. Se encontraba el rector, el prorrector, la directora jurídica, que iba a tener mucha incidencia en esta arremetida de la universidad, la Prof. María Angélica Figueroa; estaba Alfredo Etcheverry, en representación del Presidente de la República, y así nos fueron presentando a todos los que estaban en la sala. Estaba el contralor de la universidad, el subcontralor, el decano de la Facultad de Artes, todos los vicerrectores, y estaba además un notario público que certificaría lo que ahí ocurriría. Cuando ingresamos, no sé qué impresión habremos dado. Nunca —sinceramente y con toda la perspicacia que hasta entonces creía tener—, nunca me hubiera imaginado que íbamos a tener esa encerrona institucional, porque era innecesaria y era para atemorizarnos. Solo bastaba que el rector hubiera hecho todo esto con una comunicación. "Bien pues señor Goles, señor Schuster" —dice el rector—, "la Contraloría ha dicho que esto no se puede firmar, así que queremos que mañana" —así textual— "nos hagan devolución de las oficinas, y de toda la infraestructura; den cuenta de los juicios que ustedes tienen, que creo son muchos, con el estado de cada uno de ellos, porque esto va a seguir siendo manejado por la universidad; esto es de la Universidad de Chile y nosotros estamos en el plan de recuperar todas estas cosas que han sido sacadas de la universidad". Nos dijo que el plazo era al día siguiente y creo que nos dio una hora. José Goles protestó, señalando que esto era de los autores y yo lo apoyé, haciendo notar que la decisión era un retroceso y una injusticia para los autores. Jaime Lavados dijo que entendía la posición, pero que la decisión estaba tomada y que estaba respaldada por un dictamen de la Contraloría General. Y para que no quedara duda nos hizo ver que allí estaba el representante del Presidente de la República en la universidad, el señor Etcheverry. "Así que se pone en contacto con la directora jurídica para hacer entrega de esto" —terminó diciendo—. Le contesté que no estábamos en condiciones de informar todos los juicios de aquí a mañana a la hora que se nos exigía, necesitábamos algunos días.

Recuerdo que después de esa reunión nos fuimos de ahí con Goles mascullando y tratando de imaginar qué le diríamos a nuestra gente y, en especial, a los trabajadores y trabajadoras de la SCD, que quedaban en la calle. "Ya vamos a ver qué hacemos don José" —le dije al querido amigo apesadumbrado.

Me reuní al día siguiente con todo el personal, a quienes les habíamos pedido que se fueran con nosotros. Les dije que estábamos en este problema, pero que no nos atemorizáramos y que nos preparáramos para dar la pelea. Eso lo teníamos clarísimo, pero "cómo" no lo sabíamos, porque nunca nos imaginamos que íbamos a tener esa reacción en las nuevas autoridades de la universidad.

Más tarde dimos cuenta al consejo directivo de la SCD de lo ocurrido en la rectoría. Hubo consternación.

En los días siguientes se produjo un hecho providencial —aunque tú no crees en la providencia—; tengo que averiguar la fecha, porque fue muy cercano a la reunión en la rectoría. Nos informaron que la Corte Suprema había revocado la sentencia de la Corte de Apelaciones que nos había caído en la cabeza, declarando que los contratos solo pueden ser dejados sin efecto de común acuerdo entre las partes, como dice el *Código Civil*, o por sentencia judicial que así lo declare, y que mientras eso no ocurriera el contrato entre la SCD y la universidad era plenamente legal y tenía que cumplirse.

Ni siquiera Pumpin tenía información de esto, porque había dado la causa por perdida. Me había dicho: "A mí la suprema ya no me considera", y ni siquiera alegó el recurso.

La Suprema tenía por esa época unas diferencias serias con la CGR por una serie de temas relacionados con temas que afectaban a los jueces. No recuerdo exactamente qué era, pero se trataba de resoluciones de la Contraloría que colisionaban con decisiones judiciales. Esto puede haber influido, pero lo cierto es que, sin mover nosotros un dedo, la Suprema había revocado el fallo de la Corte de Apelaciones.

Por supuesto, la universidad me dijo que nosotros teníamos que atenernos a lo que decía la Contraloría, pero ya teníamos una sentencia de la Corte Suprema que ordenaba el cumplimiento del contrato. Nos reunimos con el consejo directivo y se decidió redactar un proyecto de ley que definitivamente terminara con el Departamento del Pequeño Derecho de Autor, para que pudiera la SCD tomar las riendas del asunto como correspondía, sin más restricciones.

Entonces se produjo esa movilización histórica. Organizamos una caravana de buses —¿te acuerdas?— hasta el Congreso Nacional. Aquí hay una foto muy bonita en las escaleras de ingreso a la Cámara, que muestra a una parte de los que fueron al Congreso: se ve a Los Prisioneros, Vicente Bianchi, Gabriela Pizarro, Pedro Messone, Margot Loyola, Julio Zegers, el Negro Medel, Nano Acevedo, los integrantes de Congreso, Sergio Sauvalle, Guillermo Riffo, Hugo Lagos, Horacio Salinas, Alberto Plaza, Arturo Millán, Cecilia Echenique, Peter Rock, Keko Yunge, Carlos Riesco, Scottie y muchos otros. Por supuesto, al centro está José Goles. Es divertido, porque al frente de este grupo aparezco yo dando alguna información, probablemente sobre la forma en que haríamos entrega del proyecto a los diputados. Y en el extremo izquierdo, como en un umbral sobre las escaleras, se ve una pareja con un niño en los brazos observando la escena. Cada uno de los que aparecen en la foto están con una carpeta que contenía el proyecto.

Fue la cosa más impactante. En los inicios de la nueva democracia toda esta unidad de la música chilena, sin distinciones. En una larga hilera los autores fueron ingresando a la sala de sesiones, y fueron dejando en la mesa de la presidencia la carpeta del proyecto, que era recibida por los cuatro diputados que transversalmente tomaron el pandero, y que eran las estrellas en ese momento: Gutenberg Martínez, Andrés Chadwick, Jorge Schaulsohn y Alberto Espina. Eran miembros de la Comisión de Constitución y con ese resultado ya en sus manos la iniciativa quedaba en la Cámara. El que habló a nombre de los autores fue Fernando Ubiergo, alguien nuevo en el proceso que no estaba aún en la SCD e hizo un bonito discurso de apoyo. Todos los autores se sentaron en las sillas de los diputados, como si fueran a legislar. Fue una cosa bien impresionante. Los cuatro diputados hablaron y se comprometieron a dar impulso al proyecto de ley.

Después de eso, con el proyecto en la Cámara, las informaciones de prensa y toda la polvareda que habíamos levantado, pedimos reunirnos con el ministro de Educación, Ricardo Lagos. Los diputados hicieron llegar una petición al Gobierno, en la que daban cuenta de la propuesta de los artistas, señalaban su posición de apoyo, pero indicaban que el proyecto necesitaba de iniciativa del Ejecutivo. Por eso queríamos reunirnos con Lagos.

C: *¿Pero tú no tenías que cumplir lo que te exigía la universidad?*
S: Le comunicamos a la rectoría lo que había dicho en su sentencia la Corte Suprema. Con esto y la cobertura que había tenido la visita al Congreso el rector Lavados echó pie atrás. Dijo:"Bueno, frente a una sentencia de la Corte Suprema nosotros no podemos hacer nada y vamos a ir a pelear al Congreso". Por eso la Universidad de Chile fue la gran opositora del proyecto de ley.

C: *Me acuerdo.*
S: Ahí estaba María Angélica Figueroa.

C: *Sí, recuerdo haber participado en algunas reuniones con ella y era una adversaria muy temible.*
S: Después se produjo el cambio con Clara Szczaranski como nueva directora jurídica cuando ya habíamos sacado la ley. Y lo que sigue tú lo sabes tan bien como yo.

C: *Todo lo cual justifica plenamente llamarle "gesta" a esta parte de la historia.*

# La multinacionalidad del derecho de autor

C: *Lo que he estado pensando y me parece un tema muy interesante es esta relación que tiene el derecho de autor con lo internacional, con entidades internacionales. Creo que esto tiene que ver con el carácter mismo del derecho de autor, que para que verdaderamente funcione pareciera tener obligadamente que ser un sistema planetario. Según tu opinión, ¿cuáles son esas instituciones? ¿Por qué el derecho de autor tiene ese carácter internacional? Te lo pregunto porque no es obvio que deba tenerlo.*

S: Me parece que hay que tener presente que las obras intelectuales o el material con el que trabajamos en el ámbito del derecho de autor son bienes inmateriales. Entonces, ¿qué resulta de esta característica? Por una parte, la ubicuidad de estos cuerpos sin materialidad que se visten en uno y otro soporte, y que se manifiestan simultáneamente en distintos territorios multiplicados al infinito. En seguida, hay que considerar que los derechos que se atribuyen sobre estos bienes pueden fraccionarse mediante la cesión de los derechos, lo que deriva en la posibilidad de que existan sobre una misma obra o prestación conexa diversos titulares en diferentes territorios.

Un efecto todavía más relevante es que estos objetos permiten usos transfronterizos, y en esto podemos profundizar un poco más.

C: *Perdona. ¿Lo que me dices es una característica particular de la música?*

S: De la música, del teatro, de todo; y de todas las obras intelectuales y de sus interpretaciones y fijaciones sonoras y audiovisuales. Lo explico de esta manera: esta mesa que tenemos acá frente a nosotros solo tiene un empleo localizado en este espacio. En cambio, la grabación sonora de la canción "Vamos mujer", de Luis Advis, la podemos cantar tú y yo en este momento, aquí en Santiago de Chile, también puede cantarla en Montevideo en este mismo momento nuestro común amigo Carlos Fernández-Ballesteros, de quien ya tendremos que hablar, y en todos los casos es la misma canción.

Entonces se producen utilizaciones de una misma cosa en más de un territorio y es el fenómeno que llamamos de "ubicuidad" de las obras intelectuales. También ya hemos hablado del fraccionamiento de los derechos; es decir, que sobre una misma obra pueda haber diferentes titulares en distintos territorios. Pero hay un fenómeno relacionado con el uso de las obras que no se produce por este carácter de ubicuidad de las obras, sino que por la expansión de un acto de comunicación de una obra, que una tecnología puede producir en el espacio físico. Por ejemplo, una señal de radiodifusión emitida a través de un satélite que va transitando por la huella prefijada del satélite, atravesando diversos territorios. Es como si esta mesa la trasladáramos en un vuelo imaginario a través del continente y muchas personas pudieran utilizarla al mismo tiempo. Este no es el resultado de la ubicuidad, sino que de la multiterritorialidad que surge del empleo de una tecnología que expande una explotación abarcando distintos territorios. Es más fácil de entender si pensamos en una señal de una radioemisora ubicada cerca de la frontera con un país vecino, que también puede ser recibida en los receptores de auditores del otro país. Este fenómeno de la multiterritorialidad se da en forma paradigmática en internet, en las transmisiones "en tiempo real", como se usa decir, desde una plataforma que transmite la señal en vivo de una radio o de un canal de televisión. Otro ejemplo: cuando ponemos una canción, una película, una fotografía a disposición del público en la plataforma YouTube. En todos estos casos hay un acto de explotación que se verifica en diversos territorios, casi siempre en forma simultánea. En todos estos casos lo que va a ocurrir es que una misma explotación va a tener lugar en distintos países y se van a aplicar sobre ella distintas leyes y habrá distintos titulares en esos diferentes territorios. Pero esta vez esto ocurre por la expansión de la explotación y no porque la obra o la prestación conexa estén siendo utilizadas al mismo tiempo y en distintas formas en diversos territorios. La ubicuidad de la obra es una propiedad de la obra misma, cuya manifestación puede ocurrir en diferentes lugares a la vez. La expansión de la explotación tiene que ver con las formas de utilización de la obra.

**C:** *¿Cuáles son los derechos en que se fraccionan o pueden fraccionarse?*
**S:** Cada forma de explotación tiene asociado un derecho. Por ejemplo, si la explotación es la reproducción, el derecho asociado es el derecho de reproducción, que tendrá un titular de ese derecho de reproducción. Déjame

explicar este fenómeno para que te des cuenta de qué estoy hablando. Erika Endara y Luis Fonsi son los autores de la canción superventas "Despacito". Cada uno de ellos trabaja con un editor musical al que le ceden el 50% de sus derechos. Estos editores, a su vez, en Alemania trabajan con unos subeditores, a quienes ceden la mitad de sus derechos. Luego estos contratan a un nuevo autor para una versión del tema "Despacito" en idioma alemán, que a su vez puede tener su propio editor para el territorio de Alemania y Austria, etc.

Entonces, ¿por qué empieza a ser importante lo internacional desde el punto de vista de la gestión de los derechos? Porque el usuario, el que quiere utilizar la música, necesita un lugar donde obtener las autorizaciones, y como no tiene la posibilidad de identificarlos, va a necesitar una "plataforma" (voy a ponerle ese nombre que se usa mucho hoy día) o una central de licencias en un punto determinado, donde pueda obtener todas las licencias que necesita. Es lo que hace la gestión colectiva. Entonces, si ya sabemos que respecto de una misma obra puede haber distintos titulares en diferentes territorios con diversas legislaciones en sus países, se hace imprescindible tener un tratamiento homogéneo de esa obra intelectual para que pueda ser objeto de transacciones, autorizaciones.

C: *Esa entidad es como una administradora.*
S: Así es. Este efecto del fraccionamiento tiene otras consecuencias. El fraccionamiento dificulta la agilidad y la eficiencia del licenciamiento y, muy especialmente, las licencias de las obras y las prestaciones conexas en el comercio electrónico.

El otro efecto, que es más fácil de entender, es la internacionalización de los usos, ya no el fraccionamiento de la titularidad, sino que de las explotaciones transfronterizas. Una radiodifusión emitida en un país puede llegar a distintos países; una transmisión por cable o una comunicación satelital de una radiodifusión, lo mismo. El satélite va circulando y comunicando la obra por distintos países según sea la huella del satélite. Los usos transfronterizos se entienden muy claramente con internet, que produce comunicaciones simultáneas y multiterritoriales, o sea que a partir de una sola emisión, una plataforma como Netflix o Spotify que transmite o difunde sus películas por *streaming* o descarga de los usuarios, se expande en todo el planeta a escala global. Entonces estos bienes que son las películas, las canciones, las imágenes, como son inmateriales, el fenómeno de la difusión de una sola de estas obras es inmenso. Si los países tienen legislaciones distintas —y hablábamos de esos sistemas de tradición *copyright* o de tradición derecho de autor— y si estas legislaciones son aplicables según sea el lugar donde yo reclamo la protección, entonces es necesario que el tratamiento que reciba una obra sea lo más homogéneo posible, porque de no ocurrir eso se armaría un lío imposible de resolver en relación con una misma obra y una misma explotación, que en muchos casos se produce al mismo tiempo en diversos lugares. Por eso la comunidad internacional reacciona y se pone de acuerdo en algunos mínimos de protección y en reglas parecidas, como es el caso del Convenio de Berna, de 1886. Los países se reunieron en una asamblea diplomática y dijeron: "Miren, necesitamos algunos principios comunes para proteger las obras; por ejemplo, por cuánto tiempo las vamos a proteger, qué derechos mínimos tenemos que garantizarles a todos los autores de estas obras que circulan y que de pronto aparecen en cualquier lugar del mundo". Esos principios y derechos mínimos son los que se incorporan a los tratados y que luego obligan a los países a ajustar sus legislaciones a esos patrones.

C: *O sea, los participantes del convenio se reúnen, acuerdan estos principios de una legislación que tiene que existir y los obliga a que en cada país exista esa legislación mínima de protección de derechos, que hace coincidir...*
S: Exacto, que va uniformando las legislaciones. En consecuencia, si reclamo por un derecho infringido en Budapest, va a ser más o menos parecido a lo que ocurriría en Chile. Así también, entre otras cosas, evitas paraísos de derecho de autor, que se instalan donde el nivel de protección es muy bajo. Es lo que hizo Estados Unidos durante muchísimo tiempo, con un nivel de protección reducido frente a las legislaciones europeas, que tenían un nivel de protección elevado. Esos desequilibrios son nefastos para la circulación de las obras y para que exista un nivel de protección común donde no se generen ventajas o desventajas a costa de los autores y de las industrias que difunden y replican las obras. Eso es lo que decidió la comunidad internacional el año 1993, cuando los países se dieron cuenta de que el tratamiento desigual de la propiedad intelectual se convierte en un problema serio para el comercio internacional de esos activos y, por lo tanto, concluyeron que si se quería tener

un comercio internacional fluido, eficiente, sin obstáculos, y todas esas cosas que dicen los economistas, debía crearse la Organización Mundial de Comercio, desde lo que era el GATT [General Agreement on Tariffs and Trade, de 1947], y decidieron que las normas del Convenio de Berna serían obligatorias para todos los países que quisieran participar en el comercio internacional bajo las reglas de la OMC. Entonces incorporaron un anexo del Tratado de la Organización Mundial de Comercio que se llama ADPIC (Aspectos de los Derechos de Propiedad Intelectual relacionados con el Comercio), y esos acuerdos hacen obligatorias las normas del Convenio de Berna y también las de la Convención de Roma sobre los derechos conexos. La OMPI, que es una organización de Naciones Unidas que administra la gran mayoría de los tratados sobre propiedad intelectual, promueve que los países adhieran a esos tratados y ofrece cooperación a los gobiernos en esa dirección...

C: *Para que todo sea un solo sistema.*
S: Claro, como lo hace la Organización Mundial de la Salud en su ámbito, la OMPI lo hace en el ámbito de la propiedad intelectual. En ese mismo sentido la CISAC forma una red internacional de sociedades de gestión colectiva. Esta última se crea para servir a la gestión colectiva —que ya hemos tratado en esta conversación— y yo diría que internacionalmente es un modelo adelantado del trabajo en red, de trabajo en colaboración. El modelo es simple: yo, sociedad francesa, te represento a ti, y tú, sociedad italiana, me representas en tu país. Entonces, esa cadena de reciprocidad termina permitiendo que en cada punto territorial de la red una sociedad represente todo el repertorio mundial. Pero como tampoco puede haber desequilibrios, estas organizaciones, que son ONG, establecen también ciertos estándares mínimos para tener una información compartida, un lenguaje común, unas reglas de distribución mínimas comunes; o sea, estándares de calidad que aseguren que cada miembro de esa red cumplirá con unos mínimos de calidad. Lo mismo hacen los productores de fonogramas en relación con sus organizaciones de derechos conexos, y lo hacen también las sociedades de artistas e intérpretes de obras audiovisuales, pero la organización más fuerte y representativa, porque son más de 200 sociedades de todas las artes en más de 100 países las que la constituyen, es la CISAC.

C: *¿Dónde nació?*
S: En Francia, la cuna del derecho de autor. Se crea en 1926, con Richard Strauss, entre otros, y que ahora preside Bjorn Ulvaeus, compositor del grupo ABBA.

C: *¿No hay un problema de que se produzca un desequilibrio entre sociedades que tienen altos niveles de administración de derechos nacionales —porque la industria nacional es tremenda— y sociedades nacionales que administran pocos derechos nacionales pero que a la vez representan a esas grandes sociedades?*
S: Sociedades más poderosas que otras en lo que refiere a su propio repertorio y que normalmente son también más poderosas tecnológica y financieramente.

C: *Por ejemplo, el caso de Chile donde tienen poco peso la música local y las artes nacionales en general, que son muy débiles comparadas con la presencia del repertorio extranjero... No sé cuál es actualmente la relación entre la música nacional y la internacional, quiero decir la música que se hace en Miami, México o en los países anglosajones, que es la más poderosa. Incluso, desde todo punto de vista, el volumen del negocio de los conciertos en Chile es infinitamente más poderoso tratándose de artistas extranjeros...*
S: Pero eso ocurre en todas las áreas de la economía, salvo en el cobre.

C: *¿Te parece?*
S: Obvio, hasta en el fútbol. Es una cuestión de número, como decía Luis Advis, de volumen poblacional. Que nosotros podamos tener una Violeta Parra en medio siglo, con un número de población de dieciocho millones de habitantes, es lo esperable comparados con Brasil, que tiene 200 millones de habitantes. O sea, las posibilidades de que surja un repertorio de mayor volumen y de mayor densidad desde el punto de vista creativo tienen que ver con esto. Las obras individuales no son mejores en los países más poderosos que en los menos poderosos. Esto es un tema que tiene que ver con la producción, y esto por supuesto determina que haya más industrias musicales en Brasil que en Chile.

Un tema relacionado con este carácter internacional es que las sociedades representan a los autores nacionales que se afilian a esas sociedades de gestión, que son la base del engranaje, y luego es este sustento nacional autónomo en su estructura y en su gobierno el que da forma a la red.

Esto apunta a lo que dices en un doble sentido y lo tomé de Ulrich Uchtenhagen. El modelo de asociación de gestión colectiva de derechos es un modelo curioso. Recuerdo una conversación con Ulrich en la que yo le hablaba de este fenómeno de la gestión colectiva que me parecía transnacional y Ulrich, con mucha razón, decía que no era así, porque se trataba de un modelo multinacional, que es otra forma de entender una actividad económica y de gestión a escala internacional. Es un mecanismo multinacional y no transnacional. No hay un dueño de la CISAC.

Pero las multinacionales tienen un componente muy disruptivo con el sistema económico, ¿y en qué consiste? Consiste en que yo formo mi sociedad nacional en Chile con los artistas locales y esta misma sociedad representa a las sociedades de autores norteamericanos, que son infinitamente más poderosas que la sociedad chilena.

C: *A eso iba yo justamente.*
S: Pero, ¿por qué es un fenómeno disruptivo con el fenómeno nacional? Porque la sociedad norteamericana no puede entrar al territorio de la sociedad chilena.

C: *¿Cómo así...?*
S: No puede entrar a licenciar directamente en Chile, lo tiene que hacer de acuerdo a las reglas que se ha dado a esta red, lo tiene que hacer a través de la sociedad chilena. Muchos quisieran hacerlo —y esa es la gran discusión que se produjo en Europa—, pero no les ha dado resultado. En Europa esto se manifestaba de forma exactamente igual que en América Latina. Desde el principio la sociedad nacional representó el repertorio mundial. Entonces, ¿por qué no hay una competencia ahí? Porque la sociedad nacional representa el repertorio mundial y entonces tiene una fuerza en el medio social y económico de su país, porque no es solo la representante del repertorio local, sino que también del repertorio mundial. Si fuera solamente del repertorio local, tendría muy poca fuerza frente a los usuarios que le dirían: "Mire, yo lo que uso es 90% del repertorio internacional". Representaría solo al 10% y tendría muy poca fuerza. De ahí que este espíritu solidario de cooperación que existe genera un efecto

del que nosotros nos dimos cuenta por supuesto cuando empezamos a desarrollar el proyecto de la SCD, que le da mucha fuerza a la organización local, y esa fuerza se expande no solo como una mera herramienta de recaudación, sino que además como una plataforma en que los autores se plantan en el espacio económico y político suficientemente dotados de los recursos humanos y financieros necesarios para tener una voz distinta a la de una simple organización voluntarista. Ese es el impacto de la SCD en el Chile cultural y económico; cuando una sociedad de autores puede discutir de tú a tú con un canal de televisión o con un gran empresario de espectáculos, esto ocurre porque tiene esa fuerza.

Esto genera un círculo virtuoso: si yo tengo más fuerza y puedo destinar mejores recursos técnicos para distribuir mejor los derechos es porque tengo mejor tecnología y también puedo preocuparme como organización autoral de los más desvalidos del colectivo creativo, voy generando un círculo virtuoso y una mejor aceptación social, que hace que el repertorio nacional pueda mejorar en su calidad y su documentación, y en su información no solamente local, sino que también internacional. Claro que tampoco las sociedades de autores están llamadas a ser las promotoras del repertorio, porque frente a una multinacional como Sony, que decide tener como artista preferente a un neozelandés en Chile, va a ser difícil que tú puedas competir, y porque también su tarea principal es la administración de los derechos. Por eso, esto no lo veo como una cuestión de negocios, como lo planteabas inicialmente, sino que como una cuestión social, que implica los diferentes aspectos de la vida de un artista.

**C:** *Lo que me preocupaba era justamente el peso de lo internacional en un país donde lo nacional es muy pobre, menor. ¿En qué sentido, las políticas nacionales dentro de la sociedad de autores pueden prevalecer frente al poder que tiene el repertorio internacional?*

**S:** Hasta ahora te puedo mencionar algunos elementos de fuerza. Primero, que el mercado de derechos está reservado a la sociedad nacional y eso es muy importante, porque si las grandes sociedades pudieran instalarse directamente y sin necesidad de la intermediación de la sociedad nacional, es muy probable que el modelo de la base local se destruiría. Este es uno de los fenómenos que se están viviendo por ejemplo con los llamados "gestores independientes". ¿Qué hacen los gestores independientes? Preocuparse solamente de los artistas que puedan ser exitosos; en cambio, la sociedad de gestión colectiva se ocupa no solo de los ricos y famosos, sino que también de los pobres, enfermos y viejos... Por eso insisto que la sociedad de autores es un fenómeno social, no únicamente de negocios, y voy a decirlo hasta el final. Y por eso tiene fuerza, porque la sociedad nacional, cuando llega al Congreso Nacional a defender sus posiciones, lo que hacen muchos grupos de presión adversarios del derecho de autor es menospreciarla: "Ustedes solo se dedican a recaudar, ustedes solo cobran por el repertorio internacional y a los autores chilenos no les llega nada". Y los autores chilenos saben —y especialmente los más viejos— cuál era la situación de ellos antes y cuál es ahora, cuál es el respaldo que tenían antes y cuál es el que tienen ahora. Por eso digo que la sociedad de autores es una herramienta, una plataforma cultural. Nuestro proyecto —lo siento, sigo hablando de cosas que me atañen— era: "Todos los autores, todos los artistas, todos los derechos", porque íbamos a ser más fuertes si se lograba consolidar en una sola gran base autoral a los dramaturgos, artistas plásticos, directores de cine, escritores, actores y, por supuesto, los músicos, y eso tiene una fuerza social muy significativa.

C: *Claro, ¿pero eso no ocurrió?*
**S:** Eso ocurrió, pero se ha diluido en los últimos años. Este era el proyecto que bajo mi óptica se debía hacer. Por eso hicimos los Premios Altazor, por ejemplo, porque mostrábamos a la sociedad que un poeta y un rapero eran parte de una misma fuente de creación artística, de riqueza creativa; pretendíamos que eso fuera valorado por la sociedad y no podía haber iniciativas o políticas públicas que no los consideraran. Por eso las leyes de la música, del audiovisual, la discusión del Consejo Nacional de la Cultura, y una cantidad de asuntos que se gestaron con la participación de las sociedades de autores y artistas. Cosas que provinieron de eso, de que la comunidad creativa se organizó.

Claro, en el fenómeno internacional hay diferencias, pero en Latinoamérica este sistema de colaboración tiene un privilegio enorme, porque la legislación sobre gestión colectiva es muy similar en cada uno de los países que forman la región. Y en todos ellos la legislación solo permite que actúe una sociedad nacional formada con titulares nacionales; las demás sociedades extranjeras si quieren representar sus derechos deben hacerlo a través de las sociedades de gestión nacionales legalmente autorizadas.

Eso se desarmó en la Unión Europea, situación que existía hasta la directiva sobre gestión colectiva de 2014, que le quitó ese carácter nacional y que permite ahora que una sociedad inglesa licencie a los radiodifusores españoles. La razón económico-legal es permitir que opere el mercado único europeo, que no admite compartimentación de mercados nacionales.

Esto produjo una especie de desarme que no ha sido tan dramático, porque han surgido modelos asociativos nuevos, pero ahora sí de carácter transnacional, como no lo quería Uchtenhagen. A mi juicio, se desarmó la base nacional, que es un fundamento esencial de la red. Pero en América Latina se mantiene la columna vertebral nacional.

Por eso a la sociedad de gestión colectiva no se le puede ver solo como una herramienta de gestión de derechos de autor y por eso se justifica su carácter nacional, muy especialmente en países como el nuestro. La red debe seguir siendo multinacional y no transnacional. En las sociedades nacionales son los autores locales los que establecen sus estatutos, formas de gobierno, mecanismos para elegir a sus dirigentes, sus ejecutivos, técnicos, sus proyectos de difusión cultural, los fondos de solidaridad, etc.

C: *Está bien, pero hay una cuestión enredada que no es propiamente del derecho de autor ni de la sociedad de gestión, sino que es el tema general de la debilidad de las culturas nacionales. Estas no son las grandes dominantes, sino que existen apenas y con gran dificultad, porque, aunque exista la SCD en Chile, el país sigue siendo culturalmente muy débil.*
S: Pero el repertorio de Serbia o de Eslovenia, y que además tiene una lengua irrepetible, ¿no estará peor que la situación nuestra?

C: *Claro que es peor, seguro que es peor.*
S: Si tú tienes esa mirada, creo que no estás observando el tablero completo, porque una de las cosas que hicieron las sociedades latinoamericanas fue organizarse con mucho éxito para la administración de los derechos digitales y formaron LatinAutor, proyecto en el que estuve involucrado muy fuertemente. Me tocó negociar un acuerdo con los editores y con la plataforma iTunes, que fue la primera experiencia de licencia multiterritorial en la región. Si tú miras el panorama mundial —y sigo pensando en el ejemplo del repertorio de Serbia— el segundo repertorio más importante del mundo es el de habla española y portuguesa.

Por lo tanto, la administración multiterritorial de los derechos digitales musicales es una realidad propia de nuestra región. ¿Cómo se hizo? Simplemente tomando conciencia de que somos el segundo repertorio más importante del mundo y a ese repertorio comenzamos a llamarlo "LatinAutor". Cuando se licencia a Spotify en América Latina, se está licenciando multiterritorialmente, incluyendo el repertorio de las sociedades extranjeras a este territorio, a partir de un licenciamiento concurrente de todas las sociedades locales. Entonces, LatinAutor, que incluye el repertorio de habla española, sumado España y toda América Latina, con excepción de México y Brasil que han decidido hacerlo separadamente (espero que sea transitoriamente), es un tremendo repertorio y que abarca también millones de consumidores en estos territorios y otros.

Es una forma de pensar en clave global, pero a partir de una base nacional que no debiera perderse. Insisto en que hay que mantener el concepto de la sociedad nacional. Ahora, en el ámbito internacional el concepto de los repertorios está más vinculado a una raíz cultural que a una razón de negocios. Tú no lo puedes presentar de esa manera. En Europa es más difícil.

C: *Son culturas distintas.*
S: Exacto, pero no es el caso nuestro. Aquí bailamos cumbia, cueca, samba, pensando en ritmos tradicionales, pero también somos los campeones del bolero, del mambo y el reguetón. Por este motivo es muy importante mantener este concepto de la multinacionalidad cohesionada por factores culturales. Por supuesto que los grandes conglomerados de usuarios y las plataformas digitales pueden ver esto como una ventaja y también una desventaja. Una desventaja, porque nadie quiere que la oferta sea muy poderosa, pero una ventaja, porque encuentran una solución eficaz (Spotify, iTunes) a la necesidad de licenciamiento que ellos tienen del repertorio internacional y concretamente el repertorio latinoamericano en una vasta región, como lo es nuestro continente.

C: *O sea, tú dices que la concentración facilita las cosas...*
S: Claro, con la particularidad de que la concentración de los autores no está basada en el capital económico, sino que en el capital intelectual. Este sistema, para que sea eficiente, no tiene que asegurar que todos los autores vayan a ser ricos, porque eso es una quimera; lo que tiene que asegurar la

sociedad de gestión colectiva es que si una obra tiene éxito los derechos que genere, sea en Tokio o en Copiapó, lleguen al autor en cualquier extremo de la red en que se encuentre. Si yo soy un autor francés y tengo éxito en Chile, tenemos que asegurarle a ese autor francés que sus derechos generados en Chile le van a ser entregados y viceversa. Para ese propósito se requieren sistemas con estándares comunes, en documentación de obras, en la asignación de códigos de identificación para obras y titulares de derechos, etc.

Luego, para terminar de reseñar este esquema que tiene una estructura bien concebida, pero también debilidades, no importa qué tan grande es la organización nacional o qué tan poderosa, porque la única obligación que tiene la sociedad local es su propio repertorio nacional. Ese es el que debe mantener con una información actualizada y con datos y códigos correctamente ingresados de acuerdo al sistema internacional.

C: *Es tu responsabilidad.*
S: Es tu responsabilidad y tú lo debes incorporar en la red y así, cumplida tu parte en esta red colaborativa, tienes acceso a todo el repertorio internacional que está codificado y ordenado de la misma forma. Si observamos el funcionamiento de la sociedad salvadoreña, lo que importa es que esa sociedad tenga un *software*, una conexión a la red y que asuma la responsabilidad de que su repertorio esté muy bien documentado. Así contribuye a dar eficacia y fiabilidad a la red y a su propia gestión. En mi experiencia de 10 años como director regional para América Latina de la CISAC, el problema de los desequilibrios en la región no es otro que el desequilibrio que imponen en el mercado los grandes usuarios. ¿Por qué un canal de televisión o una red de televisión instalada en El Salvador, cuyos capitales son extranjeros, opera sin licencia de derecho de autor y sí lo hace en Estados Unidos? Es así. El poder que tienen los medios de comunicación en algunos países es tremendo. Si todas las sociedades tuvieran la misma capacidad de negociar con los grandes usuarios, en el nivel de las sociedades europeas, por ejemplo, la situación sería muy diferente, y tendrían todos una fuerza relativamente similar.

Te puedo contar muchas historias sobre mis negociaciones con los canales de televisión en Nicaragua, en Panamá, en Guatemala, y donde uno se da cuenta de que las posibilidades de éxito que tienen los autores son muy complejas. Eso inicialmente lo vivimos en Chile y eso fue el difícil proceso que tuvimos con la Asociación de Radiodifusores de Chile (Archi), presidida por Ernesto Corona, que llevó a las sociedades de gestión colectiva al Tribunal de Defensa de la Libre Competencia y que lo ha vuelto a hacer en el 2020; esta vez sumando a la asociación de canales de TV y del Cable, y otros conglomerados gremiales de la industria. En ambas oportunidades no ha logrado su objetivo, porque los autores han tenido los recursos suficientes para poder contrarrestar esta acción de los medios, porque los autores también tienen sus equipos de abogados, economistas, etc., y pueden plantear y defender sus posiciones. Esa es la gran diferencia entre lo que ocurría antes con el Departamento del Pequeño Derecho Autor de la Universidad de Chile y lo que ocurre ahora que se gobiernan por sí mismos.

**C:** *Un tema que es recurrente en este punto y que es realmente una cosa interesante de conocer. Desde tu punto de vista, ¿cuál es la razón de nuestra debilidad cultural? O si tú quieres, puedo poner la pregunta al revés: ¿Cuál es la razón de la fortaleza del repertorio anglosajón? ¿Dónde radica a tu juicio esa situación? A mí me sorprenden mucho ciertas cosas; por ejemplo, escucho a menudo los días domingos ese programa de Iván Valenzuela en el* Canal 13, *donde siempre ponen una música como una suerte de efeméride de lo que pasa, una cosa que debiéramos recordar y que tiene mucha importancia desde el punto de vista cultural. Y siempre es un norteamericano o un inglés el que aparece y muy rara vez es un chileno. Da la impresión de que los fenómenos musicales que han ido marcando las generaciones de chilenos son en su mayoría ingleses o norteamericanos.*
**S:** La primera pregunta que uno debiera hacerse, y esto es un poco especulación, es: ¿Siempre ha sido el repertorio anglosajón tan predominante en el consumo popular de la música? No.

**C:** *Yo creo que sí, desde que la música empezó a ser un negocio.*
**S:** Segunda pregunta: ¿Cuándo comienza a ser un negocio la música?

**C:** *Yo creo que por los años en que comenzó la radio.*
**S:** De acuerdo, pero en un tiempo fue la música alemana y francesa —y me voy bien atrás a los años 1800—, era otra la música más importante. Escuchamos la ópera, la música italiana de moda de la época y eso era lo que fascinaba a los norteamericanos.

Habría que hacer un estudio, y estamos ciertamente especulando en este momento, pero Ulrich —el jurista suizo que ya ha salido varias veces en nuestra conversación— decía que la música norteamericana no es importante porque sea buena, sino porque tiene una gran industria editorial detrás.

C: *Y eso, ¿te parece?*
S: Me parece que cuando la música se hace industria, los norteamericanos son los que saben llevar a cabo este proceso en mejor forma que nosotros o que los repertorios franceses, alemanes, etc.

¿Por qué? Por lo que comentábamos en una reflexión muy inicial, por la cadena de valor. Son ellos los que entienden muy rápidamente que esto de la música, para que sea negocio, tiene que haber unos tipos interesados en financiar a los que saben hacer canciones, o comprárselas. Los editores en Alemania, Inglaterra y Francia compraban partituras originales para imprimirlas y venderlas, pero de pronto las cosas cambiaron: el negocio ya no era adquirir partituras, sino que derechos sobre las obras y colocarlas en medios tecnológicos nuevos, para la reproducción sonora y difusión sonora, para que así generaran ganancias.

Ralph Peer, que nació en el siglo XIX, estableció Peer Music, y cuenta la leyenda que él salió con un maletín a recorrer su país y otros continentes para comprar todo el repertorio que pudo.

Entre nosotros, la palabra "negocio" es sinónimo de "negociado" y en cambio esa misma expresión para los norteamericanos es una palabra prestigiosa, que es "*business*", una palabra casi elegante y que significa una actividad lucrativa que en el mundo anglosajón despierta admiración, especialmente cuando es exitosa. En cambio, nosotros preferimos la palabra "servicio"; a nosotros nos encanta porque tiene la connotación de algo público, por eso si decimos "el servicio de la educación" está perfecto, pero si dices "el negocio de la educación" es horrible. Eso mismo nos pasa con las artes. Con nuestra mentalidad cultural de raíz católica y no protestante, para nosotros el tema del arte y el dinero es una cosa espantosa. El arte tiene de ser algo celestial, que no se topa con lo mundano. Bueno, los gringos no lo entienden así. Establecieron una industria en torno a la música y más tarde en torno al cine, porque entendieron este fenómeno de la cadena de valor. Encargo, compro y voy acumulando capital intelectual; y ese capital me genera ingresos y por lo tanto sigo encargando y comprando. Por eso, es común que las grandes editoriales, como lo hicieron los alemanes con los músicos del siglo XVIII y XIX en su momento de gloria, les dieran recursos a los artistas para que escribieran obras; es el origen de la independencia de Beethoven, que es algo de lo que ya te he hablado.

C: *Te olvidaste de Peer.*
S: Él compró mucho repertorio latinoamericano, tarea que inició cuando viajó a México, y se hizo propietario de las obras de Agustín Lara, Pérez Prado, Consuelo Velázquez, entre otros; ese repertorio terminó siendo norteamericano en términos de derechos, y compró mucha música latina. Peer Music es el editor musical independiente más grande del mundo. Los catálogos editoriales de la industria norteamericana son enormes.

De acuerdo a algunos estudios, a principios del siglo XIX las ediciones musicales en Estados Unidos no superaban la cifra de 37.000. A fines de ese siglo, llegaban a 330.000 y en las primeras décadas del siglo XX llegaban a 500.000.

Eso podría ser una justificación para la mitad del siglo pasado o incluso hasta los años 80, pero hoy no es una razón suficiente, porque hoy los sistemas de captación de recursos están mucho más a mano para todos; hay algunos autores que tienen más capacidad de generar su estructura de negocio, pero otros no. Desde luego no existe esta cosa un poco romántica de que el autor no necesita intermediarios, eso es falso, siempre va a necesitar intermediarios porque el autor, en general, prefiere estar en el espacio creativo.

Actualmente, existen estructuras que permiten captar una mayor cantidad de recursos, pero en un momento en que la utilización de la obra es infinita, segmentada y con públicos distintos, etc., el problema no son los canales de difusión, sino que los precios que se ofrecen por el uso de la música. Los grandes gigantes de internet pagan muy poco por el uso que hacen de los contenidos, y pagan muy poco porque el consumidor final está también dispuesto a pagar muy poco. Si cancela mucho más, entonces saltan los fusibles del mercado y empieza el uso no autorizado.

Habrá que esperar que esto evolucione y que la ecuación traiga más beneficios. Por eso, cuando me preguntas sobre la debilidad, creo que no es una debilidad del repertorio local; creo que la debilidad está en la valoración que se hace de los contenidos creativos en términos de mercado.

Eso afecta no solamente a los chilenos. Hay algunos músicos en nuestro país que dicen: "Yo debí haber nacido en México", pero los autores mexicanos tienen tantos problemas como los chilenos, y quizás más, porque tienen una competencia feroz. Lo que veo es que donde los repertorios de América Latina son más fuertes es donde hay sociedades de autores más fuertes. Argentina, México...

C: *¿Pero no es al revés? ¿Dónde hay repertorios más fuertes hay sociedades más fuertes?*
S: No, porque curiosamente las sociedades brasileñas tienen un repertorio muy fuerte, pero no son fuertes porque están disgregadas en varias sociedades.

C: *Pero también Brasil es un país muy endógeno, poco abierto hacia el resto de los países latinoamericanos.*
S: Sí, puede ser, pero lo que quiero decir es que el repertorio brasileño es muy tocado en el mundo: el bossa nova, Caetano Veloso y todo eso, pero las sociedades de autores son pequeñas porque son como 7 u 8, y eso los afecta. Digo que cuando hay sociedades de autores fuertes, tienen mejores leyes. El mejor ejemplo es lo que ha ocurrido con la propuesta constitucional que se votó el 4 de septiembre de 2022, que había eliminado el derecho de autor de su consagración constitucional. ¿Quiénes fueron los que reaccionaron? ¿La industria editorial?

Fundamentalmente las plataformas organizadas como la SCD, Chileactores, ATN, UNA. Las sociedades de autores y de artistas son las que tienen capacidad de reaccionar.

C: *De representar a sus socios.*
S: A lo mejor es una idea romántica con la que yo me he quedado. Pero cuando vi este mundo de la comunidad creativa pensé que había una oportunidad única para dar forma a la gran plataforma de sociedades de autores y artistas, que sería un fenómeno único en el mundo. Que se justifica culturalmente, desde luego, y también en términos económicos, porque nuestro mercado es pequeño. Funcionar de esa manera potenciaría la capacidad de fortalecer nuestra estructura en términos de plataformas computacionales, técnicos, y un tema de economías de escala desde el punto de vista de los costos y de la productividad.

Pero el pilar central de la organización es el punto de vista político, en el sentido de su valoración en la toma de decisiones en legislación y políticas públicas. Allí fue donde demostró ser una tremenda fuerza en momentos claves.

Creo que las sociedades de autores tienen un papel importante que cumplir, especialmente en un mundo en el que ser diferente o ser único es cada vez más difícil, todo se va homogeneizando mucho. La generación de una producción local contribuye a esa identidad, que es siempre necesaria, y ahora quizás indispensable. Entonces, si yo tuviera influencia en la generación de una política pública sobre las sociedades de autores, la promovería.

Creo que se ha hecho un trabajo muy interesante en Chile, nosotros tenemos un sistema de regulación de tarifas para la gestión colectiva que es muy equitativo y abierto, y que lo quisieron echar abajo en una acción impulsada por la Asociación Nacional de Televisión (Anatel) ante el Tribunal de Defensa de la Libre Competencia, que luego de sucesivos recursos de la Anatel incluso la Corte Suprema desestimó ese intento.

Tenemos un sistema en el que, si una organización de usuarios no está de acuerdo con la tarifa fijada, puede recurrir a un tribunal arbitral. Es un arbitraje ciego donde el juez no se puede poner creativo para decir: "Bueno, arreglemos esto por aquí o por allá". Debe decidir, o por la propuesta de la asociación de usuarios, o por la de la sociedad de gestión, para evitar las presiones de una u otra organización. Pero en este caso, como es A o B, nadie quiere llegar al tribunal arbitral y todos negocian antes. El modelo es un éxito. Esa es otra gracia de nuestro sistema, que evita la posición dominante.

C: *Lo otro que yo te preguntaba es si había una tendencia única en la evolución del derecho de autor, o si había distintas direcciones que estaban sucediendo simultáneamente, no sé. Me interesan ciertos temas que se detectan en la sociología de época, en los análisis de época. Por ejemplo, se han señalado algunas tendencias epocales que marcan todo: la evolución hacia todo lo que tiene que ver con el individuo, los derechos del individuo y el individuo considerado como elemento central de la evolución humana. Por ejemplo, si el supermercado tiene una preeminencia sobre el almacén de don Lucho, se debe a que en el supermercado vas con tu carrito y tienes toda la gama de posibilidades de elección, todos los aceites, todos los arroces, garbanzos, y lo que tú quieras, como opción a elegir; y tú vas echando en tu carrito lo que necesitas para llegar finalmente a la caja, donde pagas y te vas. En el almacén de don Lucho se vendía el arroz que se sacaba de un saco y se envolvía en un papel, no había todo el arroz, tampoco todo el aceite y carecías de posibilidades de elección. Por eso me pregunto: ¿Hacia dónde tiende la sociedad o la historia?, ¿hacia la evolución de la libertad del individuo? ¿La cosa va de menos posibilidades de elección a más posibilidades de elección? Internet es otro ejemplo: te da más posibilidades de elección individual que otros sistemas; tienes el iPhone, el* smartphone *como lo llaman, ahí tienes cientos de posibilidades de acción dentro de un aparato pequeño que lo puedes tener en tu mano. Entonces, parece haber una tendencia hacia el sujeto, hacia el individuo y hacia la libertad individual, hacia las posibilidades individuales... Ahora, si trasladamos ese tema a la política, esta última parece que va en la misma dirección y por eso fracasan los sistemas totalitarios, porque siempre hay una tendencia hacia la afirmación del individuo y eso es lo central. De ahí que te preguntaba si en el derecho de autor hay también una evolución en el sentido, por ejemplo, de la afirmación del individuo, o de la ampliación de las capacidades y de las libertades del individuo, o si hay algo distinto. A lo mejor en esto hay otra tendencia.*

S: Desde luego que el derecho de autor es un derecho individual, es un derecho que nace de la Revolución Francesa, que es la afirmación de los derechos del individuo, de la persona. Pero es un derecho individual, como lo son muchos otros. De ahí que cuando hablas de los derechos del individuo, de las elecciones y la libertad, etc., teóricamente estás pensando que hay formas de creación que son colectivas, donde no es posible distinguir el aporte de cada individuo que participa en el proceso creativo...

C: *Perdón, o corresponden a una dirección histórica que va en contra de lo individual; es decir, que son coercitivos.*

S: Sí, pero depende de qué parámetros pones al medio, porque si pones el parámetro de la elección, eso, en el derecho de autor, no tiene mucho interés. Tiene más interés la libertad creativa, que es otra cosa, que yo pueda crear libremente y eso presupone que no exista una coerción a través de la censura, pero es una coerción de la creación y la libertad creativa, que son más tanto o más relevantes que la libertad de expresión, eso, por una parte. El derecho de autor, yo insisto en que no tiene una finalidad en sí mismo, sino que es una herramienta de la libertad creativa, de la libertad de subsistir sin necesidad de recurrir al mecenas. Pero nosotros, en el ámbito creativo, que ha sido el eje de lo que hemos conversado estos días, el acto creativo se ha ido complejizando porque yo diría que hoy, cada vez más, la autoría puramente individual es más escasa. En algunos géneros, como en la literatura, se da, pero en otros géneros será cada vez más colaborativa; por ejemplo, toda la obra audiovisual e incluso la obra musical, también la obra teatral, y para qué decir las obras llamadas tecnológicas, las bases de datos, *software*, etc. Eso es un problema que se plantea en el derecho porque, por ejemplo: ¿Cómo definimos quién es el titular de la obra que se ha hecho en una plataforma colaborativa, en la que uno hizo un aporte, otro lo corrigió y otro lo modificó? Finalmente hubo un resultado que es de todos. La identificación del ser humano en algunos procesos creativos se pierde. ¿Entonces, eso cómo se resuelve? La practicidad del anglosajón dice:"No me hable más de'seres humanos que crean', establezca que esto es del organizador; esto es, de la empresa o el empleador, del que financió todo el proceso". En este caso, el derecho de autor se resiente, porque es un derecho que surge de la personalidad de un ser humano que crea. Entonces, ¿es esta una tendencia? Creo que hay un afán de orientar las cosas hacia esa tendencia "practicista", en la que se va perdiendo ese carácter humano que tiene el derecho.

Pero esto es una disputa cultural, porque en el ámbito nuestro el autor sigue siendo una persona física, y tanto es así que todo el sistema está hecho en función de la vida del autor: el plazo de protección, los derechos de paternidad, el vínculo con la obra; o sea, no hay derecho más individualista que el derecho de autor. Imagínate que establece derechos morales sobre la obra, de modo que siempre la obra se vincula al nombre del autor; el derecho de integridad, por el cual nadie puede modificar la obra o deformarla, nadie puede publicarla si el autor no está de acuerdo; es decir, esa es la afirmación más pura del individualismo. Por otra parte, no hay nada más colectivo que el uso de una obra intelectual, porque en los bienes físicos, los bienes del supermercado, soy yo con mi kilo de arroz; en cambio, en el mundo de los objetos creativos cualquiera puede acceder a una obra, no necesito ni siquiera hacerla mía, basta que pueda tener acceso a ella, y muchos pueden simultáneamente acceder a ella. Y hoy día con la tecnología cada vez con mayor facilidad. La tendencia de cómo se resuelve este derecho es que frente a un consumo cultural o creativo masivo y que tiene una tendencia a expandirse cada vez, más que a restringirse, lo que hace el derecho de autor desde el punto de vista económico es hacer que las obras sean escasas, porque establece el requisito de la autorización para que sea legítimo el uso, porque si no se hace eso no puede haber sistema. Que las cosas sean escasas ficticiamente no es algo que uno acepte intuitivamente y eso genera todos estos movimientos que tienden a negar el derecho...Y con más fuerza teóricamente si ese régimen afecta la libertad de "expresión" del consumidor: "Yo quiero tomar la obra y hacer lo que quiera con ella, aunque la haya hecho Eduardo Carrasco, me importa un bledo: afirmo mi libertad de expresión, mi libertad de explotación, mi libertad de consumo". Entonces la pregunta tuya para mí puede tener tantas aristas como especulaciones se pueden hacer sobre ella. ¿Adónde vamos a terminar, adónde va a llegar este fenómeno? Los detractores del derecho de autor empiezan a hablar sobre un equilibrio, como si el derecho de autor fuera un trapecista. Dicen que tenemos que buscar un equilibrio entre los intereses del consumidor y los intereses de los creadores y de las industrias creativas. Entonces yo digo: "Eso es obvio, ¿pero por qué tiene que ser solo en el derecho de autor?". Debería ser en todo y eso tiene que ver con una responsabilidad del legislador: el legislador debe ver todos los intereses en juego y los equilibra. Pero eso tiene que ver con el equilibrio de la propiedad en general, con el acceso al agua, a las vacaciones, con todo. No creo que sea exclusivo del derecho de autor la necesidad de equilibrarse; es propio de cualquier decisión regulatoria que tomen los seres humanos cuando están organizados. ¿Y cuál es la tendencia que va a primar? No lo sé, porque esto está hermanado a muchas otras cosas.

C: *¿No hay algo que esté vinculado al derecho de autor y que lo obligue a seguir un cierto camino en la industria, en la sociedad? Por ejemplo, pueden ser las innovaciones técnicas...*
S: Como te dije hace un rato, el derecho de autor es un hijo de la tecnología desde que se inventó la imprenta. Ahí empezó a ser importante, cuando se pudo hacer réplicas. Yo creo que los fenómenos que rodean el derecho de autor incluyen toda la cultura. Todo depende del camino que siga la cultura más que la tecnología, porque esta es instrumental a la cultura, pero la tecnología impacta a la cultura. ¿Qué piensan finalmente las personas de lo que debe ser justo o de lo que debe ser conveniente? Son las dos cosas que siempre nos estamos planteando.

**C:** *Tú has hecho mención varias veces a estas dos tendencias que existen en el mundo:* copyright *y derecho de autor. ¿Cómo coexisten estas dos tendencias o qué destino tiene eso? ¿Se puede hablar de que hay una predominancia del* copyright?
**S:** Yo creo que hay una filtración recíproca, hay muchas cosas del derecho de autor que se filtran en el sistema anglosajón y que antes no existían. Por ejemplo, comienza a haber mucho más consideración hacia los seres humanos que crean y, viceversa, hay una filtración en el sistema de derecho autor que consiste en darles importancia a las transacciones que se hacen sobre los objetos protegidos, que son las obras. O sea, hay una mutua influencia. ¿Por qué? Por el fenómeno de la globalización, transfronterización...

**C:** *¿No hay una predominancia en ese sentido?*
**S:** En algunos aspectos el sistema anglosajón de *copyright* ha filtrado más que el sistema de derecho de autor, y esa filtración, por ejemplo, está en la facilitación de la circulación de los objetos protegidos, más que en la justicia distributiva para el autor. Es mucho más fácil atribuir al productor cinematográfico el derecho de autor que a los 18 colaboradores que crearon las obras; es mucho más fácil atribuirle derechos al organizador o al empleador —como en Estados Unidos, donde el empleador es el autor— que a las personas que participaron en el resultado. Esa tendencia lo que hace es deshumanizar el derecho de autor desde el punto de vista de su concepción filosófica inicial, eso puede transformar la forma en que se regula el derecho de autor, cómo este es posible y en qué aspecto. Por ejemplo, decir hoy en día que el derecho de autor es lo que permite que haya grandes acumulaciones de capital intelectual parece exagerado. ¿Dónde está el autor ahí? ¿Dónde está el autor en Warner, Universal, Netflix? En fin, se pueden cuestionar asuntos importantes: ¿Para qué le damos un plazo de protección por la vida al autor si este hace rato que dejó de tener importancia? Regulamos esto porque pensamos que el autor pudiera tener derechos sobre su obra durante toda su vida e incluso por dos generaciones más. ¿Para qué hacemos eso? ¿Por qué no le damos mejor 20 años y con eso es suficiente? Esas son las cosas que se discuten. Entonces, es un tema que puede tener caminos distintos, pero, tal como ocurre especialmente en los sistemas que tienen arraigo internacional, es muy difícil hacer cambios, porque si, por ejemplo, introduces un cambio en reducir un tiempo de protección, desestructuras todo el mercado y la industria que se ha formado en torno a esos

derechos, porque hoy día las obras son mucho más importantes que lo que eran antes. Otro de los temas que están ocurriendo es la acumulación de propiedad intelectual, de modo que a los grandes"titulares de derecho"les importa muy poco que por una obra se pague un centavo o 0,01 centavo, porque con la acumulación ellos ganan. Pero ese 0,01 centavo para el autor finalmente no es nada. Termina diciéndose:"¡¿Y para qué me sirve esta tontería?!". Entonces, ¿cuál será la respuesta que uno puede dar a eso? ¿Cómo humanizar más el derecho de autor? Esa es mi postura filosófica: cómo hacer que los derechos sean una cuota importante e irrenunciable, que los autores mantengan esos derechos y no los pierdan al momento de crear la obra, que inmediatamente pasa a ser de otro; pero, al mismo tiempo, cómo permitir que estos derechos diseminados en millares de obras no impidan su circulación, que los que quieran usarlas lo puedan hacer expeditamente. Y para eso hay modelos. Si tú me dices que el tema del ejercicio del derecho es un tema que debiera marcar una tendencia, me pregunto: ¿Va a ser un ejercicio de derecho colectivo o individual? Y no me refiero a la gestión colectiva en particular, me refiero a una diversidad de formas de ejercicio colectivo, que es de la acumulación de propiedad intelectual hasta la diseminación de los nuevos editores del siglo XXI, que son los agregadores, u otro tipo de industrias que van poniendo en contacto a los titulares de derecho con los intermediarios y, finalmente, con el público.

C: *Ahora bien, ¿estas tendencias dónde operan? ¿Dónde es fuerte el derecho de autor? ¿En Europa?*
S: Creo que el derecho autor es fuerte en todo el mundo.

C: *¿Incluso en los países anglosajones?*
S: Sí, es muy fuerte en Estados Unidos. Como te decía, el *copyright* en Estados Unidos hizo un juego durante muchos años de tener muy bajos niveles de protección y eso hizo que su industria se desarrollara, que era lo que importaba. Y cuando se dio cuenta de que sus industrias creativas estaban llenas de propiedad intelectual, subió los niveles de protección porque ya el mercado era mucho más amplio, era de carácter mundial. Cuando vio que el derecho de autor debía proteger las dos piedras angulares de la sociedad de la información, que es el *software* y las bases de datos, elevó de inmediato el nivel de protección.

C: *Pero entonces, ¿este conflicto entre* copyright *y derecho de autor dónde opera?*
S: Creo que el conflicto opera entre las organizaciones de consumidores, las plataformas que solo justifican su giro de negocio por el uso de activos de propiedad intelectual y los titulares de propiedad intelectual. Pero todo no es tan blanco y negro, porque Netflix ¿qué hace? Se convierte en titular de derecho y ya no quiere ser más usuario. Se pone a hacer sus propias películas. Se transforma en titular de derecho. Entonces, son modelos distintos y los modelos creo que van a ir variando cada vez más. Creo que la tendencia es a la diversidad en los modelos de gestión de los derechos. Y los legisladores, frente a fenómenos como la huelga del Sindicato de Guionistas en Hollywood —que es una rebelión en contra de que los productores se quedaran con todo—, van a empezar a darles derechos irrenunciables, como ya ha ocurrido en Chile y Colombia, siguiendo el modelo francés. ¿Eso es bueno o malo? Es bueno, porque se mantienen vinculados al éxito económico de sus obras, cuando este tiene lugar. En Estados Unidos tienen estos temas resueltos por exigencias laborales y sindicales, pues no dejan de recibir sus derechos. Y también puede ser considerado malo, porque ya no es un derecho de autorizar, la autorización deja de ser el eje del sistema, sino que se les dice: "Usted, confórmese con recibir una moneda que le vamos a pagar a fin de mes a través de su organización". Eso tiene y no tiene importancia, o finalmente no tiene importancia, creo yo, porque en el fondo uno debiera observar lo fundamental, que es lo que conversamos al principio. Esto es, ¿vamos a seguir protegiendo o no estas cosas raras que son las creaciones del espíritu, transformadas en objetos que se transan para que los seres humanos lleguen a ellas? ¿Tiene sentido o no tiene sentido esta protección? Si tiene sentido, estamos obligados a darle un marco, porque vamos a tener que establecer cuándo se pueden usar y cuándo no se pueden usar, como son todas las cosas de la existencia. Y allí es el sistema del derecho de autor el más adecuado. Y si no se quiere optar por este camino, entonces mejor hacemos otra cosa: que cada uno se inscriba, ponga su nombre y diga cuántas cosas originales tiene que sean de su propia creación, y le pagamos unas monedas a fin de mes —para decirlo en términos muy rudimentarios—. Eso hizo la Unión Soviética después de la revolución, porque en Rusia había mucho autor y mucho

derecho de autor. Piensa en todos los escritores, dramaturgos rusos. Y la Unión Soviética se salió del sistema de derecho de autor, como también Cuba. Ahora no, ahora yo voy a Cuba a hablarles a los jueces sobre derecho de autor, porque los artistas cubanos —como te comenté alguna vez—, Pablo Milanés, Silvio Rodríguez, se fueron a España y ahí publicaban sus obras. Y no las publicaban por ningún motivo en Cuba, porque ahí tenían un plazo de protección de 25 años y por otra serie de razones. Entonces, claro, yo creo que el derecho de autor va a seguir los rumbos y los avatares que tengan la cultura y la tecnología; la cultura entendida como la forma de pensar y vivir de los seres humanos y la tecnología como la forma de multiplicar los usos de esas cosas que protege el derecho de autor.

# El proceso creativo y la protección de las obras intelectuales

**S:** La semana pasada estuve con un grupo en Curitiba, Brasil, hablando de los temas jurídicos del derecho de autor, de las excepciones y la mía era una posición muy minoritaria en ese grupo. Había gente de varios países; en la mesa estaban las jefaturas máximas de Creative Commons y los "libertarios", como les dicen algunos, representantes de Colombia, de Uruguay, de Brasil.

**C:** *¿Los países latinoamericanos tienen una política más o menos común; una concepción del derecho de autor común?*
**S:** Sí, tienen una raíz común y sus leyes son muy parecidas, pero en general eso ocurre igual en todo el mundo. Como lo hablábamos la última vez, el derecho de autor se va homogeneizando a través de los tratados internacionales, los efectos multiterritoriales que tiene, etc.

**C:** *Hay una cosa interesante y es que parece haber algo que empuja las cosas en una dirección y todo parece desarrollarse en un solo sentido, se va arreglando y acomodando, de acuerdo a la necesidad de ir en esa dirección, que es como la fundamental de la época, la época del derecho de autor, llamémosla así.*
**S:** Creo que eso ocurre con todo el derecho; el derecho está obligado a adecuarse en un determinado sentido y muchos dicen que se adecúa muy lentamente, pero no es así, porque las reglas, como tienen que ser generales, tienen que abarcar una gran cantidad de casos...

**C:** *Se producen nuevas relaciones humanas que generan una necesidad de nuevas leyes.*
**S:** Y son los jueces los que van interpretando las leyes y las normas cuando son eficaces. Como lo llaman los teóricos, cuando son "de tesitura amplia"; o sea, incluyen muchos casos diferentes, algunos de los cuales no deberían caer bajo la norma. Por ejemplo, si te digo: "¡Prohibido los vehículos en los museos". Bueno, tú dices: "No pueden entrar automóviles, no pueden entrar

carretas, motos... ¿Pero pueden entrar coches de guagua? También es un vehículo". Entonces, esa tesitura amplia exige especificar y es lo que permite interpretar una norma. Por eso, las normas, algunas, se van quedando obsoletas. Pero tenemos reglas tan antiguas que vienen del derecho romano...

C: *Pero se crea un nuevo instrumento que permite ciertas cosas que antes no se podían hacer y ese nuevo instrumento con sus nuevas posibilidades exige una nueva regulación para que no se produzcan excesos.*
S: Claro, hay siempre situaciones nuevas porque siempre hay nuevas cosas que le pasan al ser humano, pero no todo es enteramente nuevo, como lo enseña la historia.

C: *Pero en el tema específico del derecho de autor, ¿tú ves una dirección en algún sentido determinado, o la cosa es más o menos contingente? ¿O hay una dirección hacia no sé dónde, que va como ordenando las cosas en un sentido especial?*
S: Sí, es una pregunta como de adivinanza, porque en el fondo uno debería tener una percepción de hacia dónde van las cosas en general. Por ejemplo, yo creo que las cosas en general en la vida de las personas van hacia un espacio que ya no es solamente físico, cada vez más virtual, y eso impacta el derecho de autor porque en ese espacio virtual es donde se desarrolla su cometido. Ya no estamos en medio de los colores o los sonidos reales, estamos en medio de realidades que no son físicas. Todo eso son imágenes y encuentros con otros, pero que se traducen en lo que hoy ya llaman "los avatares"; tú puedes ser ahora otras personas. Eso que parece un juego, no es un juego, es algo muy cierto, entonces esa realidad no la va a resolver el derecho común, que tenía validez en el mundo de las cosas naturales. Lo decisivo es: ¿Quién se va a encargar de regular todo esto?

C: *Porque las mismas cosas que ahora se trata de regular son otras, de otro tipo y de otra manera.*
S: Entonces, ¿quién se va a encargar de esas conductas que aparecen en un espacio que no conocemos? Es como decía la otra vez un médico: "Mire, usted trate de atenderse con un médico joven para que le dure y esté mucho tiempo con usted" —yo tengo una enfermedad que se llama "artrosis degenerativa"—, "atiéndase con un médico joven porque nosotros los viejos no tenemos idea de cómo tratar a los pacientes viejos. Los médicos no sabemos

nada y la gente vive cada vez más. Por eso los viejos tenemos muy poca experiencia en todo esto". Entonces, esa es una realidad nueva: ¿cómo se trata a una persona que va a vivir 100 años cuando antes vivía 70? ¿Cómo vamos a tratar las conductas de las personas en un mundo virtual? Esto que nos parecía tan lejano, hoy día está cercano, porque la virtualidad es para nosotros un hecho cotidiano. Ayer estaba haciendo clases, y les decía a mis alumnos: "Yo creo que estoy con ustedes haciéndoles esta clase, pero la verdad es que estoy frente a una pantalla. Yo no sé lo que pasa en este momento con ustedes: puede que algunos estén conectados y otros no, puede que uno tenga la pantalla apagada y otro prendida, pero lo que yo tengo, pensado desde el punto de vista de los hechos, es que estoy hablando solo. Estoy frente a una pantalla y asumo que hay un grupo de seres humanos que me está escuchando. Bueno, eso que te explico es en términos de las comunicaciones a distancia que son más comprensibles, pero en las conversaciones que empezamos a tener con otros seres, que muchas veces son virtualidades, las cosas son más complejas. Por eso digo yo que esto de Matrix de alguna manera te ilumina sobre cómo se está expandiendo ese mundo virtual, que se expande mucho más rápidamente que el físico. Eso implica también conductas humanas y "conductas no humanas" de cosas que han hecho otros.

C: *Implica regulaciones, como decías.*
S: Por supuesto, porque si no lo regulamos...

C: *¿Pero una de las tendencias cada vez más virtuales no sería moverse hacia lo que es pura idea?*
S: Lo que digo es que la tendencia del derecho de autor es que se expande hacia un entorno inmaterial y eso pareciera indicar hacia esa expansión en una dirección a la que tú te referías recién. Pero finalmente la respuesta no es decir que vamos hacia allá, porque yo creo que los sistemas de normas son como herramientas nada más, te sirven o no te sirven, sería un poco exagerado atribuirles el carácter de signos de época. Estos bienes raros, que llamamos obras intelectuales, y que se meten en unos cuerpos y que se van multiplicando, ejemplificando, tienen que regularse de la manera que hemos comentado: tiene que haber una prohibición general, debe haber autorizaciones, y entonces de esa manera podemos decir cuándo se puede usar una cosa inmaterial y cuándo no es jurídicamente posible hacerlo, eso es todo, y no es

más que eso. Nos podemos complicar la vida hablando del tema de la inteligencia artificial de la que tanto se debate ahora, y de las cosas que "crean" esas máquinas y preguntarnos si son o no obras intelectuales, y si merecen protección o no, y en tal caso resolver si la máquina puede ser un sujeto de derecho.

C: *Comprendo, porque la inteligencia artificial permite generar cosas nuevas, pero tan nuevas que son imprevistas respecto de lo que está dentro del plan. Porque, si te fijas, es distinto si son imprevistas efectivamente, en ese caso tendría que haber un derecho asociado a la máquina que está creando. Pero si son previstas, el tipo que hizo la máquina es el que sería el verdadero dueño del derecho de lo que a su vez crea la máquina.*

S: Eso ha sido recién planteado por un señor en la Copyright Office de Estados Unidos, y él ha dicho: "Yo soy el dueño de esta máquina, que más que máquina es un *software*; ella crea contenidos creativos y entonces quiero inscribirlos a nombre de la máquina. Pero los rendimientos me van a corresponder a mí como dueño de la máquina". Esa argumentación, por supuesto, no fue acogida, porque las instituciones de derecho solo reconocen como obras intelectuales aquellas que provienen del intelecto humano. Lo dijo, pero yo creo que eso no sirve mucho, por dos razones: la primera es que las obras intelectuales que naturalmente provienen del intelecto humano finalmente son productos que están en la calle. La segunda es que tendrías que establecer un régimen en que alguien tenga que certificar que la obra ha sido hecha enteramente por una máquina o por un ser humano. Eso equivaldría a que yo vaya al registro de propiedad intelectual e inscriba la canción "Let it be", pero le ponga "Let it what" y le cambie el nombre de John Lennon y McCartney por el de Schuster. ¿Tú crees que no me van a registrar esa obra en el registro de propiedad intelectual? Me lo van a registrar igual. Me la registran, por supuesto, porque esa intervención administrativa para determinar si es o no una obra intelectual, y de qué autor es, no tiene ninguna forma de legitimarse, ninguna factibilidad de que pueda ser algo que en la práctica nos lleve a establecer en forma fidedigna cuáles son las obras protegidas y cuáles no.

C: *O sea, tú dices que la legitimidad no se puede certificar.*

S: No, no tiene sentido certificarla y si se tratara de certificarla con una inscripción, cualquiera puede certificar la canción que yo presento, sea que la grabe, la ponga en una base de datos gigantesca y la chequee para ver si tiene similitud con otra, eso es un caso. Lo otro es saber si hubo intervención únicamente de máquinas o de un ser humano, porque insisto en que las obras son productos y resultados. Entonces, lo que tenemos que decir es: "Mira lo que dice el derecho". Y cuando eso se hace, todo parece más simple que lo que intentan hacer para complicarlo, creo con otras intenciones, para que el sistema total no funcione. Porque el derecho dice que lo normal no se prueba, yo no pruebo que sale todos los días el sol a las seis de la mañana, en septiembre, en Santiago de Chile, porque es lo normal.

C: *¿No se necesita probar o simplemente no se prueba?*
S: Lo anormal se prueba, lo que es extraño y contrario a lo que usualmente ocurre. Lo que es normal es que todas las obras sean hechas por seres humanos, y si una obra es producto de una máquina habrá que demostrar que procede de una máquina, porque, si no, el caos que se genera conduce a poner en duda la protección de todo.

C: *Está bien, ¿pero qué interés tendría atribuirle el derecho de propiedad de un producto intelectual a una máquina?*
S: ¿Qué interés tiene? Hay un interés permanente en intentar que las obras intelectuales sean de dominio público, que no haya un dominio privado sobre la obra intelectual; es decir, que sea como el aire y que no haya atribución; por lo tanto, no habrá una relación jurídica entre el creador de una obra y la obra intelectual desde el punto de vista de las autorizaciones y todo lo que hemos hablado. Si tú finalmente dices: "Vamos a establecer lo contrario, que todas las obras intelectuales sean producto de la inteligencia artificial", entonces, lo que haces, es decir que todas las obras son de dominio público. Para que yo pueda tener titularidad sobre una obra tendría que acreditar que esta ha sido hecha con intervención humana. Eso genera una situación imposible de regular porque el esfuerzo para que se te reconozca como autor de una obra se transforma en un esfuerzo inmenso, que no tiene relación con la creatividad artística y eso puede ser concebido en una patente, o una invención que desarrolla una tecnología aplicada a la industria, etc., pero no tiene sentido en la creación de una canción, una obra de teatro o una obra artística cualquiera.

C: *O sea, en este tipo de cosas, como tú decías, lo que importa es el resultado, lo que está hecho.*

S: Sí, eso es lo que protege el derecho y no protege la idea de lo que tú vas a hacer, protege el resultado de tu canción, entonces ¿cómo protege el resultado? Nosotros lo que vemos son obras y no vemos procesos detrás de las obras. ¿Qué es lo que hace la inteligencia artificial? Hay varios ejemplos y yo he llegado a establecer una especie de analítica y me gusta armar matrices de análisis. Entonces, cuando tú creas una máquina, lo que haces es que primero tienes un propósito, alguien tiene un propósito; por ejemplo, crear una canción del tipo de las de Kurt Cobain, del grupo Nirvana. Apareció la noticia un tiempo atrás de que una máquina creó una canción característica de Kurt Cobain solo con inteligencia artificial. Entonces, tengo ese propósito. ¿Qué hago después? Lo que hago es tomar 30 canciones de Kurt Cobain y separo los elementos de esas canciones y hago combinaciones utilizando un programa computacional que se llama Magenta, y luego para las letras de las canciones uso una red neuronal, que es otro *software*, para poder también separar los elementos, y luego tomando todos estos elementos hago combinaciones, y esas canciones salen como resultado. Por tanto, lo que yo hago finalmente, que es la tercera parte, diferente a la segunda etapa, que es enteramente mecánica, es la selección, la disposición, el ensamblaje, que no es nada distinto a lo que hace el pintor que toma ciertos óleos, los marca de cierta manera y les va dando forma porque son combinaciones. Y tampoco es nada distinto a lo que hacen los fotógrafos para obtener un resultado que es la pose, la iluminación, escenografía, etc. Entonces, la pregunta o la actitud que hay que tener frente a estas cosas es no marearse, porque la tecnología es siempre instrumental. ¿Y cuál es mi mirada final? Me interesa mucho el metaverso, porque hay ahí realidad virtual y otras cosas. La realidad virtual es este mundo en que te pones un casco y estás comunicado con otros en un mundo distinto, ese es el metaverso, donde tienes un nombre, una personalidad, te encuentras con otros que están conectados y eso es lo que yo llamo "la realidad virtual en expansión", que es un espacio que tiene que ver con lo que hemos visto ahora de la comunicación a distancia. Por tanto, cuando me dices que el dueño de la máquina es el dueño del producto, sería como si tú dijeras que, cuando escribes un artículo, el dueño del artículo es Microsoft porque lo hiciste con el programa Word de Office. Es una máquina, pero el que escribe y finalmente da forma eres tú, no es Microsoft. Son reflexiones que tienen que ver con qué es lo que queremos proteger y qué es lo que no queremos proteger.

Volviendo a las raíces: queremos proteger al autor porque queremos hacer justicia con el que hizo algo, pero no nos interesa que ese que hizo algo sea una máquina, porque una máquina no va a tener derechos. No puedo atribuirle a una máquina derechos porque las máquinas no tienen conducta. Yo no estoy diciendo que en el año 2300 no exista una regulación de los procesamientos que hacen las máquinas, eso no lo sé, pero siempre será un ser humano el responsable y asumirá las consecuencias de los estados que arroja, de los daños que puede hacer a otros; en fin, de sus creaciones.

C: *¿Entonces tú estableces una diferencia tajante entre la acción humana, o la intervención humana, y la acción de las máquinas?*
S: Claro, porque yo no creo que haya una acción autónoma en las máquinas, una personalidad, sino que hay un procedimiento. Lo que ahora se dice es que el paso adicional que ha dado la inteligencia artificial es que las máquinas aprenden, y como aprenden, también pueden aprender a hacer una canción. Pero, en realidad, lo que hacen es procesar información. Lo que pasa es que, claro, si yo pongo un mapa de letras en esta mesa y hago combinaciones y de pronto aparece una palabra o dos palabras que pueden ser interesantes o novedosas, tengo que seleccionarlas, alguien las seleccionará. Aparentemente la inteligencia artificial también serviría para seleccionar y para dar forma a las cosas, pero si las máquinas, como en una película de ciencia ficción, pueden seleccionar, ¿por qué no aprueban leyes? Probablemente podrían hacerlas mejor, ¿Pero, por qué no regulan la vida humana? Pero con esto ya estamos en otra situación que ya no tiene que ver con el derecho de autor, ni con las obras. Porque a lo mejor una máquina hace una ley mejor que el Parlamento y eso es probable porque los parlamentos hacen leyes tan malas que, tomando toda la información y los datos estadísticos, a lo mejor una máquina podría hacer una ley mejor. Estoy simplemente caricaturizando una situación que podría llegar a producirse de acuerdo a esta forma de pensar, pero el problema allí es cuando el ser humano desaparece del proceso de decisión acerca de qué es lo que finalmente debe hacerse. Por ejemplo, un fotógrafo saca una ráfaga de 100 fotografías, pero él mismo va a seleccionar esa fotografía que responde a la expectativa que tenía. ¿Y hay un procedimiento mecánico? Claro que lo hay, pero, las miles de combinaciones que existen no son otra cosa que las posibilidades que se le presentan a un músico cuando está componiendo

una canción, la posibilidad de elegir una determinada secuencia de sonidos. Entonces la pregunta es: ¿Qué es crear? Y crear al parecer es decidir.

C: *Siempre me llamó la atención la definición que daba Gustavo Becerra sobre lo que es crear y componer, definición que me parece muy certera y exacta. Se refería a la composición musical. Decía que componer es escuchar por primera vez. Y eso tiene que ver también con lo que decía Picasso: "Yo no busco, encuentro", lo que es un poco lo mismo. Esto tiene que ver con cosas que hemos dicho antes: hay una especie de realidad escondida, una especie de música en potencia, inmanente, que está ahí esperando que alguien le abra las puertas y la descubra. Y ese que la descubre no es que la descubra porque hace un trabajo, o ejecuta un plan, sino que él tiene que escuchar y al escuchar reconoce una forma. Pero esa forma es previa, estaba ahí y constituye la canción. Y aquí entramos en una cuestión muy metafísica porque tendríamos que afirmar que la canción tiene una existencia previa, dormida, como esperando que alguien la escuche para pasar a existir, es muy raro.*
S: Tomando lo que estás diciendo —y vuelvo a la máquina procesadora de letras de canciones o música—, según esa teoría lo que hace el compositor es conectar los elementos que tú dices que están inmanentes; no sé cómo se produce, pero Becerra dice que él escuchó algo y después lo escribió. El asunto es: ¿Cómo llegó a escucharlo? No lo sé, porque efectivamente existen infinitas posibilidades de letras, textos, imágenes, pero uno podría decir que están todas ahí. Esto me parece que es como quien va a cosechar maíz: va eligiendo las mazorcas que están maduras.

C: *Pero pareciera no ser así, pareciera que no vas eligiendo y entonces aparece como una acción del que crea, pero la definición de Becerra lo que afirma es que no es una acción, es más bien pasión, algo que se impone, no algo que se elige...*
S: Para hacer una síntesis, yo la llamaría una conexión.

C: *Pero no es un hacer.*
S: Entiendo, es una definición más romántica, pero Becerra es matemático y creo que está diciendo otra cosa.

C: *Escuchar es ser pasivo, no es ser agente, y yo creo que en el arte efectivamente hay una pasividad.*
S: Pero hay una actividad indudablemente.

C: *Hay algo que parece actividad, pero no lo es. Lo esencial de la creación es la pasividad, no es la actividad y te lo digo como creador. Sé lo que es esa experiencia y es una pasividad; o sea, un escuchar en el cual tú estás en una suerte de estado de receptividad muy especial.*
S: Sí, pero tú estás llegando a una forma de creación, para llamarla de alguna manera, espiritual, pero hay creaciones que son mucho más pedestres.

C: *Estoy de acuerdo.*
S: Entonces, como estamos hablando sobre derecho de autor...

C: *Es interesante lo que tú dices porque esa es "la cocina", lo que Matta llamaba "la cocina", pero no es lo propio del arte...*
S: Matta apuntaba a una cosa que me gusta más que la de Becerra y está en tu libro. Decía: "Los artistas vemos lo que los demás no ven", entonces hay un mundo invisible que los demás no ven y que, para un artista, resulta casi obvio.

C: *Sí, pero para verlo hay que ser pasivo, no activo. La diferencia que tú hacías es buena, en el sentido de que efectivamente en la música "la cocina" es lo que hace el productor, lo que hace el tipo que dice: "Bueno, vamos a hacer esta canción de esta manera", y elige, pone un bajo y un saxofón, por ejemplo, en vez de otros instrumentos. Y va armando una orquestación que va a dar como resultado una canción, pero todas esas son intervenciones suyas...*
S: Sí, pero no está interviniendo en la obra, está interviniendo en la interpretación y no hay que confundir eso.

C: *Sí, está bien, pero el tipo está decidiendo, está jugando un papel activo en la elaboración de la canción. Pero la creación es un fenómeno distinto de ese, porque es escuchar, es una cosa mucho más misteriosa que el hacer, no es un hacer, es más bien un recepcionar, o una apertura que tú de pronto encuentras y que hasta ese momento había estado cerrada. De pronto, se te revela una relación y no es que tú la establezcas. Se te revela una relación que es nueva, original, y es la que andabas buscando y que sin embargo no la hiciste tú, la aceptaste, la acogiste, pero no la inventaste. Y esto es muy interesante porque tal vez sería bueno hacer una reflexión sobre qué pasa con el derecho de autor en esos dos casos, ¿Qué protege el derecho de autor? En el caso de la "cocina" y en el caso de la creación. Si nos entendemos,*

*la creación es una pasividad en la que se manifiesta algo que no estaba y que se le aparece al artista, tal como el arcángel San Gabriel se le apareció a Mahoma. Le dictó el* Corán *de la misma manera que no sé quién a Beethoven le dictó la* Quinta Sinfonía. *O sea, es una aparición, no es un constructo.*
**S:** Estás diciendo algo muy cierto desde el punto de vista de la fenomenología de la creación, y, claro, hablas de lo que algunos llaman la inspiración, que es poder reconocer o conectarse con algo trascendente y por eso yo usaba la palabra "conectarse" con algo. Pero hay una cosa que tiene que ver con la parte más humana de todo esto, que es la siguiente: si abro mis oídos a esa revelación o no los abro, soy yo finalmente el que decido.

**C:** *No decides nada.*
**S:** Bueno, creo que no vamos a avanzar mucho en eso porque al final el derecho —y vuelvo al derecho— lo que hace es reconocer que algo es de alguien, y si seguimos con esa idea del señor que se imaginó cómo iba a ser su jornada de trabajo al día siguiente para poder sacar toda la maleza que inundaba su plantación, entonces yo también puedo llegar a decir que no es que él lo haya decidido, sino que hay algo que es inmanente y que equivale a descubrir cómo deben hacerse bien las cosas: él se conectó con esa realidad y lo hizo y pudo haber sido una conexión con lo que es, con lo que está bien hacer. Eso se da también —creo yo— en la expresión de las ideas artísticas, que puede haber algunas ideas artísticas que tienen una mejor recepción o que hay seres humanos que se adecuan mejor a algunas ideas artísticas que a otras. ¿Qué es lo que quiero decir desde el punto de vista del derecho? Que si el derecho les ha dado protección a las obras intelectuales y considera valiosa esa actividad humana de conectarse o de ser preceptivo, según lo que tú dices, en el derecho no puedo separar lo que es "cocina" de lo que es creación pura y, entonces, cuando tú entras a poner el bajo y el teclado de una cierta manera no estamos hablando de creación, ni siquiera de composición de una canción, estamos hablando de interpretación, de la orquestación, y son cosas distintas, porque el derecho de autor no protege la orquestación, ni el sonido del bajo, ni el acorde, ni siquiera protege la armonía.

**C:** *¿No se podría decir una cosa? ¿Que al derecho de autor no le importa esa diferencia? Porque nosotros hicimos una diferencia entre la cocina y la creación. La* *cocina es la operación que consiste en organizar una obra y la creación consiste en el escuchar, como dice Becerra.*

**S:** La creación, desde el punto de vista del derecho, que no pretendo hablarlo de otra manera, es un acto creativo que no tiene protección, pero también hay un resultado creativo que sí tiene protección.

**C:** *Eso te digo, que al derecho de autor no le importa este tema del que te hablo yo, le importa el resultado de la creación.*

**S:** Claro, porque el derecho no puede proteger o regular los hechos, lo que puede estar dentro de tu mente. No sé cómo ópera tu mente y puede ser que funcione con muchas combinaciones. Tú llamas a este estado elevado de las percepciones "revelación". Creo que ese estado puede ser elevado a ese nivel, pero igualmente es cocina. Cuando empezamos a hablar de cocina, cuando yo te mencioné que en el proceso de uso de inteligencia artificial había un propósito, después había un procesamiento de información y después había lo que yo llamaba la creatividad, que es el momento cuando al resultado yo le doy forma.

**C:** *Estando de acuerdo con lo que dices, me parece importante que el derecho no considere, o no le interese, o no sea su tema, el asunto de la creación propiamente tal. Esta está fuera del derecho, como una cosa metafísica de la cual no nos vamos a ocupar...*

**S:** Pero hay un vínculo y tal vez es lo que estamos discutiendo hoy día: el vínculo es que ese resultado tiene que proceder de un acto creativo y no de la simple aplicación de conocimientos mecánicos.

**C:** *Eso es interesante; o sea, sin meterse en lo que sea el acto creativo, es decir, sin establecer en qué consiste finalmente el crear, el derecho es un elemento independiente de lo que pensemos que sea el crear.*

**S:** Se protege porque se entiende como una extensión del ser humano.

**C:** *Es curioso, porque si yo pensara desde Matta o desde el mismo Becerra, yo diría que lo importante no es que sea creación de un ser humano, sino que sea revelación de algo que justamente no es humano, y eso es creación.*

**S:** Entiendo, entonces serían ahora las máquinas las que encuentran esas revelaciones, porque, como no importa, las máquinas bien podrían ser...

**C:** *Creo que es al revés. No puede ser, porque no es a las máquinas a las que se les revela o se les abre esta posibilidad, eso es imposible. A una máquina es imposible que se le abra eso, pero sí a un ser humano. Es lo mismo que la palabra de Dios, que se revela a unos tipos que son los que escriben la* Biblia. *No es su palabra, es la palabra de Dios. Y si te fijas, en la literatura seria sobre arte, como los escritos de Beethoven, de Wagner y otros, todos afirman la misma cosa. Matta afirma la misma cosa. Incluso el "método" de la pintura de Matta es justamente buscar la revelación a través de las manchas y cosas azarosas que son su punto de partida. Así aparecen cosas que son en primer lugar un descubrimiento para él, y si no fueran un descubrimiento para él, él no se ocuparía de eso. Entonces, la condición para que algo se ponga en el cuadro es que aparezca. Yo lo vi a él pintando muchas veces y tengo la experiencia imborrable de esos momentos en los cuales se ponía a mirar el cuadro, seguía conversando tal como estamos conversando nosotros, y después, vuelta a mirar, hasta que finalmente ya no podía más y se paraba, iba a buscar los pinceles —tenía como todos los pintores su paleta y pinceles— y ponía un color específico en el pincel, se acercaba al cuadro y hacía una rayita. O sea, se había percatado de que al cuadro le faltaba esa rayita. Y mientras conversábamos se le manifestaba a él que le faltaba esa rayita y se la ponía. Pero eran revelaciones, un descubrimiento, y no era una idea previa que él hubiera tenido de cómo tenía que hacerse el cuadro. Por lo tanto, tenía que poner esa rayita como si fuera una necesidad que había surgido de repente, sin ninguna previa planificación. Entonces hay una cuestión de descubrimiento, de manifestación de algo que justamente no es humano. Tú que eres creyente a lo mejor puedes creer que eso puede llamarse Dios, yo que no lo soy no sé cómo puede llamarse, pero estoy seguro de que es una revelación. Cuando yo hago mis canciones también siento que es una revelación, no hay factura, no hay cocina, y tanto es así y a tal extremo es la cosa, que si yo meto mano en una canción, la destruyo. Meter mano en algo que se está mostrando de una cierta manera es destruir su posibilidad de aparecer. El asunto te dice do mayor y tú dices no, voy a meter un sol mayor, entonces mandas todo al tacho de la basura. Si el artista no respeta lo que se le revela como una necesidad que no sé de dónde viene, pero sin duda no es algo humano, echa a perder todo.*

**S:** Entiendo lo que me explicas, pero el derecho es menos pretencioso, tiene que ser más práctico. Imagínate que yo tuviera que exigir normativamente que me demuestres que lo que has hecho es producto de eso que tú llamas una revelación...

**C:** *Te entiendo, pero tú mismo dijiste hace un momento que se tenía que certificar que la obra era una creación humana. ¿En qué sentido? —te pregunto.*
**S:** Pero lo dije al revés, lo que dije fue: "¿Te imaginas que para implementar esta forma de regulación tuviera que emitir certificados?". En un sentido u otro, certifico que esta obra ha sido hecha exclusivamente por un ser humano, certifico que esta obra ha sido hecha exclusivamente por una máquina... O sea...

**C:** *Tú decías que para que una obra sea registrada y sujeta a derecho...*
**S:** Eso lo dijo la Copyright Office. ¿Por qué lo dijo? Porque la obligaron a decirlo.

**C:** *¿Entonces dices que da lo mismo que sea una obra humana o de una máquina?*
**S:** No, yo he dicho otra cosa. He dicho que lo que la Copyright Office ha hecho es que frente a un señor —y este adjetivo lo voy a agregar yo— que provocativamente le dice: "Quiero que registre esta obra que hizo una máquina como de mi propiedad", ese tipo no lo está haciendo por tontear, lo está haciendo para poner en un problema a la Copyright Office. Entonces, lo que hace la Copyright Office después de escuchar la declaración de esta persona en particular, que dice que no hay intervención humana en su producto, es que no tiene otro camino que señalar: "Respecto de esta obra que usted quiere inscribir en su declaración yo digo entonces que no es un objeto protegido, porque no procede de un acto humano". Lo que yo digo y lo que dicen los convenios internacionales es que las obras se protegen por el solo hecho de ser resultado de una creación, y que lo normal es que todas las obras que revisten características de originalidad son obras de un ser humano que finalmente le ha dado esa forma por los medios que sean, por el proceso creativo que cada uno lleve a cabo según su decisión, pero en todos los casos hay un ser humano que le da forma. Entonces, como lo natural es eso, y lo anormal sería que una máquina fuera la que creara una obra intelectual, lo que yo hago para generalizar es decir: "Se presume que todas las obras son hechas por seres humanos". Pero este es un tema de practicidad, porque si yo digo, para efectos de darles protección a las obras, que va a haber un organismo que va a definir cuándo se va a considerar si la obra es de un ser humano o de una máquina, eso es para destruir el sistema. Entonces, como el derecho es práctico y se guía por las apariencias, la apariencia es que todas las obras son hechas por seres humanos. ¿Cuál

es el otro camino? Ya lo escuché en esta reunión en Brasil de gente que no está interesada en que florezca el sistema del derecho de autor, y dicen: "¿Por qué mejor no hacemos que el registro sea lo que constituye el derecho, y de esta manera solo las personas que registran son las que quieren protegerse y no las que no registran? A este yo le di mi respuesta a eso: que lo que proponía correspondía a lo que fue el sistema norteamericano hasta el año 86. Eso es fantástico, porque en Estados Unidos solo se protegían las obras intelectuales que se registraban en la Copyright Office y se les ponía un signo distintivo. ¿Pero qué pasa con las obras de los autores chilenos, mexicanos, de Singapur? ¿Tienen que ir a registrarlas? Se muestra con evidencia que, dado que las obras intelectuales son bienes inmateriales que se pueden utilizar simultáneamente en el espacio universal y que la única forma de poder protegerlas es con esta regla general de prohibición, para que exista el sistema de autorización como una cosa práctica, para que funcione, lo que tenemos que hacer es ponernos de acuerdo si este sistema que tenemos funciona o no.

Entonces, respecto del inicio de nuestra conversación, cuando hablábamos de inteligencia artificial, se ve que necesitamos una analítica; esto es, separar las cosas y luego hacer combinaciones. Eso es la analítica desde el punto de vista del procesamiento de la información. Por tanto, yo digo que aquí hay un propósito donde hay un ser humano, y un procesamiento tecnológico donde hay una máquina, un *software*, y un ámbito de la creatividad que es la forma final que tiene la obra intelectual. Cómo llego a esa obra final, no lo sé, y, de acuerdo a todo lo dicho aquí, es difícil saberlo. ¿Ha habido revelación en esta combinación, de la que se ha escrito que es la condición para que sea un acto creativo? Vuelvo sobre la canción de Kurt Cobain, que se sentía muy orgulloso porque había podido completar con medios de inteligencia artificial la *Décima Sinfonía* de Beethoven. ¿Qué hicieron ahí? Dicen que la *Décima Sinfonía* de Beethoven, que tocó no sé si la sinfónica de Berlín o la de Leipzig, fue el resultado de una máquina que escribió lo que faltaba en la partitura, y lo hizo de la misma manera como te digo. Pero eso es *marketing*, lo que dijo la prensa. La pregunta es si quien finalmente le dio forma a esa parte final de la sinfonía fue la máquina o fue el editor, que era un músico que cortó, pegó y juntó. Entonces, eso ya no es un acto creativo que procede de una revelación, sino que de una habilidad artesanal.

C: *De la cocina, como llamábamos. Sí, yo entiendo que la cocina es mucho más pesquisable, detectable, comprensible, que lo que llamamos "creación", en el sentido de la manifestación, de la aparición de algo nuevo, que es mucho más difícil de demostrar.*
S: Pero te pregunto: ¿Hay creación en esa *Décima Sinfonía* de Beethoven?

C: *No, por lo que te dije desde el principio, que lo que llamamos inspiración o revelación es una relación que únicamente un ser humano tiene con aquello de donde proviene la música.*
S: Pero esa es una exigencia demasiado alta, porque es posible que en una fase de terminación de una creación, como la que te muestro en este momento, puede que la selección o la disposición de las cosas te lleve a un resultado que también sea producto de la imaginación o de lo que tú quieras llamar un ser humano, que terminó de escribir la obra inconclusa. Entonces, el derecho va a prevalecer. "Está muy bien señor Carrasco y tiene razón en su concepción más excelsa de lo que es el proceso creativo, hay una revelación, pero la actividad artística que realizan los creadores todos los días, el que escribe un artículo o crónica para un periódico, o un guion para una teleserie, o el que hace un cómic no necesariamente coincide con lo que usted está diciendo".

C: *El que hace la cocina.*
S: Que tú en ese momento estas categorizando como de baja calidad o mérito.

C: *No. Lo que yo estoy haciendo es simplemente tratar de especificar en qué consiste eso que llamamos "creación". Pero no quiero restarle mérito a la cocina.*
S: Se supone que las revelaciones cuando se producen dan lugar a las obras de arte buenas, hermosas, y el derecho de autor también puede proteger obras feas.

C: *Estoy de acuerdo. No se puede establecer un criterio previo...*
S: Y para terminar: lo que tú dices es muy cierto, en el proceso creativo hay manifestaciones, o revelaciones, o inspiraciones, que son claves para el proceso creativo, pero también hay otras formas de acercarse al resultado final, que es una obra intelectual. Es lo que tú denominas "cocina". Yo lo denominaría proceso de combinación de imágenes que generan nuevas

formas, que tienen un resultado original, único, distinto de otros resultados de la misma especie.

C: *Estoy de acuerdo con lo que dices. Lo que me interesa es hacer la diferencia y mostrar cómo el proceso creativo en su más profunda esencia no es tema del derecho de autor, está fuera. Y eso es una cosa muy curiosa. El derecho de autor tiene que ver con lo asible, lo manejable, detectable, organizable, etc., pero no con eso otro extraño que es el fenómeno propio de la creación. Entonces, no se protege la creación en el sentido en que yo hablo.*
S: Claro, el derecho protege el resultado.

C: *Me parece muy bien, no es una controversia y es simplemente una aclaración.*
S: A mí me parece interesante la discusión acerca de cómo explicar el proceso creativo. No lo entiendo como un tomar"prestado de las estrellas", sino que como el resultado de un acto volitivo del ser humano que crea, que es un acto de libertad.

C: *Para que me entiendas te voy a mostrar algo, se trata solo de una poesía, tal vez de ese modo me comprendas mejor. Verás que es fácil salvaguardar al autor, sin necesidad de cambiar como son las cosas.*
S: Es que hay dos hay formas de mirar el tema. Uno es el tuyo, que es mirar la obra intelectual desde la perspectiva del creador o, quizás, como dirías tú, del intermediario, del que recibe el mensaje; y otra cosa es lo que yo planteo desde el punto de vista del derecho de autor, desde el punto de vista de las conductas humanas y sus resultados.

C: *Fíjate cómo Neruda explica la poesía. Es magistral este poema, si le prestas oído te hace pleno sentido. Dice: "Y fue a esa edad...". No dice cuál, es una edad incierta. En algún momento ocurrió lo que nos va a contar, es decir, si fue a los 11 años y dos meses, o fue antes, o después... no lo recuerda. "Y fue a esa edad... Llegó la poesía a buscarme. No sé de dónde salió, de invierno o río. No sé cómo ni cuándo. No, no eran voces, no eran palabras, ni silencio, pero desde una calle me llamaba. Desde las ramas de la noche, de pronto entre los otros, entre fuegos violentos o regresando solo, allí estaba sin rostro y me tocaba". ¡Tremenda cosa! Perfecto... Venía desde cualquiera de las cosas que nombra, pero no lo puede precisar. "Yo no sabía qué decir...". O sea, no es un decir —¿me entiendes?— es algo que te sobrecoge. No es que llegue como un decir, no es un decir... "Yo no sabía qué decir, mi boca no sabía nombrar, mis ojos eran ciegos y algo golpeaba en mi alma, fiebre o alas perdidas". ¡Qué perfecto! "Y me fui haciendo solo, descifrando aquella quemadura, y escribí la primera línea vaga, vaga, sin cuerpo, pura tontería del que no sabe nada". Tampoco es un saber... Y ahora viene lo más importante del poema, porque nos va a decir cómo se produjo en él el inicio de la poesía. "Y vi de pronto el cielo" —tú estabas recién hablando de las estrellas—. "Y vi de pronto el cielo desgranado y abierto, planetas, plantaciones palpitantes, la sombra perforada, acribillada por flechas, fuego y flores, la noche arrolladora, el universo. Y yo, mínimo ser, ebrio del gran vacío constelado, a semejanza e imagen del misterio, me sentí parte pura del abismo, rodé con las estrellas, mi corazón se desató en el viento".*

S: Maravilloso, muy lindo.

C: *Pero eso es lo que hay que salvar en la creación, porque es verdad y no es una construcción teórica lo que él dice, nos habla directamente de su experiencia, él está contando lo que le pasó, y eso es lo que hay que tomar en serio. Y lo que yo digo es al revés de lo que tú dices, que esta manera de entender las cosas no pone en peligro la originalidad de la pertenencia de la obra, porque para mí esa experiencia que tiene este tipo es absolutamente individual, no la tiene cualquiera, la tiene él y solo él, y es eso lo que lo hace poeta. A la persona que le llegó esa iluminación es a él; por lo tanto, esta experiencia es al mismo tiempo una apertura hacia el universo y una afirmación de la libertad. Fíjate con qué grandeza él lo dice: "Rodé con las estrellas, mi corazón se desató en el viento". Esa es la libertad, solo que la libertad no es elegir, el libre albedrío; la libertad es abrirse al universo, identificarte con la totalidad. Entonces cuando tú piensas que, porque este tipo habla de las estrellas, de la noche, el universo, etc., y que escucha las voces del invierno que vienen de los árboles, está depositando la autoría en una cosa indescifrable, metafísica, en realidad es lo contrario, porque está justamente diciendo: "Yo soy el intérprete de esa cosa, el único", porque es el único; o sea, hay otros poetas, pero son muy poquitos, los que llegan a ser los portavoces de esta infinitud. Esa es la cosa, la más alta grandeza es crear y está en ser una caja de resonancia de los dioses, ser el violín del universo, el creador es el violín del universo. El violín recoge los sonidos del mundo y te permite escucharlos a ti. Sin el violín somos sordos.*

S: Pero es masa inerte.

C: *Pero el tipo que toca el violín, que está inspirado y que le da vida a todo eso, no es masa inerte...*
S: Entonces hay violín y violinista.

C: *Sí pues, pero pon al violinista en su rol. Él es un tipo privilegiado de los cuales hay pocos, que puede hacer música. ¿Cuántos pueden hacer música? Pocos, en Chile... ¿Mil?*
S: Más.

C: *Por lo tanto, es un don, pero es un don que el creador tiene y solo él; por lo tanto, hay que atribuirle a esa persona una pertenencia. Que el don sea de transmitir no le quita su pertenencia, él es el dueño de lo que es capaz de crear.*
S: Tú tienes una noción del proceso creativo, tal como lo dice Neruda en su poesía. Es una mirada o una explicación de algo misterioso y eso lo acepto como una verdad del autor. Lo que intento es ofrecer una explicación distinta, que tiene que ver con la labor del autor y de su resultado, la obra poética, musical, visual, que para alcanzarlo requiere de ciertas condiciones, a las que el derecho puede contribuir, regulando y corrigiendo conductas ajenas que pueden afectar a ese propósito creativo. Mi tarea es mucho más modesta que esa comunicación con el espacio estelar. Entonces, digo: "¿Qué necesitamos para que lo que tú llamas 'intermediación' o 'revelación', esa cosa que proviene desde las estrellas, pueda llegar al momento de conexión con el autor?". Primero, digo que tiene que ser una persona libre, porque un ser maniatado, que no puede expresarse, no es capaz de hacer eso. En un sistema que limita la libertad de crear, que censura, que castiga, que desvaloriza el resultado de ese proceso creativo, se frustra la capacidad de crear o la conexión, o como se llame, y eso es lo que hace el derecho y es lo que quiero mostrarte. El derecho no se preocupa de cómo se llega al momento de la creación, lo único que constata es que hay un hecho, que es la acción del autor, que da forma a un objeto inmaterial y original, en el momento en que se produce la obra intelectual, y esa obra se produce por todas las razones que tú puedas encontrar, u otras, pero el hecho concreto es la acción de un ser humano que da forma y expresión a algo, que es distinto a las cosas creadas.

C: *Está bien, pero lo que te quiero decir es que no introduzcas el pensamiento técnico en el arte, no introduzcas ese esquema de explicación dentro del arte, porque tú puedes salvaguardar la libertad, puedes salvaguardar todo lo que te interesa, incluido el derecho de autor, sin necesidad de hacer una mezcolanza rara que finalmente se vuelve contra ti, porque si ese tipo que quiere inscribir lo que hizo la máquina, si quiere inscribir eso como autoría suya o de la máquina, es porque tiene un pensamiento técnico para explicar la creación. Si tuviera mi pensamiento, sería más fácil decirle: "Es absurdo lo que estás diciendo, las máquinas no tienen esta capacidad de ser médium de las estrellas, ninguna la tiene y nunca la van a tener. Y eso no solo hoy día, nunca la tendrán, porque eso es absolutamente propio, ni siquiera de todos, sino que de algunos seres humanos". Entonces...*

**S:** Entonces tu propuesta es que el derecho no se meta en el mundo del arte.

**C:** *No, déjame decirte exactamente. No expliques la creación con el esquema técnico, como una acción a cargo de un sujeto activo, una acción de la cual el arte es resultado.*

**S:** La única diferencia que tenemos en la explicación es, si tú quieres...

**C:** *A ti el tipo de la inteligencia artificial te puede joder, a mí no me toca, no es tema. Si viene con sus tonteras a inscribir el resultado de la operación de su máquina yo le digo: "Usted está loco y no tiene idea de lo que es el arte, no tiene idea de cómo se hacen las canciones, ni de nada; está hablando puras tonterías, váyase de aquí porque su máquina no tiene nada que ver con los autores. Usted no tiene una idea correcta de la grandeza del arte y de crear".*

**S:** Es que entonces tenemos dos conversaciones. Por una parte, como ya te lo dije, estás pensando en la grandeza del arte, pero hay formas de creación que no son de tal elevación, que pueden ser pequeñas creaciones rudimentarias, que desde el punto de vista del tema que a mí me ocupa —que es la perspectiva del derecho— son conductas cuyos resultados creativos tienen igual importancia. Entonces, no solamente se trata del autor de una grandiosa sinfonía, sino que de una simple canción de bar o lo que sea.

**C:** *Creo que todos los autores están en el mismo juego y la más pinche canción también viene de las estrellas.*

**S:** Pero el tema de la grandeza del arte es un asunto que tiene otra connotación, y lo que yo quiero decir es que lo nuestro, la tarea del derecho, es mucho más rudimentaria. Porque lo bonito de esta conversación es que tenemos dos puntos de partida: el tuyo es el proceso creativo, que está en las estrellas, y mi punto es que mi interés no es el proceso creativo, no es el de explicar la gestación de algo nuevo, sino cómo un objeto, una obra que ha nacido se atribuye a alguien. ¿Cómo ha nacido esa obra? La explicación tuya me parece muy convincente, pero como está en el mundo de la metafísica no es lo que le interesa al derecho, no es lo que se protege. Entonces, el derecho quiere garantizar que el proceso creativo pueda gestarse, pero no lo regula, no dice cómo se hacen las canciones.

C: *Pero el mundo de la metafísica se mete igual en estas cosas...*
S: Pero afortunadamente el derecho no regula los actos metafísicos, eso es lo que te quiero decir. Por eso yo parto desde el momento en que tú ya creaste la canción, ahí parto yo, y lo que digo es: "¿Qué necesita Eduardo Carrasco para que pueda seguir desarrollando este proceso creativo o ese proceso de comunicación o intermediación con lo metafísico". Ese es el punto.

C: *Pero la metafísica se te mete por todos lados, porque ese tipo que te dice: "Quiero que me inscriba esta canción hecha por mi máquina en la oficina del derecho de autor". Ese tipo se mete ahí porque él tiene una concepción de la creación que es totalmente falsa y equivocada. Si tú hicieras primar lo que han dicho los autores desde los tiempos de Maricastaña —porque desde los tiempos más lejanos que puedas imaginar siempre han dicho lo mismo— podrías impedirle su acción. Yo estoy diciendo lo mismo que dijo Platón y son 25 siglos de distancia, y lo mismo que dijo Beethoven, lo mismo que han dicho los músicos de todos los tiempos, lo mismo que dijo Becerra, Picasso... todos los creadores han dicho lo mismo. Yo diría que las cosas se confunden porque no hay una metafísica verdadera detrás del derecho de autor. Por eso suceden estas cosas, porque se enreda la cosa. Los tipos piensan en términos técnicos, que crear es aplicar reglas según un plan. Por eso piensan que la máquina crea. Pero no, ¡cómo va a crear! ¡La máquina no tiene ningún poder creativo y nunca lo tendrá!*
S: Lo que te quiero explicar es que el derecho regula conductas, acciones humanas. Toda tu argumentación para convencer a los que finalmente aplican el derecho, que son los jueces, como defensa de la atribución que reclamas sobre la canción, con el fundamento de que tienes una comunicación con lo metafísico, es muy compleja. "¡Mire lo que dice Neruda!". Y el juez se va a conmover naturalmente. Pero si nosotros tuviéramos que resolver nuestras diferencias respecto de lo que es mío o es tuyo con base a los fundamentos metafísicos, no se llega a ninguna parte.

C: *Entonces te estás metiendo en un atolladero.*
S: Yo intento explicar qué es una obra intelectual normativamente y por eso estamos hablando de derecho. O sea, la filosofía tiene toda una explicación ontológica de lo que es una canción, pero...

C: *Me parece que toda acción, toda actividad tiene un presupuesto filosófico, el problema es que con ese pensamiento pragmático —que yo estoy de acuerdo que es el que opera, el dominante— es muy difícil diferenciar lo que hace el hombre y lo que hace la máquina. Y en esta sociedad somos pragmatistas desde que somos niños. Pero eso hace que nos veamos obligados a discutir con el tipo que trae la obra de la máquina. Yo, provisto de mi metafísica, no discuto. Simplemente le digo: "Usted está loco, haga lo que quiera, pero usted no tiene nada que ver con el arte y está equivocado". Por eso lo que yo pienso es que si se introdujera con mayor fuerza esta idea, que es mucho más acorde a la experiencia que los artistas mismos muestran, si se metieran estos conceptos en la discusión, sería muy difícil que aparecieran estas otras tonterías.*
S: Para eso necesitarías que alguien certificara que tú estás calificado, y solamente tú, para comunicarte con ese mundo metafísico. Ese certificado, ¿sabes lo que es? Es la obra intelectual. En la argumentación necesitamos establecer, también desde el pragmatismo, o lo que sea, que un objeto que es producido por una máquina sin intervención del ser humano, y que puede presentar similitudes a una obra creada por un ser humano, no tiene protección por el derecho. Ese es el punto. La proclamación de las verdades no alcanza para establecer la protección o no de un objeto creado por una máquina...

C: *Lo que pasa es que la filosofía es muy orgullosa y siempre lo ha sido, y en este sentido es como la poesía. Si tú fueras donde Neruda y le dijeras: "¿Cómo puede usted certificar que lo que está diciendo aquí es verdaderamente lo que a usted le pasó?". "¿Cómo podría certificarlo?". Seguramente él te daría un puntapié y te mandaría de vuelta a tu casa. "¡Qué le importa a usted señor, por qué me viene a decir estas tonterías!".*
S: Nunca se lo diría a Neruda, porque no es la instancia en la que yo me planteo. Yo me planteo en la instancia de decir que esto es una obra intelectual y que tiene un valor en la sociedad de los seres humanos; y como tiene un valor, yo tengo que establecer una atribución de esa obra a alguien, y esa atribución la establezco porque hay un vínculo entre ella y el que le

dio forma de expresión a ese sentimiento, emoción, iluminación, o lo que tú quieras. El que le dio la forma de expresión que tiene ahí está, y eso tiene un valor. Como hasta ahora, en la sociedad de los seres humanos, para vivir en sociedad necesitamos atribuir vínculos entre las personas, y también entre las personas y las cosas.

El derecho es muy gris en relación con la luminosidad de la poesía de Neruda, por eso nunca le pediría esa certificación de la que tú hablas, pero sí podría decirle: "Mire Neruda, hay un tipo que está ocupando para la publicidad de la luz eléctrica su 'Oda a la luz'". Y seguiría: "Don Pablo, no se preocupe, porque yo puedo establecer una relación entre lo que usted es y la obra que usted ha creado, 'La oda a la luz', y esa es su obra, y hay una norma que dice que el uso de una obra ajena necesita de la autorización del autor". Eso es sencillo y así habla el derecho, no necesito invocar ningún argumento metafísico. No sé ni cómo ni dónde se gestó el proceso creativo; esto tiene un valor en la sociedad, se protege, se atribuye a unos seres humanos que tienen unos desequilibrios químicos, que se llaman autores.

C: *Está bien. Comprendo perfectamente eso, pero, bueno, esta discusión es infinita y a nosotros nos está esperando un café. No lo dejemos esperar.*

# El hito fundacional de la organización autoral chilena

C: *Digamos que quedó claro lo que ocurrió desde que tú entraste a trabajar en la Universidad de Chile y todo lo que acontece ulteriormente con la formación de la sociedad de gestión, la lucha de los autores, etc. Todo eso lo vimos. ¿Pero qué pasa una vez que la Sociedad Chilena del Derecho de Autor empieza a consolidarse? Me dijiste que empezaron a formarse estas otras sociedades paralelas dentro de este marco general que tú te planteaste armar como un gran movimiento del derecho de autor en todos los trabajos artísticos, no solo en la música. A partir de la música, pero también abriéndose hacia el teatro, los actores, hacia los pintores, los escritores, cineastas, etc. Entonces, ¿cómo evoluciona esto a partir de donde lo dejamos?*
S: Sí. La palabra precisa es "evolución". Podría señalar un hito para precisarlo: el Congreso Mundial de Autores de la CISAC en octubre del año 2000. No hemos hablado de eso.

C: *Háblame de eso entonces.*
S: Este congreso fue por muchos años la reunión más importante de la comunidad creativa a nivel internacional. No estoy hablando solo de la música, sino que de todas las artes, las sociedades de autores del mundo en los cuatro continentes. El congreso de 1998 tuvo lugar en Berlín. El anterior en París, en 1996, y en 1994 el congreso había sido en Washington. Entonces fue algo raro y divertido que nosotros, en el congreso de Berlín, le propusiéramos a la asamblea general de la CISAC que el siguiente se celebrara en Santiago de Chile. Teníamos apoyos importantes, como fue la SGAE de España con Teddy Bautista a la cabeza; lo mismo ocurrió con las sociedades norteamericanas, que habían visto en nuestro proyecto un modelo interesante. Hicimos *lobby* para poder empujar la cosa, pero nos dijeron que estábamos locos porque eran costos muy elevados y también el año 2000 era un año emblemático con el cambio de milenio. Pero tomamos la idea con mucha pasión, fue nuestro principal activo en esos días. Y nos lanzamos.

Teníamos por supuesto el apoyo de todas las sociedades latinoamericanas y, aunque había competencia por ser sede el año 2000, nuestro *lobby* funcionó y logramos que la asamblea de la CISAC aprobara hacer el Congreso Mundial en Santiago de Chile, en octubre del año 2000. Nos ayudó el discurso de la globalidad de los países emergentes y, muy importante, una carta del presidente Frei, que respaldaba nuestra postulación como Gobierno de Chile. Nadie tenía algo similar.

C: *Estábamos a 10 años de la fundación de la SCD...*
S: Así es. Y menciono este hecho puntual porque el desafío del Congreso Mundial de la CISAC fue el catalizador de muchos otros proyectos. Uno de ellos fue completar el abanico de sociedades de autores. Un mes antes del congreso, creamos la última de las sociedades que restaba para completar la organización transversal de los autores. Bajo el liderazgo de Jorge Edwards, Carlos Cerda y Antonio Avaria, junto a Teresa Calderón, Alejandra Costamagna, Raúl Zurita, Guillermo Blanco y Jaime Collyer, se fundó la sociedad de obras literarias. Fue en la sala Cervantes de la Biblioteca Nacional. Habíamos logrado en diez años que toda la comunidad creativa estuviera organizada en torno a sus derechos. La Sociedad de Derechos de las Letras (SADEL) fue la última entidad que formamos, porque ya estaban constituidas las sociedades de los artistas plásticos, con José Balmes a la cabeza; Creaimagen, que reunía a los pintores, escultores fotógrafos, diseñadores gráficos, ilustradores y grabadores, con el fuerte apoyo de Luis Padilla y Jorge Brantmayer, por los fotógrafos; Guillermo Tejeda, por los diseñadores, y Arturo Duclos, quien más tarde lideraría la sociedad. También se había formado la Sociedad de Autores de Teatro, Cine y Audiovisuales (ATN) [hoy denominada Sociedad de Directores Audiovisuales, Guionistas y Dramaturgos], encabezada por Gustavo Meza, Alejandro Sieveking, Silvio Caiozzi y Ricardo Larraín. Pero no solo habíamos contribuido a formar organizaciones en todo el espectro de creadores de obras artísticas, sino que también respaldamos la creación de las sociedades de intérpretes. La primera fue Chileactores, la Corporación de Actores y Actrices, que, paradojalmente, a pesar de tener un denominativo masculino, era liderada por actrices espectaculares humana y profesionalmente: Liliana Ross, Patricia Rivadeneira, Anita Reeves, María Izquierdo, junto a Luis Alarcón, dirigente histórico de los actores —las

reuniones preparatorias de la fundación las hacíamos en su casa—, entre muchos otros. Más tarde tomaría el relevo Esperanza Silva, una dirigenta muy valiente y comprometida. También se organizó la Sociedad Chilena de Intérpretes (SCI), como un proyecto complementario de la SCD, que encabezó Enrique Baeza.

Lo importante es que el mundo creativo ya estaba bajo un mismo "paraguas", como lo habíamos imaginado, organizados activamente con una dirigencia de primer nivel, donde la SCD era el gran bastión de apoyo de este movimiento que no tenía parangón en la región, y diría que tampoco a nivel mundial.

C: *Estaban ciertamente movilizando a la cultura chilena.*

S: Así es. El Congreso Mundial de la CISAC sería el *momentum* en que íbamos a probar si el modelo que habíamos forjado tenía una validez internacional. Nuestro trabajo se hizo metódico, yo diría hasta la exageración. Regresando de Berlín formamos un equipo líder con autores y miembros del equipo ejecutivo, que nos juntábamos sistemáticamente cada 15 días durante dos años para avanzar con un plan riguroso que tenía como propósito demostrar que la meta de la unidad de la comunidad creativa correspondía a la eficacia de nuestras acciones para superar la debilidad natural de la organización de los artistas. Habíamos construido una base transversal de miles de creadores y artistas en torno a sus derechos intelectuales.

Como nos advirtieron nuestros amigos europeos, los recursos de que podíamos disponer eran muy reducidos frente a lo que habíamos visto en Washington, París y Berlín, pero el desafío valía la pena. En Washington, el presidente Clinton había recibido a las delegaciones en la Casa Blanca en una gala con Michael Bolton en un escenario montado en los jardines de la sede presidencial. En París, la recepción fue en los Bosques de Boulogne, donde había dibujantes vestidos a la manera de Aristide Bruant, según los afiches de Toulouse-Lautrec, que ofrecían hacer retratos de los delegados, con un parque de diversiones al estilo francés del siglo XIX.

Nuestro objetivo pragmático era presionar con la presencia internacional a los operadores de cable que hasta ese momento se habían negado a reconocer su condición de estar obligados a pagar, según las reglas del derecho de autor, por el uso de las obras y fonogramas musicales en sus programas. Pero ciertamente era un fin secundario frente a la oportunidad de mostrar nuestro proyecto nacional a escala mundial. Si reuníamos a toda la comunidad internacional de derechos de autor en un país que en ese momento figuraba como tigre, jaguar, o algo así, y mostrábamos que la televisión por cable tenía licencias otorgadas por sociedades de gestión colectiva en todos los países desarrollados, parecía una contradicción que en Chile esas mismas multinacionales que gobernaban la mayoría de las señales de cable operaran sin licencia. Era una buena fórmula para nosotros y una fuente de ingresos muy importante para los autores, que justificaba la inversión de esfuerzos y recursos que pensábamos hacer.

Finalmente, recuerdo que nuestra inversión total en el congreso fue de solo USD 40.000 ¿Cómo lo hicimos? Conseguimos que nuestros colegas españoles y portugueses financiaran los viajes de panelistas importantes, como Felipe González (ex Presidente del Gobierno de España), José Saramago (Premio Nobel de Literatura) y Fernando Trueba (Premio Oscar), y que las sociedades de Brasil trajeran a Milton do Nascimento, y así también hicieron diferentes sociedades con los principales líderes autorales de nuestra región, como Ariel Ramírez, de Argentina; Roberto Cantoral, de México; Simón Díaz, de Venezuela, entre muchos otros. Luego fuimos obteniendo los apoyos del Gobierno para que nos facilitaran el edificio del antiguo Congreso Nacional para la jornada inaugural, y ya entrado el año 2000 conseguimos la aceptación del presidente Lagos de recibir a todos los delegados en La Moneda.

La CISAC traería a Lester Thurow, el economista de moda de fines de los 90, que sería el *keynote* del congreso, estrella de los principales foros mundiales sobre el capital humano, uno de los temas anclas que decidimos sería el eje de lo que trataría el congreso en base a una propuesta siempre visionaria de Teddy Bautista. En nuestra sociedad altamente contaminada por los economistas, este era un aspecto ignorado por los teóricos del capital financiero. Nuestro eslogan sería: "La fuerza del capital intelectual" y agregamos como bajada de título: "Crear en el nuevo milenio".

**C:** *El Congreso Mundial de Autores...*
**S:** La imaginería del congreso la armó Guillermo Tejeda, que se había unido como dirigente de la sociedad de artistas visuales Creaimagen. El mismo que había ideado el iceberg de Chile en la Expo Sevilla, el diseñador de los

artefactos de Nicanor Parra, entre muchos proyectos llenos de imaginación y locura, un aliado de primer nivel en este y muchos otros proyectos. Entre las ideas locas que preparamos, lanzamos en CasaPiedra, que sería el lugar en que haríamos el congreso, un sello postal diseñado por Guillermo Tejeda con la complicidad de CorreosChile.

Necesitábamos acordar el programa del congreso con las sociedades del Board of Directors de la CISAC. No hay que olvidar que estábamos cruzando al tercer milenio y la innovación tecnológica que había traído internet al ámbito de la diseminación de las artes, de los contenidos y de las industrias creativas tenía a todos con muchas preguntas que no era fácil responder. ¿Cómo se administrarían los derechos intelectuales en este nuevo escenario de las redes digitales? Esto se decidió en Tokio el año 99. Ahí se cerró el programa. En los albores del congreso todo requería mucha preparación y para eso nos unimos a las reuniones del comité de comunicaciones de la CISAC, integrado mayoritariamente por sociedades europeas y norteamericanas. Fue un aprendizaje valioso.

El Congreso Mundial fue inaugurado por el presidente Ricardo Lagos en el salón de honor del antiguo edificio del Congreso Nacional. Habló el presidente del Board de la CISAC, Reinhold Kreile, de la GEMA (Alemania), y luego José Saramago hizo un discurso maravilloso, en el que interpelaba a los gobiernos sobre los derechos humanos de los creadores, preguntando si el gato de la globalización terminaría comiéndose a los ratones de los derechos humanos. El presidente Lagos cerró con un discurso que recogía la interpelación de Saramago. Se entregaron las medallas de oro de la CISAC a Saramago, a Milton Do Nascimento, a Ariel Ramírez, a Fernando Trueba y finalmente a Nicanor Parra, quien no fue a la ceremonia. A pesar de que habíamos ido con Luis Advis a su casa en Las Cruces para invitarlo, delegó en su hija Colombina Parra la tarea de recibir su condecoración. Después reclamó porque la medalla no era de oro macizo.

C: *Eso era típico de Nicanor. No le gustaba salir de Las Cruces.*

S: Andrés Pérez estaba a cargo de presentar teatralmente nuestra multiculturalidad. Llegué al lugar poco antes del inicio de la inauguración y me comentó que todavía no sabía lo que iba a hacer, porque así era Andrés. Estaba sentado en las escaleras al ingreso del edificio discutiendo con su equipo sobre lo que harían. Pero había una incertidumbre todavía mayor:

mientras los buses con los delegados se acercaban se escuchaban cánticos religiosos a todo volumen en todo el rededor del edificio, a través de unos parlantes instalados en cada poste que circundaba el Congreso. Era la procesión de la Virgen del Carmen, que ese día tenía lugar por el centro de Santiago. La procesión transitaba por algún sector cercano al edificio y dentro del salón de honor solo se escuchaban esos cantos. Yo, siendo un encomendado a la Virgen del Carmen —mis padres incluyeron como mi tercer nombre "del Carmen", que hasta figura en mi cédula de identidad—, no sabía si subirme a los postes a cortar los cables de los parlantes o sumergirme bajo tierra. Decidí correr a la Plaza de Armas, a dos cuadras, donde estaba el epicentro de la procesión. Fui a la mesa de sonido en la que encontré a algunos sonidistas que conocía como músicos y les imploré que cortaran el sonido. Me dijeron que ellos nada podían hacer, pero me sugirieron que hablara con un cura que en ese momento estaba en el altar central, en los últimos preparativos. Me subí al altar y hablé con el cura. Le conté que tenía 600 invitados, entre los cuales estaban Saramago y el Presidente de la República, y que estábamos inundados por los cantos dentro del salón de honor, le expliqué que a mí los cantos me encantaban, pero que por favor diera la orden de desconectar los parlantes. Fue comprensivo, seguramente al ver mi estado de angustia, y como tenía la solidaridad de los ingenieros de sonido vinculados a la música se desconectaron todos los parlantes del perímetro. Pero te diría que esto ocurrió 15 minutos antes de la llegada de los buses con todos los delegados.

Así que a la llegada de los delegados todo estaba en calma y Andrés Pérez, que ya tenía todo organizado, dio inicio a su espectáculo que consistía en una danza continua de las distintas etnias de pueblos originarios de Chile, que recorría el pasillo central del salón de honor y llegaba hasta el estrado donde estaban las autoridades, encabezadas por el Presidente Lagos, Luis Advis, la Canciller Soledad Alvear y Reinhold Kreile, presidente del Board de la CISAC. Allí hacían un ceremonial que solo Andrés Pérez sabía en qué consistía, pero que maravilló a los 600 delegados presentes.

Después, todas las delegaciones se trasladaron a una recepción en La Moneda, por invitación del Presidente Lagos. A Andrés Pérez se le ocurrió instalar en todo el recorrido, desde la salida del Congreso Nacional hasta La Moneda, candelas encendidas en ambas veredas de la calle Morandé. Nos había ayudado la Virgen del Carmen, porque estaba suspendido el tránsito.

Los delegados creyeron que era por nosotros. En medio de la columna de delegados caminaban decenas de artistas callejeros en zancos muy altos. Era algo que no te puedes imaginar. Todo esto culminaba en La Moneda, donde en su frente y en el interior paseaban estos personajes vestidos con trajes coloniales del grupo de Raquel Barros, la Agrupación Folclórica Nacional. En el Patio de los Naranjos, el Barroco Andino interpretó la canción nacional con instrumentos andinos. Y todo culminó con un cóctel ofrecido por el Presidente. Fue memorable.

El congreso de la CISAC se iniciaba al día siguiente en CasaPiedra, donde teníamos una puesta en escena moderna que hablaba del ser humano que crea, del capital intelectual en la economía digital y de los desafíos del milenio. La conferencia estelar de Lester Thurow, como estaba previsto, dio la partida al programa. Luego vendría el panel que me correspondía moderar y que contaba con todos los invitados estelares: Agustín Squella, como representante del Presidente, Felipe González, Saramago y Jean-Loup Tournier, director de la sociedad francesa SACEM, la gran figura del derecho de autor y de la gestión colectiva.

C: *Según me contaste, ese congreso estaba en el epicentro de un debate mundial que tendría muchas secuelas...*

S: En el congreso se produjeron debates que ciertamente tendrían gran repercusión en el futuro de los derechos del autor en el ámbito digital. Durante el encuentro se concretó un pacto que llevaría la denominación de "Acuerdo de Santiago", suscrito por las sociedades representativas de los repertorios más importantes a nivel mundial. Era un pacto para definir el licenciamiento de los usos globales en internet. De ese acuerdo se habló durante los años siguientes con especial énfasis en el marco de la Unión Europea, que llevó a la dictación de una directiva europea. El Acuerdo de Santiago establecía las bases que determinaban que sociedades de gestión colectiva licenciarían los usos en la red de internet, estableciendo como parámetros la dirección del sitio en que se realizaba la explotación, el idioma empleado por el proveedor de servicios de internet y el lugar en que ese proveedor tenía su sede principal. Eso era un paso gigantesco que mostraba en qué forma la red de la CISAC estaba preparada para licenciar los usos de las obras en cualquier punto geográfico en que se explotaran las obras a través de los medios digitales.

El idioma marcaba un buen equilibrio para todas las sociedades de habla castellana, portuguesa, etc. No era el dominio del inglés, y los proveedores que tuvieran oficinas en esos países debían obtener licencias de esa sociedad. Esa era una forma equilibrada y colaborativa de cubrir la multiterritorialidad de las utilizaciones. Pero ese acuerdo tuvo problemas. Si bien funcionaba para los norteamericanos y para nosotros en América Latina también, para los europeos no funcionaba porque ellos querían avanzar hacia una forma de licenciamiento del mercado único europeo, que implicaba terminar con los espacios nacionales reservados a la sociedad local. Sin embargo, el Acuerdo de Santiago quedó instalado como una referencia obligada que hacía mención al congreso que organizamos. Ese fue el momento en que nosotros nos pusimos en la vitrina internacional.

C: *Impresionante todo lo que me cuentas, pero ¿qué pasó con la SCD después del congreso de la CISAC?*
S: La SCD presentó su candidatura al consejo de administración de la CISAC, lo que era un atrevimiento para un repertorio pequeño y una sociedad emergente, pero nuestra condición de anfitriones nos ayudaba. Fuimos elegidos con una gran votación. Solo dos sociedades latinoamericanas en un total de cerca de 40 formaban parte del consejo de administración: la Sadaic de Argentina y la SCD de Chile. ¡Cómo habría celebrado José Goles! Sentí en esos momentos su ausencia. ¡Cómo nos habríamos abrazado!

Lo más sorpresivo vino después, porque el consejo de administración elegía de entre sus integrantes a las 10 sociedades que formarían el Board of Directors de la CISAC, que es el órgano máximo de la CISAC, y eso no estaba previsto. Sorpresa general. Nos habíamos ganado un lugar en la escena internacional. Un repertorio pequeño pero que había demostrado capacidad de organización y eficacia. Nos pegamos el salto de ser una sociedad que no tenía relevancia internacional, a ser miembros del buró de la CISAC; o sea, en 10 años estábamos en la cúspide de la red mundial de sociedades de autores, con el mérito de mucha unidad y trabajo en equipo.

Se eligió como presidente del Board a Teddy Bautista, lo que era un gran posicionamiento del repertorio de habla castellana en el gobierno de la red mundial. Pero fracasamos en la elección del presidente de la CISAC, que siempre había sido un autor, y nuestro candidato era naturalmente José Saramago. Las inconsistencias de la política prefirieron a Jean-Loup Tournier, un gran jurista y dirigente autoral, pero que no era un creador. Fue una especie de homenaje porque Tournier dejaba la SACEM. Eso nos dejó un sabor amargo y creo que fue una mala decisión de la CISAC, que leyó mal las señales de los tiempos que se avecinaban.

La secuela de nuestro posicionamiento tuvo como resultado que al año siguiente pudimos ejercer una fuerte presión internacional y nacional, y logramos firmar un acuerdo con la televisión por cable. Eso también hizo que se incrementara fuertemente la recaudación de la sociedad. Ahora, una vez que ya estábamos en esta perspectiva internacional, vinculados a grandes sociedades, podíamos iniciar un trabajo de cooperación con las sociedades nacionales de las otras artes y también con las sociedades latinoamericanas más débiles. Nos volcamos a un trabajo de formación para técnicos de la sociedad de Perú y de Bolivia. Con el apoyo de la OMPI trabajamos con las sociedades centroamericanas y con la sociedad cubana. Podíamos ofrecer nuestra experiencia de organización y desarrollo tecnológico. Por haber partido tardíamente en el contexto latinoamericano, teníamos tecnología de punta para la gestión de derechos. Éramos los primeros en contar con una base de datos relacional, Oracle.

La OMPI tuvo un rostro humano clave para nosotros, Carlos Fernández Ballesteros, un diplomático uruguayo que llegó a ser director general adjunto de la organización, quien nos enseñó a reconocernos parte de una cultura común, que nos hacía fuertes en el mundo del derecho de autor y nos obligaba a ser solidarios.

# La consolidación institucional de la gestión colectiva en Chile

C: *Una ascensión meteórica. ¿Pero en todo este tiempo no pasó nada que preludiara esa antigua enseñanza según la cual todo lo que sube tiene que bajar?*
S: Creo que esto generó algunos efectos colaterales. Cuando te ven más fuerte en un país que está acostumbrado a tratar con paternalismo a los autores, y con un cierto dejo de caridad, que apelaba a los sentimientos del público cuando un autor muere en la desgracia y en la pobreza, entonces venían las colectas y los lamentos. Pero eso había cambiado y ya nunca más un autor estaría desvalido al momento de una enfermedad y lo acompañaríamos. La SCD había desarrollado un sistema de fondos de salud, que incluía fondos de ahorro y fondos de emergencia. Se había instaurado el derecho mínimo garantizado (DMG) para todos los socios autores mayores de 60 años, y eso obedecía a la razón solidaria fundacional de la SCD. Muchos autores, y especialmente los mayores, llegaban a cobrar sus derechos y no tenían saldo a favor, porque ya no se oían sus canciones en las radios. El consejo directivo de la SCD decidió pagar ese derecho mínimo garantizado como una iniciativa embrionaria de lo que podría llegar a ser un sistema de pensiones de derechos. Esa fortaleza de la SCD despertó ciertas resistencias, porque ya veían que era...

C: *¿Resistencias de parte de quién?*
S: De algunos gremios de usuarios. Yo no sé si tratamos la acción de la Archi con Ernesto Corona a la cabeza en contra de la SCD por un supuesto abuso de posición dominante. Es una acción que se presenta en 1997, justo en el aniversario de una década de la SCD.

C: *Desarrollemos eso, porque parece una consecuencia de los éxitos obtenidos hasta ese momento.*
S: Ellos no querían que las sociedades de gestión colectiva fijaran las tarifas por el uso de los repertorios que representaban. Para lograr su propósito,

junto con esta acción ante la Fiscalía Nacional Económica, se forma un verdadero cartel de usuarios que incluía a la radio, la televisión, los gremios gastronómicos, hoteleros, agencias de publicidad, bajo el discurso del temor a esta organización que crecía y que podía ser potencialmente dañina en el mercado de derechos, afectando a los usuarios. La siguiente acción de este movimiento empresarial —y esto suena casi ridículo— fue formar ellos una sociedad de autores. Los usuarios formaron una sociedad de creadores. La idea era crearle artificialmente una competencia a la SCD.

El objetivo consistía en formar una sociedad de autores, pero controlada por los usuarios, y así ellos podrían fijar tarifas más bajas que la SCD. La fórmula consistía en que los autores de esta sociedad serían privilegiados en la programación de los usuarios, y los que siguieran en la SCD se verían naturalmente perjudicados. Con estas tarifas modestas conseguirían un modelo "*win-win*"; es decir, al fijar tarifas más bajas se benefician los usuarios, pero lo recaudado se repartiría entre pocos, y entonces ganan todos.

Era un proyecto casi infantil, porque no se habían dado cuenta de que el derecho de autor tiene un carácter internacional y Chile tiene tratados internacionales que cumplir. Entonces, si ellos fijaban una tarifa módica de $ 100 por un repertorio de unas decenas de autores, permitían que la SCD, que representaba a millones de autores cuyas obras las utilizaban ellos mismos, pudiese fijar una tarifa muchísimo más alta. Era absurdo el modelo. Sin embargo, una acción de *shock* podía asfixiar económicamente a la SCD, mientras se discutía el asunto. Esa sociedad de autores se constituyó y le pusieron como nombre "Intelecta", cuya conducción se encomendó al músico Roberto Espinoza.

Al mismo tiempo, en la acción que se presentaba a la Fiscalía Nacional Económica se planteaba la modificación de la ley de 1992, que había dado forma al sistema de gestión colectiva en nuestro país.

Pero esto será más tarde. Estas presiones tienen su mayor apogeo el año 2007, cuando derechamente se presenta un proyecto de ley que impulsa en ese momento la ministra Paulina Urrutia y no sé si tú te acuerdas...

C: *Recuerdo eso y muchas otras tonterías que hizo ella.*

S: Se presentó este proyecto con un nuevo estatuto de excepciones al derecho de autor, que resultaba razonable como necesidad legislativa, pero que incluía disposiciones regresivas; en particular, reglas que debilitaban la gestión colectiva, lo que finalmente fue uno de los focos principales de la discusión parlamentaria, y dejaba la sensación...

C: *¿De que la SCD estaba actuando en forma abusiva?*
S: Había un cuestionamiento a la fortaleza de las organizaciones autorales, ese es el punto. Porque, como decíamos en nuestra última conversación, la organización de los autores en la gestión colectiva los hacía más fuertes, y eso es verdad, no hay que desconocerlo, pero también es verdad que seguían siendo irremediablemente más débiles que los gremios de usuarios.

Nos enfrentábamos a una mentalidad que reconocía a los autores como unos seres siempre menesterosos y necesitados de la caridad del Estado, o de los mecenas, y ese era el discurso público asentado. Incluso en los sectores más progresistas tenía eco el pregón de la misericordia. Pero ahora estos tipos, los autores, se presentaban como queriendo imponer las condiciones por el uso de su música. Los usuarios se decían: "Quieren que nosotros —que los hacemos famosos— además les paguemos, cuando son ellos los que deberían pagarnos a nosotros". Lo que te estoy diciendo no es inventado, es algo que se ha dicho muchas veces. Cuando se crece "se pisan callos", especialmente si se trata de sectores postergados que de repente comienzan a presentarse en un nivel similar al de las organizaciones de usuarios, que hasta entonces no los consideraban referenciales.

Pero déjame retroceder otra vez, porque esta expansión de la SCD, en la que pasa a ser un actor importante en todos los temas político-culturales, comienza a ser mal vista por algunos. Este auge se manifiesta en una serie de iniciativas públicas, como los Premios Altazor; las Salas de la SCD, que ya empiezan a expandirse; la celebración del día de la música, que es prácticamente un evento nacional que organiza la SCD; los aniversarios de la SCD, todos eventos de mucha notoriedad, con la presencia del presidente, de parlamentarios y, fundamentalmente, de cientos de músicos, escritores, artistas visuales y audiovisuales; en fin, mucha visibilidad. Para algunos, demasiada luminosidad.

C: *Recuerdo que a las fiestas de fin de año llegaba todo el mundo. Eran un verdadero acontecimiento social.*

**S:** No solo de la música, llegaban pintores, escritores, dramaturgos, en fin. En la invitación se marcaba la etiqueta del evento: "Tenida extravagante o de actuación".

**C:** *¿Y cómo funcionaba el sistema de elección de cargos directivos de la SCD? Porque me imagino que mientras más se elevaba la importancia de la SCD, más interesante se transformaba su centro de decisiones.*

**S:** La institucionalidad de la SCD se asentó muy rápidamente. Había interés en participar en la conducción de la sociedad y por cierto existía un legítimo interés de nuevos dirigentes. La SCD tiene un sistema de elección de los cargos directivos distinto al de una organización sindical. ¿Por qué era distinto? En primer lugar, cada autor tiene un número de votos proporcional a su recaudación de toda la vida en la sociedad y en el último año. No hay que olvidar que la sociedad de gestión colectiva representa intereses patrimoniales individuales, y debe rendir cuenta de ello. Estos votos basados en el capital intelectual de cada socio tienen límites, pero hacen una diferencia con una organización sindical. En seguida, la renovación del consejo directivo que integran diez consejeros sigue la modalidad del Senado, que no cambia completamente en cada elección. Solo seis de sus cargos cada vez y cuatro permanecen por dos años. De esa manera se impedía que llegara un grupo que arrasara con todo lo que se había hecho antes. Se aseguraba una cierta continuidad. Me siento responsable de esa iniciativa porque había visto en América Latina el daño que eso había provocado a la institucionalidad de algunas sociedades. Cada vez que había una elección los nuevos dirigentes que se presentaban en listas cerradas provocaban una interrupción de todo el funcionamiento de la sociedad, cambiando personal, interviniendo en los procedimientos técnicos. Hasta los técnicos quedaban inmovilizados en medio de estas luchas de poder. Entonces, nuestro sistema elegía a seis miembros, las cuatro primeras mayorías duraban cuatro años en sus cargos y las dos últimas, dos. Como las elecciones eran cada dos años, siempre se elegían seis nuevos cargos. Esto le dio mucha estabilidad a la SCD y fue bueno.

**C:** *Y en este cuadro, haciendo una especie de recuento de las personalidades que pasaron por ahí, ¿quiénes son los que jugaron un rol más importante en todos estos procesos?*

**S:** Te nombré a varios de ellos al inicio de nuestras conversaciones. Nombrar siempre es injusto, pero dejar de hacerlo también lo es. Desde luego, los fundadores, donde tuvieron un papel prominente y activo José Goles, Scottie Scott, Eduardo Gatti, Eugenio Rengifo, Juan Amenábar, María Angélica Ramírez, junto a artistas jóvenes como Alberto Plaza y Keko Yunge, muy comprometidos, que pusieron sus ideas y todo su prestigio y visibilidad pública al servicio de la causa. Alberto Plaza llegó a ser censurado en su momento en la radio que dirigía Ernesto Corona. Esto fue publicado en un reportaje periodístico. Los autores y autoras que dirigían la SCD eran todos figuras reconocidas y eso no era común en algunas sociedades en la experiencia internacional. Valentín Trujillo fue fundamental para unir a los intérpretes en torno a la SCD. Otros solo pusieron sus nombres.

**C:** *No se la jugaron.*
**S:** ¡No! No es que no se la hayan jugado, sino que se trataba de personalidades de la música como Margot Loyola, Luis Aguirre Pinto o Alfonso Letelier, que se sumaron al proyecto aportando su prestigio y reconocimiento. Cecilia Echenique llegó después y asumió un rol relevante, todos poniendo sus capacidades y vínculos, colaborando en lo que podían colaborar. Miguel Zabaleta, por ejemplo, vinculaba a la SCD con el mundo de los músicos de estudio, de las orquestas de televisión. En las diversas elecciones de miembros del consejo directivo de la SCD se fueron sumando nombres como Julio Zegers, Nano Acevedo, Horacio Salinas, Juan Carlos Duque, Tito Fernández, Clara Parra.

Enrique Baeza, un músico ejecutante, tecladista de la orquesta de Horacio Saavedra y profesor de la Escuela Moderna de Música, fue el articulador de la Sociedad Chilena de Intérpretes (SCI) y un constructor del trabajo mancomunado de autores e intérpretes. René Calderón, productor y músico multifacético, sin tener una visibilidad pública, también colaboró silenciosamente con esa articulación de los músicos ejecutantes en el tejido de la organización.

**C:** *La Scottie parecía la más guerrera. A mí me caía muy bien.*
**S:** Scottie Scott fue, a mi juicio, el paradigma de un dirigente autoral, lo dio todo, hasta el último aliento. Muy política, sabía generar los consensos necesarios para decidir los asuntos más complejos y también era capaz de

organizar una movilización callejera. Su ejemplo fue seguido por los dirigentes que se incorporaban a la SCD. Scottie falleció de un cáncer contra el que luchó con entereza en 1996, y dejó ese sello. Decía que era una lady cuando se trataba de conversar y llegar a acuerdos, pero puesta en la trinchera cuando se lanzaban amenazas o ataques era temible. Se reía de sí misma cuando se cruzaba con un"bicho"y saltaba al ruedo.

Lo interesante es que la SCD llegó a entusiasmar y a comprometer al mundo de la música en su totalidad, que es diverso, en géneros y estilos, con diversidad de ideologías y creencias, diferentes edades, de distintos estratos sociales y ciertamente con distinta suerte y popularidad. La sociedad de autores es como un país.

C: *Es un país donde hay muchos que están en la parte baja de la pirámide y pocos que están arriba. Ese es un problema.*
S: Y eso es una realidad del mundo del arte, porque depende, entre otros factores, de las preferencias del público y de los recursos. De hecho, hay que unir intereses de grupos e intereses musicales completamente diversos. Por lo tanto, la unidad de la SCD es su principal activo...

C: *Unir lo diverso no es cosa fácil...*
S: Los pequeños eventos que empezamos a montar se convirtieron en verdaderos ritos. Varios de ellos se siguen haciendo, como reconocer a las figuras fundamentales de la música chilena, las vidas de músicos que nos unen. Ester Soré, la"Negra Linda", Antonio Prieto, Nano Núñez, Vicente Bianchi, Los Jaivas, Luis Advis, Los Ángeles Negros, Fernando García, Patricio Manns, Buddy Richard...

C: *¿Pollo Fuentes?*
S: El Pollo Fuentes al menos no en mi época en la SCD, muy joven todavía...

C: *Yo creo que la SCD cultivó una unidad esencial por mucho tiempo. Pero hay un aspecto que no hemos tratado y que es importante: la relación entre el arte y el dinero. Estas sociedades son organizaciones que administran recursos financieros y el dinero es una cosa compleja en el mundo del arte y de los artistas.*
S: Cómo dices, es como un país donde hay gente que tiene pocos recursos y hay otros que tienen más, aunque yo diría que no hay nadie que tenga

muchos, muchos recursos, pero sí hay diferencias importantes. Además, en el mundo del arte más importante que el dinero es la visibilidad pública como artista, que puede resumirse en la popularidad, porque el artista quiere llegar a un público. Entonces, claro, estos desequilibrios surgen de las preferencias del público, que está influido también por el *marketing*, las prácticas de mercado y todas esas cosas buenas y malas que produce esa pirámide de los gustos de la gente. La principal causa es que el público no los puede escuchar a todos.

**C:** *¿Y qué se puede hacer frente a esa realidad que no es un resorte de la SCD y que algunos la sienten como injusta?*
**S:** La SCD tiene que apoyar a los que están más alejados de los circuitos del éxito. Las nuevas generaciones, los músicos de géneros alternativos, el folclor, la música clásica o académica. Porque los músicos de éxito se benefician con la tarea de gestión de derechos de la SCD. Así surgió el proyecto del Sello Azul, que le daba "una maleta de artista" a quienes postulaban y ganaban un concurso que decidía un jurado independiente. Esa maleta de artista consistía en un video promocional —que en ese momento era imprescindible para llegar al público—, la masterización de la grabación aportada por el artista, la producción de las copias, la distribución en las radios, la colocación en las tiendas. Eso estaba lejos de ser una posibilidad real para un grupo musical chileno. Y cuando viene la crisis de la industria musical, que no logra adecuarse a las nuevas formas de distribución digital de la música, que empieza a despedir a los artistas chilenos, porque en los 90 los sellos los echaron a casi todos. Era una forma de reducir costos. Entonces, la SCD forma el sello Oveja Negra, que convoca a esos artistas desvinculados de las compañías discográficas.

**C:** *¿Eso no existe más?*
**S:** No le he seguido la pista, pero entiendo que el modelo es diferente. En el sello Oveja Negra había artistas tan importantes como Joe Vasconcelos, Anita Tijoux, Quique Neira, Chico Trujillo. La SCD, en los momentos más álgidos de la crisis, llegó a tener la compañía discográfica de artistas chilenos más grande del país.

Hubo mucha imaginación para montar esos proyectos, porque no fue la SCD la gestora directa, sino la Fundación Música de Chile, no sé si te acuerdas, que fue creada para promover a los artistas nacionales, sin interferir en la gestión de derechos de la SCD. La fundación de la música de Chile tenía como directorio a representantes de los canales de televisión, representantes de la Archi y de Hotelga, el gremio de los hoteleros y de las empresas gastronómicas. Los usuarios que habían tenido una actitud crítica en relación con el uso de los fondos recaudados por SCD, ahora tenían la oportunidad de decidir. Generamos una forma de trabajo con el mundo de los usuarios muy original. Fue un proyecto novedoso, una idea de integrar a nuestro trabajo a los "clientes" del derecho de autor. Dio resultado. La Fundación Música de Chile condujo el proyecto de los sellos Azul y Oveja Negra con transparencia y mucho éxito, como da cuenta la opinión generaliza del medio musical en esos años difíciles.

Lucho Advis, como presidente de la SCD, puso su sello en el ámbito de la música de raíz latinoamericana, como él la llamaba. El proyecto se llamó Música de Este Lado del Sur, que se nutrió de los concursos que la SCD convocaba, y que eran seleccionados por jurados que Luis Advis formaba y dirigía con rigurosidad. Fueron al menos 13 ediciones hasta el 2008. En este mismo ámbito otro gran proyecto fue la publicación de los tres volúmenes de los *Clásicos de la Música Popular Chilena* (1960-1973), con estudios musicológicos y la dirección editorial de Luis Advis. El mismo Advis organizó la colección Nuestros Músicos, con biografías de personalidades de la música chilena.

C: *Hicimos también las partituras. Las partituras de música chilena que hicimos junto con el ministerio, un montón, ¿te acuerdas?*
S: La SCD financiaba a los copistas. Me quiero acordar de un proyecto más, que fue todo un atrevimiento: la base de datos de la música chilena. Primero quisimos hacer el banco de canciones, que no funcionó. El banco de música tenía el eslogan "No pierdas tu música", e invitaba a los autores a mandar su grabación que la SCD "depositaba" en una base de datos a disposición de cualquier interesado que pudiera obtener las licencias en la SCD; estaba orientado a los medios de comunicación, a las compañías discográficas, a las agencias de publicidad, pero eso no nos resultó. El proyecto evolucionó a la base de datos de la música chilena, que consistió en registrar toda la música chilena grabada para ponerla en circulación en las radios, y para eso nos aliamos con nuestro antiguo rival, la Archi, que entonces tenía como presidente a Luis Pardo (ahora diputado), ya no era Corona, e

hicimos una cosa bien loca. Por medio del Consejo de la Cultura obtuvimos el financiamiento para adquirir licencias de un *software* de programación automática de las radios, muy necesario, en especial para las estaciones medianas y pequeñas, y nosotros financiamos la compra de varios cientos de computadores, no sé cuántos, para distribuirlos en todas las radios de Chile que no tuvieran *software* de programación y no contaran con una infraestructura adecuada; así les dimos a cada una de ellas acceso directo a la base de datos para que, en vez de tener que montar discotecas con soportes, pudieran simplemente conectarse a la base de la música y programarla automáticamente. Dos técnicos informáticos de la SCD viajaron por todo Chile instalando los computadores y el *software*, y enseñándoles el uso del programa. Desde Parinacota hasta Chile Chico. El *software* permitía programar publicidad, la música y, además, automáticamente daba la información de la planilla de ejecución musical. Estas cosas ya casi se me habían ido de la mente, pero ahora esta conversación las refresca. Tantos proyectos que se hicieron con mucha imaginación, o sea no era solo los derechos, la SCD era un actor cultural.

**C:** *Y aunque yo mismo estuve involucrado en ello, no debemos olvidarnos de la Escuela de Música Popular SCD, que formó a muchos profesionales de la música que hoy día forman parte de los músicos de mayor éxito en el campo de la música popular, ganadores del Festival de Viña algunos, formando parte de grupos del más alto nivel como el Inti y el Quila u otros, y constituyéndose como referentes de la música otros y otras, para que no nos acusen de machismo. Me encuentro a veces con músicos que pasaron por la escuela y que me recuerdan con mucho cariño esos años de su formación. Creo que esa escuela fue un aporte enorme a la formación de los músicos de esa generación. Pero volvamos a ese proyecto de ley del año 2007 que dejamos en el tintero.*

**S:** Sí, habíamos llegado a tener un buen entendimiento con gremios tradicionalmente contrarios, como la asociación de radiodifusores, con la que habíamos firmado un convenio de tarifas histórico el año 2003. César Molfino era el presidente de la Archi y con él arreglamos todas nuestras diferencias pendientes; pero el llamado a no pagar derechos de autor, o a hacerlo en forma mínima, siempre ha sido una bandera de lucha irresistible y siempre había iniciativas legales latentes para afectar la gestión colectiva. Eso ocurre en todo el mundo.

El año 2004 se instala la nueva institucionalidad cultural con el Consejo Nacional de la Cultura y las Artes y el presidente Lagos me invita a ser parte de ese primer Consejo; en realidad, es una invitación al mundo de los derechos intelectuales, y surgen nuevas iniciativas legales como la Ley de la Música, el Premio Presidente de la República, la Ley del Cine, el Consejo del Cine. Es un desarrollo institucional del que es parte la SCD y el conjunto de sociedades de autores y artistas que han tomado una posición identificable en la sociedad chilena.

C: *No olvidemos tampoco que buena parte de esas iniciativas fueron fruto de nuestra colaboración en los tiempos en que yo trabajé como asesor en la División de Cultura y después en el Consejo Nacional de la Cultura. Muchas de ellas fueron discutidas y redactadas en tu oficina o en la de Jorge Mahú. Fue una época de mucha cercanía entre nosotros y esa colaboración dejó como resultado muchos beneficios para los músicos que todavía están vigentes.*

S: Es cierto, no ofendemos a nadie si recordamos esos tiempos felices de trabajo conjunto. Pero estas cosas que te menciono son entre anecdóticas y simbólicas, pero que reflejan que en el curso de poco más de una década habían pasado muchas cosas. Estamos en el 87, saltamos al 2000, y en el 2007 nos encontramos con un proyecto de ley regresivo para la gestión colectiva en un contexto en que las redes sociales eran ya una realidad.

El gobierno de Bachelet se inicia el 2006. El ambiente en que se desenvuelve nuestro proyecto la SCD ha cambiado. Luis Advis había fallecido en el 2004, al que sucedió Fernando Ubiergo. Las sociedades deciden lanzar una campaña por el "Trato justo", encabezada por él, como reacción a un proyecto de ley que no había considerado en nada la opinión de los artistas. En medio de esta tensión llegamos al 2008, que es mi último año en la SCD.

C: *Desde el 2002 al 2006 es Lagos.*

S: Claro, fue presidente desde el 2000 al 2006, fueron seis años y después la presidencia vuelve a cuatro años.

C: *Lo formidable en esta historia es cómo durante estos diez años que hemos recorrido hubo una cadena de realizaciones nunca vista antes en el terreno de las políticas culturales, que partió por el éxito fulgurante de la SCD pero que se extendió poco a poco hacia las demás artes. Sin embargo, al mismo tiempo, el recorrido muestra que nunca dejó de haber factores adversos o contradictores que buscaron echar abajo todo lo conseguido a pesar de lo evidente del progreso que significaban todas estas realizaciones.*

**S:** Así es. Lo que demuestra que hasta las realizaciones más beneficiosas deben mantenerse con esfuerzo, pues lo que creemos ganado nunca está verdaderamente asentado y si deseamos que siga existiendo debemos seguir luchando por ello. La historia que sigue no puede ser más demostrativa de esto que decimos.

# La crisis

C: *Dijimos que íbamos a conversar sobre el descalabro ocurrido en la SCD...*
S: Tú lo llamas descalabro...

C: *¿Cómo lo llamas tú?*
S: No es el nombre que le pondría, es más correcto decir"La mala hora", empleando el título de la novela de García Márquez, la hora de la desgracia o del infortunio. No es más que eso. Aunque no puede mirarse como un hecho aislado. Hay un contexto y no es solamente una cuestión anecdótica. El primer aspecto de este contexto es que estábamos viviendo un tiempo de tensión en el mundo del derecho de autor en Chile. En plena discusión de un proyecto de ley que intentaba modificar cosas muy centrales de la gestión colectiva.

C: *O sea, había peligro en el horizonte.*
S: De hecho, no sé si te acuerdas, se produjo una movilización por"Un trato justo", con lienzos que se colgaron en el puente peatonal sobre el río Mapocho, ahí en el Parque Providencia; hubo manifestaciones muy difundidas por los medios y luego una reacción de grupos proconsumo y antiderecho de autor...

C: *¿Ese proyecto fue el de Paulina Urrutia que me explicabas recién?*
S: Sí, fue el proyecto que surgió en el gobierno de Michelle Bachelet, que tenía varias cosas peligrosas...

C: *¿Y eso respondía a qué intereses? ¿Quién estaba detrás de eso?*
S: Había grupos organizados que tenían influencias en el gobierno, que habían asumido posiciones y que levantaban la bandera del consumo digital. Les gustaba ser reconocidos como "activismo digital", lo que se había puesto de moda en esos años. Pero a esa posición se plegaban con total naturalidad otros intereses, como fue el caso de Google, que hizo un

*lobby* muy fuerte y, por supuesto, las organizaciones de usuarios, que a pesar de los acuerdos que se habían alcanzado mantenían un temor frente a las sociedades de derechos de autor y de artistas, las que eran percibidas como peligrosas.

C: *¿Qué contenido tenía ese proyecto?*
S: Incluía varias cosas, el primer objetivo era promover un estatuto de excepciones, que era algo necesario, pero fue una propuesta engañosa, porque junto con excepciones que los autores compartían totalmente, como las excepciones en favor de las bibliotecas o de los discapacitados, había cosas tan espantosas como una excepción abierta, pero no abierta al estilo *fair use*, bajo cuyo paradigma se planteaba la fundamentación del proyecto, sino que promovían una regulación en la que el juez determinaba si una explotación era o no un"uso justo". Eso era un quiebre radical del sistema de protección, que dejaba a la prohibición general de uso —de la que antes hablábamos— convertida en algo inservible, que se desarmaba bajo el solo criterio de un juez, que podía decretar que la explotación no afectaba los derechos del autor. Eso hacía pedazos el sistema de derecho de autor, una fórmula que en ninguna parte del mundo se había llegado siquiera a plantear. Era una forma de invertir el funcionamiento del sistema, todo era"uso justo", a menos que un juez declarara lo contrario. Esto no fue anecdótico, porque se planteó hasta el último día de la discusión legislativa con argumentos sorprendentes por el candor con el que algunos parlamentarios adherían a la supuesta bondad de la norma. Esto era una verdadera bomba atómica en el sistema de derecho de autor. Eso establecía un sistema de fijación de tarifas para la gestión colectiva que las sometía a arbitraje forzoso, lo que implicaba judicializar el mecanismo y quitarles una atribución clave a las sociedades de autores.

C: *¿Por qué hay gente —como esta que promovía esta ley— que piensa que el derecho de autor es una cosa restrictiva para la difusión de la cultura y que por lo tanto hay que abrir las puertas de la difusión anulándolo?*
S: Un proyecto que se hizo sin ninguna consulta previa a las sociedades.

C: *Y los que hacen esto son precisamente personas que se dicen de izquierda, no muy cultas, digamos, poco informadas. Creen favorecer a la gente y tienen indiferencia hacia los artistas.*

**S:** Siempre detrás de estas cosas hay personas, por supuesto, con cargos relevantes dentro del mismo Ministerio de Educación. En su momento, y después, esa misma influencia se sintió en los equipos asesores del Consejo de la Cultura. El asunto es que este proyecto estaba pensado...

**C:** *Para bombardear el derecho de autor...*
**S:** ... y como un proyecto emblemático para el Ministerio de Cultura, que invertía aspectos claves que se habían avanzado durante el gobierno de Lagos, con Weinstein a la cabeza del Consejo Nacional de la Cultura y las Artes.

**C:** *Weinstein fue un excelente ministro.*
**S:** Sin duda, pero ahora, con mucha pompa, se proclamaba esto como la más grande de las modificaciones desde 1970, fecha en que se dictó la Ley de Propiedad Intelectual. No creo que haya habido mala fe en el nuevo gobierno, sino que ignorancia sobre las consecuencias que un proyecto de esta naturaleza podía tener. Lo curioso es que el texto salió del Ministerio de Cultura sin que el Consejo de la Cultura lo tratara. Lo conocí en forma extraoficial y parcial un par de días antes de que fuera despachado al Congreso. Fue un trabajo coordinado de varios ministerios, con fuerte presencia de Transportes y Telecomunicaciones, y de Economía.

Google se instaló con un equipo de abogados permanentes dedicados a promover sus intereses, y con visitas frecuentes al Congreso del director regional de Google para América Latina, intereses que se centraban en las excepciones al derecho de autor y en otros asuntos relacionados con la exención de responsabilidades de los proveedores de servicios de internet, categoría en la que cabe Google, que era una materia pendiente según los compromisos de Chile en el Tratado de Libre Comercio con Estados Unidos. Era una mezcolanza de cosas, donde lo único claro es que no era un proyecto proautor, sino que proindustria intermediaria de los contenidos, o proconsumidor, si quieres, donde una parte sustantiva de lo que se había avanzado quedaba en cuestión.

**C:** *Populista...*
**S:** Esto generó una gran tensión, un gran desgaste institucional para la SCD y para las demás sociedades de gestión colectiva...

**C:** *¿Estaban todas las sociedades unidas en torno a las consecuencias negativas de este proyecto?*
**S:** Sí, todas.

**C:** *Es curioso, porque es un proyecto que nacía de un gobierno que se decía defensor de la cultura y sin embargo actuaba en contra del interés de todos los artistas y del mundo artístico en general.*
**S:** Por eso hay que analizarlo con una mirada más abierta, ahora que ya han pasado más de quince años. Algunas imágenes explican algo de lo que se movía en torno al proyecto. Por ejemplo, cuando llegamos a la ceremonia del despacho del proyecto, cuyo texto era reservado, nos invitaron a La Moneda a los miembros del Consejo de la Cultura, y a todos nos pareció extraño que de pronto empezaran a ingresar al salón Montt Varas, donde se iba a firmar el proyecto, personas no videntes con perros guías, que tomaron asiento en ubicaciones reservadas del salón. En el discurso de la presidenta Bachelet se presentaron como los grandes beneficiados del proyecto, porque en adelante podrían traducirse las obras al sistema Braille sin necesidad de autorización, ni pagos de derechos. ¡Como si alguna vez en la historia de la República alguna acción legal se hubiera intentado en contra de alguien que tradujera una obra al sistema Braille! Entonces, hubo mucho *lobby* y orquestación, y el gobierno en ese momento lo tomó como algo bueno, necesario, etc. Pero los grupos de presión eran tan fuertes que las excepciones de no videntes y bibliotecas no tenía ninguna importancia frente a lo que llamamos la superexcepción, que era ese forado que te comentaba, que hacía palidecer las excepciones de discapacitados, y que se deslizaba en la propuesta, a mi juicio, con una brutalidad que lamentablemente solo los expertos de ambos lados alcanzaban a reconocer.

Fue una pelea muy dura en el Congreso, con parlamentarios que se pusieron muy del lado de esta excepción, por ejemplo el senador Flores, en la bancada de gobierno, junto a Jovino Novoa, desde la oposición, que formaban un acuerdo transversal en contra de la posición de las organizaciones de autores y artistas. Hubo mucha caricatura en la discusión. Por ejemplo, se reclamaba porque la SCD les iba a cobrar a los dentistas, cosas de ese tipo. Ciertamente, los autores también recibieron apoyos transversales, algunos más comprometidos, como Pizarro, que presidía la comisión encargada del estudio del proyecto, y otros senadores como Chadwick y Espina.

C: *Ese era uno de los contextos.*

S: Claro, con una gran exposición pública y una acción organizada de las sociedades de autores y artistas en contra de las aspectos graves y regresivos del proyecto. La coalición de la comunidad creativa operó en toda su dimensión política. Se reunían con ministros, parlamentarios y en esto participaban todos los dirigentes de las sociedades, encabezados por Fernando Ubiergo, con un tremendo compromiso, con mucha claridad acerca de lo que pasaba, que involucraba a los dirigentes históricos y a los nuevos dirigentes. Pero hubo un gran desgaste para todos, ese es un aspecto que no puede omitirse.

El otro aspecto es que la SCD ya había cumplido 20 años; entonces ya había dejado de tener esa aura de lo épico y lo nuevo, ya era inevitablemente parte del *establishment*, de las instituciones que tienen un peso en la sociedad. En realidad, es necesario reconocer que el tema del derecho de autor o de las sociedades de gestión colectiva es la parte fea de la cultura, porque hay una parte bonita en que todos aplauden: la maravilla de la música, del teatro, del cine... Pero cuando hay que pagar por la cultura, entonces ya la cosa no es tan simpática y especialmente en un país en que la relación entre cultura y dinero es mal vista.

C: *¿Se había alimentado por algún motivo esa animadversión hacia la SCD? ¿Había habido por ejemplo cobros excesivos o problemas de este género?*

S: Hay que reconocer que son pocos los usuarios que se alegran cuando un recaudador de derechos de autor se acerca a su establecimiento para el pago de la cuota mensual por el uso de la música que está "en el aire", que no tiene la tangibilidad de una Coca-Cola. Pero el mercado en general estaba en una situación aceptable.

C: *Es lo que se llama "crisis de crecimiento...".*

S: La SCD era un proyecto exitoso en lo cultural y también en lo económico, se había convertido en la única organización privada con recursos que jamás había existido en el medio de las organizaciones de artistas. Por supuesto, a infinita distancia de sus pares extranjeros, pero eso ya se había instalado en la retina pública, para bien y para mal. Por supuesto que en la operación de una organización que recauda derechos puede haber situaciones individuales de conflicto y de errores, pero eran casos aislados.

C: *¿Pero se habían cometido en este caso?*
S: No se trata de algún caso en particular. Las caricaturas a que me refiero y que se comentaban por algunos parlamentarios no tenían nada que ver con la realidad. Un usuario podría reclamar, y generalmente se trataban estos problemas a nivel de organizaciones de usuarios con las que la SCD tenía acuerdos en todos los ámbitos.

C: *¿Una situación estable?*
S: Estable y pacífica, porque todo estaba resuelto con convenios con las asociaciones de usuarios. Pero siempre quedó latente el tema de que la SCD o las sociedades de gestión colectiva, en general, pudieran fijar tarifas unilateralmente, sin contrapeso, y ese fue un punto que tuvo mucha recepción en el gobierno.

C: *Parecía injusto, porque podían excederse...*
S: Para darte algunos ejemplos: se usaban algunas caricaturas como que nos proponíamos licenciar a los taxis o a las micros de recorrido urbano. De esta manera, se mostraba un panorama en que se hacía necesario "poner freno" a este sistema que daba tanto poder a las sociedades de autores. Es increíble ver en las actas del Congreso a las asociaciones de usuarios que comparecían para defenderse de estas organizaciones, y si bien los artistas podían tener una buena acogida popular, pública o política, las otras agrupaciones eran más numerosas.

C: *Claro, son más variadas y todas juntas tienen más fuerza...*
S: Se trataba de mostrar a la SCD como una organización muy poderosa.

C: *Que hacía lo que quería.*
S: Claro. Paradojalmente, nosotros estábamos en plena implementación de la base de datos de la música chilena en las radios de todo el país; o sea, no había un enfrentamiento, pero si te reunías con los dirigentes de los gremios, ellos te decían esas cosas típicas: "Hoy estás tú, pero mañana quizás quién va a estar, entonces necesitamos tener mayores garantías". Lo que era solo una excusa. Entonces se armó ese gran paquete que fue el proyecto de ley que la ministra Urrutia proclamaba como la reforma más importante en la historia de la propiedad intelectual, y así lo presentó el gobierno...

C: *¿Cómo se llamaba la ley?*
**S:** No tenía un nombre en particular. Y, por lo tanto, como te decía, ese contexto es importante y no se puede dejar de considerar. El 2007 se presentó el proyecto y el 2008, con una fuerte presión del activismo digital, de los gremios de usuarios, de las plataformas como Google, y la "poderosa" plataforma de los autores lanzó esa campaña del "Trato justo a los artistas".

C: *Me acuerdo de esa campaña...*
**S:** El texto finalmente aprobado estableció que las tarifas iban a ser, en caso de discrepancia, materia de un arbitraje forzoso, precedida de una mediación. Pero sería un arbitraje "ciego", y esto hay que agradecerlo al ministro de Economía de la época, Alejandro Ferreiro, porque la pretensión de la Archi y Anatel era un arbitraje abierto. Pero el ministro entendió que si se instalaba un arbitraje normal las presiones que podrían ejercer los sectores fuertes de los medios de comunicación en términos políticos iban a ser tales que los autores no iban a poder sostener sus posiciones frente a los grandes usuarios de las obras. ¿En qué consiste este arbitraje "ciego"? En que el juez árbitro no puede ponerse creativo y diseñar él mismo una tarifa, probablemente con muy poco conocimiento, y las más de las veces tratando de empatar las posiciones. El árbitro, o "los árbitros", porque es un cuerpo arbitral de 3 integrantes, uno designado por la sociedad de autores, otro designado por la organización de usuarios y uno de común acuerdo. A falta de acuerdo la justicia ordinaria solo puede elegir una opción entre las dos que se entregan en sobre cerrado, uno por la sociedad de autores y el otro por la asociación de usuarios, cada uno con su propuesta de tarifa. Los árbitros únicamente pueden elegir una. ¿Cuál crees tú que es el efecto de eso? Que nadie se atreve a llegar a ese momento y que negocian antes, por eso nunca se ha llegado a la instancia arbitral, y todas las tarifas han sido negociadas. No ha habido nunca ningún arbitraje.

C: *Se ponen de acuerdo antes.*
**S:** Claro, nadie quiere llegar a esa instancia, ni la sociedad de autores, ni la asociación de usuarios. Porque si presentan una tarifa muy extrema, sea a la baja o al alza, una de las dos va a ser aceptada y frente a ese riesgo el camino es la negociación. Ese fue el propósito de esta regla que ha sido, a mi juicio, exitosa. Todo ha sido negociado. Las tarifas siguen siendo una atribución de la sociedad de gestión, pero si hay discrepancia, se puede ir a un arbitraje.

Entonces se acepta este arbitraje como una buena solución de compromiso que da garantías a ambas partes y que ha sido vista con muy buenos ojos internacionalmente. ¿Por qué? Porque ya nadie puede reclamar que las sociedades de autores sean un monopolio que impone las tarifas. Si no le gustan las tarifas, vaya a los jueces árbitros.

**C:** *¿Y con eso todo este asunto se aquietó y se entró en una situación más tranquila?*
**S:** En realidad, no. Hace dos años este mecanismo fue objeto de una nueva acción ante el Tribunal de Defensa de la Libre Competencia por parte de Anatel y esta vez, coincidentemente, presidida por Ernesto Corona. Es curiosa la insistencia de Corona en un proyecto fracasado de imponer tarifas por un tribunal especial designado por el Estado. La misma cosa. ¿Por qué? Porque de acuerdo a las reglas del derecho de autor —y aquí me remito a lo que ya hemos conversado—, es el autor quien fija las condiciones de uso de su obra, no el Estado. Y no puede hacerlo el Estado porque se trata de un derecho privado. Esta vez la Fiscalía Nacional Económica, la Corte de Apelaciones de Santiago y la Corte Suprema rechazaron la acción, y confirmaron el sistema de solución de controversias.

Pero todas estas discusiones dejan inquietudes en el ambiente y la SCD empezó a verse por algunos como una institución no ajena a las críticas. También hay que tener presente que las sociedades de gestión colectiva tienen una gran exposición en el mercado y eso igualmente pasa una cuenta que se cobra no solo institucionalmente, sino que también a las personas más reconocidas y vinculadas a la sociedad. Y por supuesto había personas claramente identificadas con la plataforma del derecho de autor: desde luego, Fernando Ubiergo, y también otra gran dirigente, Denisse Malebrán, que no habíamos nombrado. Denisse se enfrentó con el activismo digital en las redes sociales, especialmente en Twitter, recibiendo la acidez de los mensajes de esos grupos, que lanzados a un artista son todavía más agrios. Denisse tuvo una gran fortaleza para plantear la posición autoral. Sin duda, yo mismo estaba identificado públicamente con la SCD, y es un aspecto a tener en cuenta en el contexto que te comento.

**C:** *Facilitaba el ataque.*
**S:** No sé si facilitaba el ataque, recuerdo que tú sostenías esa tesis. Lo que quiero decir es que hay una estrategia de visibilidad pública de una

sociedad de gestión, como una plataforma de la comunidad creativa, presente en las cuestiones relevantes para la cultura, y otra estrategia que prefiere el camino de la imperceptibilidad; es decir, que no se vean, que no se escuchen, que se limiten a cobrar, distribuir, y que sea una tarea *sotto voce*. Esta tiene bastante adhesión en sociedades de gestión colectivas grandes. Pero nuestro proyecto fue más público, más abierto y bullicioso...

C: *Disruptivo...*
S: Disruptivo, en el sentido que cambiaba el estado de las cosas en relación con el mundo del arte, de los creadores. Por eso tenía una gran visibilidad, y con eso ya estaban dadas las condiciones para que, en un ambiente de tensión, de desgaste, de movilización, etc., cualquier chispazo iba a ser muy bien aprovechado por el activismo contrario al derecho de autor. Fue entonces en estas circunstancias que se produce el famoso terremoto.

C: *Una cosa antes. ¿De dónde sale Ubiergo?*
S: De un proceso eleccionario normal como los que tenía la SCD. Ya te expliqué que siempre cada candidato al consejo puede ser elegido para presidente.

C: *¿Pero él tenía una figuración anterior como luchador por los derechos de los artistas?*
S: Él siempre ha sido un músico importante en Chile.

C: *Sí, sin duda, pero dentro del mundo del derecho de autor, de las luchas que se dieron antes, como portavoz de esa idea. ¿Era protagónico? Yo no me acuerdo.*
S: Fernando Ubiergo fue el que dijo el discurso en representación de los autores en el Congreso cuando fuimos en el año 90 para que se dictara una ley que derogara el pequeño derecho autor y se dictara una nueva ley de derechos autorales.

C: *Comprendo. Pero, ¿qué provoca el interés que él tenía de ser presidente de la SCD? ¿O fue algo que se le propuso?*
S: No, yo no puedo especular sobre eso. Creo que él en un momento sintió que era necesario que ocupara el cargo y se presentó como candidato para integrar el consejo directivo, no para ser presidente.

**C:** *¿Fue apoyado por Advis?*
**S:** Advis no estaba en la cosa política, él estaba por encima del bien y el mal, pero si tú quieres...

**C:** *¿No tenía candidato, dices tú? No lo creo, porque Lucho se hacía el ingenuo, pero era bastante astuto.*
**S:** El sistema de elecciones de directivos es abierto en la SCD, no tiene sistema de listas cerradas de candidatos o"planchas". En la SCD las candidaturas son individuales. Te puedes presentar o ser presentado por otro socio y puedes aceptar o no la nominación. Es muy abierto. Si aceptas, entras al proceso eleccionario sin ninguna restricción y cualquier socio activo puede ser candidato. Entonces, no hay más explicaciones que esa.

**C:** *Dime una cosa: ¿Ser presidente de la SCD tenía algún especial mérito o algún especial interés para un artista que está metido en el negocio de la música? ¿Hay algún plus que se gana con esto? Porque en principio los artistas suelen huir de las tareas administrativas.*
**S:** Ninguno.

**C:** *¿Cuál es el sentido de por qué una persona pueda querer ser presidente de la SCD?*
**S:** Mira, tu pregunta parece querer descubrir algún interés mezquino.

**C:** *La verdad es que mi pregunta es completamente ingenua. En general, a los artistas no les gusta ser presidentes. Por eso, cuando uno quiere serlo me parece que tendría que buscarse una explicación.*
**S:** Deja plantearlo de otra manera. Si hay una organización exitosa que cambia muchas cosas, que muestra un horizonte nuevo nunca visto en nuestro país, que pone las cosas en su lugar en relación con los derechos de autor, para que se hable en serio del trabajo de los creadores, que empieza a subir su recaudación y distribuir derechos como nunca, que tiene fondos de salud, de emergencia. Bueno, es natural que habrá autores que simpaticen con un proyecto de esa naturaleza y quieran contribuir y colaborar. El ambiente de trabajo en el consejo de la SCD era magnífico. En otras sociedades los artistas famosos, salvo excepciones, no se aparecen por la sociedad de gestión colectiva, salvo para cobrar su cheque, pero aquí hubo un movimiento con mucha mística, épico;

un movimiento en que había algo novedoso y valioso, que adquirió importancia en el medio cultural, que tuvo una expansión internacional.

C: *Es una buena aclaración. Lo que pasa es que a Ubiergo siempre lo vi más metido en su carrera artística.*
S: Pero eso es una opinión personal tuya. Yo lo vi en todas las iniciativas nuestras. El presidente de la SCD es elegido por sus pares en el consejo directivo, y la SCD había tenido dos presidentes antes de Fernando Ubiergo y los dos habían fallecido en el ejercicio de su cargo: José Goles y Luis Advis. Cuando muere Advis, hubo un consenso en el consejo directivo para elegir a Fernando Ubiergo, eso es todo. Ninguno de los que estaban ahí necesitaba más popularidad por estar en el consejo de la SCD; al revés, un autor que se incorpora al consejo de la sociedad de gestión colectiva tiene que estar dispuesto a que en un momento determinado pueda quedar expuesto a situaciones críticas.

C: *Está bien, pero para que me entiendas: te pongo el caso de José Goles, que era un activista del derecho de autor, independientemente de si se había creado o no la sociedad del derecho autor, era un hombre preocupado de eso, que tenía sus motivaciones en eso, y por eso jugó un papel tan preponderante en sus inicios. No me parece que sea el caso de Ubiergo; lo veo como un artista más bien elegido en ese cargo porque tenía cierta ascendencia en el medio en la medida en que era un hombre de éxito. Pero no lo veo como un activista del derecho de autor...*
S: Te equivocas, Fernando desplegó una tarea de mucha preocupación por los temas previsionales y comunicacionales. No te olvides de que es periodista de la Universidad de Chile. No solamente Fernando, sino que todos los que estuvieron en el consejo de la SCD hicieron un gran gesto de comprometerse con la sociedad. El consejo de la SCD era muy representativo del mundo autoral chileno, popular, folclórico, clásico, etc., creo que lo sigue siendo, y eso era un tremendo capital de la sociedad al momento de tener situaciones difíciles como las que hemos estado comentando.

C: *Lo que pasa es que tratando de comprender lo que ocurrió después, veo que ante una situación difícil el personaje no dio el ancho, al menos en mi concepto. No pongo en cuestión sus méritos artísticos y personales, estoy seguro de que es una buena persona, pero como que no tenía dedos para el piano, es una persona a la que el cargo le quedó grande en un momento muy complicado donde había que actuar con mucha inteligencia y astucia, sobre todo para que no se desmoronara una institución que había sido tan difícil armar. Entonces, por encima de cualquier otra consideración, había que cuidar lo que se había logrado y en eso la presencia tuya era fundamental; no es por elogiarte más de la cuenta, pero es un hecho que así era. Por eso, desde el punto de vista del interés de la sociedad, salvar tu figura y que no se desmoronara la política que se estaba llevando a cabo era fundamental. Cualquier cosa era aceptable, pero que tú salieras de la SCD era una cosa tan catastrófica que había que impedirla y hacer prueba de una habilidad para manejar el buque. Estaba en juego la importancia de la revolución de la creación de la misma, entonces eso me parece curioso.*

S: Muchos no estarán de acuerdo con lo que tú dices. Lo que va a ocurrir es que la SCD va a vivir una crisis, como les ocurre a muchas instituciones, que va a tener un costo y que va a poner término a una etapa para iniciar otra. Es probable también que algunos piensen que el rumbo de la plataforma autoral y del derecho de autor va a cambiar su perfil y que eso tendrá consecuencias, pero eso es opinable.

C: *Pero, ¿qué pasó concretamente? ¿Cómo fueron los hechos?*

S: Fernando estaba en Antofagasta, lo habían invitado a exponer sobre la SCD. Mientras hacía su exposición con un PowerPoint apareció una alerta en la pantalla, señalando que el programa no era original y que necesitaba regularizar la licencia Microsoft. Nadie lo tomó en cuenta, salvo uno de los asistentes que tomó una fotografía y la subió a un periódico digital. Esa foto fue subida el 1 de enero, día feriado, y luego la publicó un diario, creo que fue *La Cuarta*, y el asunto empezó a generar reacciones en la red. Quedamos de reunirnos extraordinariamente luego del receso de año nuevo. Pero antes, Fernando hizo una declaración pública, manifestando que se trataba de un hecho bochornoso y de mucha gravedad.

Se reunió el consejo de la SCD, presidido por Fernando, para ver de qué se trataba y efectivamente había un programa que no tenía licencia, lo que había sido un descuido imperdonable interno, porque si bien el computador lo tenía a su cargo Fernando la mantención la hacía el equipo informático de la SCD. La Sociedad tenía decenas de licencias Microsoft disponibles sin utilizar, como parte de su procedimiento de actualización de *software*. Pedimos de inmediato una auditoría a Microsoft para que certificara esta situación, así como cualquier otra que pudiera existir. Al mismo tiempo, acordamos una declaración pública en que se señaló que lo ocurrido era de responsabilidad enteramente de la SCD, que se trataba de un computador de la sociedad, que se desligaba de toda responsabilidad personal a Fernando Ubiergo, y se informaba de las licencias que poseía la SCD que cubrían a ese computador, dando a conocer que se había ordenado una auditoría externa. Fernando presentó su renuncia y le pedimos que la suspendiera hasta que esto se aclarara. Por mi parte, dada la renuncia de Fernando, puse mi cargo a disposición del consejo, que era lo que correspondía.

C: *¿Se elaboró una respuesta a esta crisis a la que había que atenerse estrictamente? ¿Una salida hábil?*
S: Por supuesto, era lo que correspondía y la vocería estaría en comunicaciones de la SCD.

C: *¿Por qué Ubiergo siguió respondiéndoles a los periodistas?*
S: Porque esto ocurría en un contexto de activismo digital, es cosa de ver las publicaciones de esos medios en esos días, era una noticia muy apetitosa para esos grupos. No juzgo esa reacción, hay que estar en el problema. Eso naturalmente levantó más reacciones y se expandió el tema noticioso.

C: *Pero a mí me interesa establecer dónde está la raíz del descalabro. Y según lo que estamos viendo, en realidad Fernando no se atuvo a lo que se decidió, siguió respondiendo a las críticas por su cuenta, como si fuera únicamente su persona lo que estaba en juego en esta crisis.*
S: Ahora te voy a hacer yo una pregunta. ¿Descalabro de qué?

C: *Descalabro mediático.*
S: ¿Pero duró cuánto, una semana? Y después de eso, ¿qué se desmoronó? Si alguien se desmoronó fui yo, pero no se desmoronó el proyecto, no se desmoronó la sociedad. En eso hay que ser justos y objetivos. No fuimos capaces de sostener una crisis comunicacional, porque eso era. Se trataba de un error que no implicaba ninguna responsabilidad legal, como se demostró en el informe de Microsoft que dio cuenta de las licencias disponibles. Para poner término al asunto, renuncié una semana exacta después de la declaración que la SCD había hecho, porque se estaba afectando a la sociedad.

C: *Pero, ¿por qué se desmoronó la persona? Si había una estrategia, si estaba todo explicado en una declaración que se había entregado a los medios.*
S: Llega un momento en que tú te preguntas si vale la pena seguir, cuando ya pierdes los apoyos que a ti te interesan... Si deja de haber cohesión, empieza a producirse...

C: *Te insisto. Para mí, lamentablemente, la persona que estaba a cargo de la presidencia de la SCD no entendió cuál era el rol que tenía que cumplir, porque perfectamente pudo haber tenido todas las respuestas y no tenía para qué seguir. Era tan sencillo como cortar el teléfono. O cortar el WhatsApp, o cortar el Facebook, o cortar el Instagram, o cortar lo que fuera que hubiera que cortar.*
S: Creo que finalmente la crisis se personalizó mediáticamente.

C: *¿Fernando fue señalado como el principal responsable?*
S: No, claro que no. Desde el primer minuto se desligó a Fernando de toda responsabilidad. Pero ya el asunto se había desbordado y había mucha prensa sobre el tema, incluidos canales de televisión que iban a reportear.

C: *¿Cómo reaccionó el consejo directivo?*
S: El consejo nos pidió a ambos que permaneciéremos en nuestros cargos, y ya en esos detalles no vale la pena detenerse. Lo que te quiero explicar es que si hay un desmoronamiento en ese momento es mío, y no de la organización. No sé para Fernando, que era el presidente, no lo sé, pero ese desmoronamiento no afectó a la SCD una vez superada la crisis. Quince años después se demuestra que la decisión fue la correcta.

C: *Lamentablemente no tenemos los hechos que podrían haber ocurrido de haber enfrentado las cosas de otra manera. No hay comparación posible.*
S: Lo demás es anecdótico Eduardo, porque ya empezaríamos con el"que te dijo"o"cómo te dijo". Las cosas pasan, y ya no me interesa volver sobre eso...

C: *Pienso que tú estabas en medio de un proceso que tenía grandes perspectivas hacia el futuro, y no estoy hablando de la SCD, sino que de un proyecto general de la sociedad, de la instauración definitiva del derecho de autor en Chile, de la creación de un movimiento cultural respaldado por estas sociedades; o sea, cosas muy importantes... Ahora, eso creo que obviamente se detuvo.*

S: Pero hoy las sociedades que existían siguen existiendo y algunas con más fuerza que antes, definitivamente con más fuerza. El proyecto de la Unión Nacional de Artistas (UNA) sigue vigente y adelante, las salas de la SCD son más que las de entonces. El proyecto siguió, a lo mejor no con esa cohesión y unidad de la comunidad creativa organizada, pero continuó con otro formato, distinto al que idealmente habíamos pensado. Entonces, el examen termina con los hechos vistos objetivamente: No pasó nada.

C: *Estás loco...*
S: Hay algunos que quieren que pasen cosas: "Yo o el caos". No es mi caso, y no hubo un caos. Afortunadamente no fue así. Todo siguió su curso y en febrero Fernando estaba de jurado y cantando en el Festival de Viña, lo que reafirma que felizmente no se vio afectado.

Unos meses después yo iniciaba un nuevo trabajo en la CISAC como director regional para América Latina y el Caribe. Desde ahí seguí colaborando con las sociedades chilenas, especialmente en la fase final del maldito proyecto de ley del que tanto hemos hablado. Nos encontramos con Fernando en algunas reuniones con Antonio Viera-Gallo como ministro Secretario General de la Presidencia para enderezar el proyecto; ahí encontramos mejor comprensión y el muy oportuno trabajo de Ricardo Brodsky. Finalmente, se enmendó el proyecto de ley, la superexcepción se fue abajo, las reglas que amenazaban la gestión colectiva se neutralizaron y salió el proyecto de ley.

C: *Comprendo que quieras mitigar las consecuencias de todo esto. Pero no estoy seguro de que lo que ha ocurrido sea efectivamente mejor que lo que podría haber ocurrido sin estos hechos.*
S: Las aguas siguieron el curso que debían seguir, y creo que pasó otra cosa importante: la SCD se despersonalizó. Si bien no había otra cosa que me interesara más que la SCD y la plataforma de sociedades y los proyectos que teníamos, la personalización no es buena para una institución, porque eso al final puede producir que se desmoronen las personas y arrastren a las instituciones, y mi condición de impulsor y fundador del proyecto había influido en esa personalización, de la que por supuesto me sentía muy feliz. Entonces, las decisiones que finalmente se tomaron, de dar un paso al costado para darle término rápidamente a la crisis comunicacional, fue la correcta.

C: *Mirando hacia atrás, ¿ves así las cosas...?*

S: Sí, y para mí fue una bendición porque me dio la oportunidad de volcarme hacia otras cosas. La actividad internacional fue una buena causa para ir a sociedades que necesitaban apoyo. Por ejemplo, en Colombia, donde encontré el apoyo de una de las figuras del derecho de autor en América Latina, Fernando Zapata, que había sido director nacional de la Oficina de Derecho de Autor, abordando el hasta entonces turbulento ambiente de la gestión colectiva en Colombia. La sociedad ecuatoriana, que dio un giro radical con la cooperación de Alfredo Corral, entonces Director de Propiedad Intelectual; la sociedad peruana, que nos permitió hablar del"milagro" peruano", apoyados en el prestigio de Rubén Ugarteche y la tozudez de Armando Massé, un médico y músico que participó en el Festival de Viña con una canción que tenía un estribillo del"No"justo antes del plebiscito del 89, y que fue acusado de plagio y descalificado. Lo mismo en Paraguay, donde pude cooperar en la implementación de drásticos cambios que han permanecido hasta ahora; en la difícil América Central, el territorio más desafiante y espinoso, con otro ambiente político y económico, otros parlamentos donde las contrapartes de las sociedades de autores son muy poderosas. Junto al pujante sector de sociedades audiovisuales de la región se lograron nuevas leyes para los directores de cine y guionistas en Chile y en Colombia. Se implementaron acuerdos de cooperación Norte-Sur para desarrollar las sociedades del Caribe inglés; lo mismo hicimos en América Central, convocando a los repertorios más importantes. En el marco de la CISAC, se implementaron las reglas profesionales, que son estándares internacionales de calidad, apoyados con un mecanismo de auditorías y planes de mejoramiento que abarcaron no solo a las sociedades pequeñas, sino que además a importantes sociedades de Brasil, México, Uruguay. Fue una tarea muy motivante, en la que trabajé con tres directores generales extraordinarios, Erick Baptiste, Oliver Hinnewinkel y Gadi Oron. Fueron diez años muy fructíferos, pero agotadores, porque en esos cargos se vive arriba de los aviones y en habitaciones de hoteles, lejos de la casa, para lo que conté con el apoyo de un equipo de trabajo fenomenal: el abogado Carlos Bahamondez, antiguo alumno, y Nicole Mengin, productora ejecutiva de las decenas de simposios y conferencias que organizamos en todo el continente. Me sucedió en el cargo Rafael Fariñas, brillante jurista venezolano, fogueado en la gestión colectiva en su país.

C: *Te reinventaste.*
S: Justo antes de salir de la SCD, Fernando Sáez y Clara Budnik me habían propuesto ser parte del directorio de la Fundación Neruda y Juan Agustín Figueroa, a pesar de la crisis de la SCD, ratificó la invitación, la que acepté. Colaboré en varios proyectos, especialmente en la actualización de la institucionalidad de la fundación, que pienso fue una contribución beneficiosa para su futuro.

C: *¿Y la universidad?*
S: Y, por último, la universidad, la academia. Me involucré en la Facultad de Derecho de la Universidad de Chile, como nunca lo había hecho a pesar de que desde 1993 hacía clases como profesor invitado, sin interrupción. El 2012 me presenté a un concurso público de oposición y antecedentes para llenar una vacante de académico de carrera, y gané el nombramiento. El 2013 fui elegido director del Departamento de Derecho Comercial y, finalmente, entré al programa de doctorado, que si bien parecía una nueva locura, porque ya había cruzado la barrera de los 50 años, fue una experiencia renovadora y enriquecedora que le dio un nuevo sentido a mi compromiso con la universidad y el estudio del derecho de autor, que son las cosas que ahora hago y que pienso seguir haciendo. Obtuve el grado de doctor en derecho en diciembre de 2019. La universidad es lo que más me interesa en mi vida profesional actual.

C: *¿En la universidad armaste un espacio del derecho de autor?*
S: Siempre hice clases en la universidad desde un congreso internacional que organizamos el 92 con la facultad, el Ministerio de Relaciones Exteriores y la OMPI. Fue un gran evento que, por supuesto, estaba en línea con la aprobación de la ley de gestión colectiva que saldría ese mismo año, en septiembre, como ya comentamos. Por primera vez se incorporó un curso electivo de propiedad intelectual en la Universidad de Chile, que empecé a dictar con mi amigo Marino Porzio, que también había sido director adjunto de la OMPI, del que ya hablamos, y que había regresado a Chile. Marino estuvo al comienzo para apoyar y desarrollar el área de propiedad industrial, y yo tomé el derecho de autor.

Con este curso empezaron a formarse nuevos abogados en derecho de autor. ¿Cuántos abogados y abogadas han pasado por ese curso? Muchos.

Sacaba las cuentas hace unos días, y creo que superan los dos mil egresados que están en el ejercicio de la profesión, jueces, abogados corporativos y de temas tecnológicos, también activistas digitales, como no puede dejar de ocurrir en la universidad, donde se enseña a todos. Es una buena noticia que el director del Registro de Propiedad Intelectual, Claudio Ossa, y la directora del Instituto Nacional de Propiedad industrial, Loreto Bresky, ambos hayan sido estudiantes de mi cátedra. Varios de ellos han seguido en la docencia académica, como Elisa Walker, que escribió un *Manual de Propiedad Intelectual*, un referente bibliográfico en nuestro país. Un gran número en estudios jurídicos relacionados con propiedad intelectual y otros tantos en sociedades de gestión colectiva. En fin, ha sido una siembra fructífera y a la que luego de dejar la SCD pude entregarle más dedicación.

A mismo tiempo tuve la oportunidad de incorporarme a la actividad universitaria en el ámbito internacional, dictando cursos en la UBA en Argentina, por invitación de Delia Lypzc; en la Universidad Austral de Argentina, invitado por Gustavo Schotz. En el Heidelberg Center para América Latina, por iniciativa de Carlos Fernández Ballesteros y de su director, Walter Ecke, quien también intermedió para una estadía como investigador en la Universidad de Heidelberg en Alemania. En fin, en la Universidad Nacional y la Universidad de Los Andes en Colombia. En la Universidad de Alicante, en España; en la Universidad del Estado de Paraná, en Brasil; en los trabajos académicos del Max Planck, por invitación del profesor Reto Hilty, director del Max Planck Institute for Innovation and Competition de Múnich.

C: *Me imagino que todo eso ha sido un buen campo de desarrollo en tu carrera.*
S: La vida universitaria tiene una plenitud que a veces no se conoce bien, me gusta enseñar. Escribir una tesis doctoral es un tremendo esfuerzo, que me dio una gran satisfacción. Mi tesis, paradojalmente, es sobre las excepciones al derecho de autor, que pude realizar gracias a la guía de un brillante y joven profesor y doctor de la Universidad de Bonn, Juan Pablo Mañalich. Por eso digo que mi salida de la SCD fue una bendición, porque me permitió mirar hacia otras partes, siempre en el ámbito del derecho de autor, pero con una libertad total de expresar mis opiniones, que es un rasgo del trabajo académico.

C: *¿Qué piensas tú sobre lo que ha pasado o lo que está pasando con el derecho de autor en Chile? ¿Se asentó la SCD como tú dices? ¿Hay peligro?*

**S:** Creo que está fuertemente consolidada, no solamente la SCD, sino ATN, Chileactores, también SADEL está avanzando bastante. Creaimagen se desenvuelve en un mercado de derechos que no se ha desarrollado en nuestro país, donde hay mucha intervención individual de los artistas visuales, pero también está asentada y además con ventaja en relación con otras sociedades de América Latina.

**C:** *¿Y cómo crees que esas sociedades podrán hacer frente a los problemas de los que hemos estado conversando?*
**S:** La tarea de la sociedad de gestión colectiva es extenuante, porque son muchos los frentes que abarca: los autores que representa, que pueden estar más o menos satisfechos, por factores que en su mayoría no dependen de la gestión de derechos; los usuarios, que pueden estar más o menos dispuestos a reconocer y respetar los derechos de autor; los tribunales, que conocen de las causas por infracciones, que necesitan formación en esta disciplina que cada vez impacta más en el desarrollo de los países; los *stakeholders*, que son las asociaciones gremiales. Entonces, se requiere un esfuerzo muy grande, porque tienes que atender todas esas áreas, y, como lo decíamos antes, es como un país, donde hay muy pocos en la cúspide y muchos que están esperando una oportunidad. Por eso en el mundo del arte hay una insatisfacción latente, que tiene que ver con la posibilidad de llegar a un público. La plataforma del derecho de autor no puede restarse de esta tarea y debe poder contribuir dando oportunidades, apoyando a los que tienen menos, creando caminos y canales de difusión nuevos, etc. Es una tarea que nunca termina.

**C:** *Lo que pasa es que tú saliste adelante y no te detuviste en tu vida, seguiste haciendo cosas que te interesaban, pero no se podría negar que en todo esto hubo una pérdida bastante grande, sin menoscabar lo bueno que se pudo haber hecho en todo este tiempo, porque, claro, tú dices que las cosas siguen, pero el gran proyecto en que estábamos no tuvo lugar, se frustró. Y decir que se frustró no es decir nada en contra de lo que ha pasado, sino que simplemente una cuestión de lucidez, reconocer que así fue.*
**S:** Esto puede hacerse mejor o peor, y eso será el resultado de la forma en que cada uno asume sus tareas y prioridades, que no tienen por qué ser las mismas. Si estos cambios no se hubieran producido, es posible que

aún estuviese bregando por una integración de la comunidad creativa en torno a los derechos intelectuales,"la plataforma autoral". Pero ese no es el único camino, sino que el que a uno le podría parecer más certero. Con Luis Advis hablábamos de esto. Él era un convencido de que ese camino les convenía a todos, y en especial a los músicos, que crecían en el contacto con el mundo de la literatura, del teatro, del cine, de las artes visuales, e hizo muchísimo para acercar a los autores y artistas de todo el espectro creativo y de todos los géneros.

Hay otros que piensan distinto, pero cada uno tendrá que dar cuenta en su conciencia de lo que hizo y no hizo. Lo que yo hice no fue una cosa individual y eso debe quedar muy claro, fue una causa asumida en equipo, con personas imprescindibles, que sin ellas no habríamos llegado hasta donde pudimos hacerlo, como Tatiana Urrutia, Jorge Mahú, Maricarmen Flores, Mario Vergara, Patricio Villegas, y tantos otros que estuvieron ahí. Ni qué decir de Sylvia Olivero, mi asistente y mariscal de campo que sabía antes que yo lo que necesitaba, y de los autores y autoras de primera línea que tuve la suerte de haber podido estar cerca de ellos, algo que, de acuerdo a estas cosas que hemos conversado, fue una absoluta casualidad. Nunca pensé que mi carrera de abogado se iba a vincular tan estrechamente con la comunidad creativa, con los artistas, y que la parte más productiva de mi vida profesional la fuera a dedicar enteramente a colaborar con ellos en su organización y en la gestión de sus derechos. Fueron muchos los autores y artistas que formaron parte de esta vanguardia de la organización autoral, no me acuerdo cuántos, y todos aportaron y enriquecieron lo que hicimos, sin excepción. Entonces,"vida, nada me debes, vida, estamos en paz", no tengo ninguna sombra de rencor, nada.

C: *Lo que siento es que el derecho de autor es como un derecho por el que es necesario constantemente dar la pelea, no es un derecho que se asiente y que de pronto sea algo incuestionable y que no tenga peligros por aquí o por allá, sino que es una cosa que se está moviendo, pero se está moviendo por su debilidad y es triste eso. Por eso a mí se me hace más cuestionable aceptar que nada se ha perdido, creo que no es tan así, porque lamentablemente esta situación de inestabilidad que tiene este derecho, que no lo tienen otros, sino que es una particularidad...*
S: ... que no lo tiene el derecho bancario...

**C:** *... u otros derechos que están establecidos y simplemente los jueces ejecutan la ley, derechos que todo el mundo reconoce. Aquí siempre están las amenazas o peligros, cosas que dan cuenta de que no es una cosa ya establecida y que podemos estar tranquilos. Es algo por lo que hay que luchar, y no se para de luchar por el derecho de autor, que es una cosa lamentablemente inestable. Esto sucede tal vez por el hecho de que atañe a una parte de la población, no a todos los seres humanos de la misma manera, favorece a algunos que...*

**S:** Cuidado con esa visión, porque se puede prestar para malentendidos, presentando al derecho de autor como favoreciendo solo a algunos, a los que son titulares de derechos, olvidando su dimensión social que la tiene como una fuerza que empuja, que libera, que da más sentido a la vida de las personas. Esto, sin tocar los temas de su enorme importancia en la economía actual, de lo que ya hemos hablado. Pero es cierto que es más popular el derecho de acceso o de consumo, como lo prefiero llamar, que el derecho a producir y a generar más riqueza cultural, que en el fondo eso es...

**C:** *Claro.*

**S:** Eduardo, yo quisiera terminar con este episodio que tú —con razón— has querido tratar y que, como hemos visto, tuvo diversas aristas y consecuencias, algunas muy importantes para mí. Mirada la historia de la que hemos hablado en la perspectiva de un camino recorrido, que tú has llamado con empatía "la gesta del derecho de autor" en nuestro país, especialmente en un momento en que no estoy planificando armar nuevas sociedades de gestión colectiva (jajaja)...

**C:** *No, por supuesto que no...*

**S:** ... sino que estoy pensando en construir pensamiento crítico en relación con el derecho de autor. Yo veo ese trayecto como algo que me dio la oportunidad de construir algo, y que lo aproveché intensamente, y pude hacerlo, no porque tuviera grandes ideas y conocimientos, sino porque se dieron muchas cosas a mi favor. Momentos históricos, la vuelta a la democracia, los equipos de trabajo que se formaron, el interés épico y la mística que despertó en los autores la causa del derecho de autor, mucha gente que se hizo presente en esta historia que ya pasó. Pero lo más significativo y realizador es que uno también puede decir que hay un resultado que benefició a mucha gente, y que lo seguirá haciendo.

Por lo tanto, no miro este recorrido con reproche, por una cuestión circunstancial, que reconozco que fue lamentable. Creo que es mejor ser selectivo cuando se mira lo andado. Lo que verdaderamente interesa en esto que tú llamas "la gesta" es que han sido momentos de claridad de un grupo de autores sobre lo que había que hacer y otros tremendos de superación de obstáculos, de mitigación de las dificultades. Pero las gestas son contiendas, peleas, movilizaciones, choques, provocaciones, y no pueden ser interminables. No hay organización que lo resista. Debe haber etapas de consolidación.

Los desafíos ahora son distintos, tal vez más difíciles porque es una época de mucha confusión, algo sombría, pero la base de la organización autoral está, desde ella van a surgir los liderazgos necesarios. Un buen ejemplo es Rodrigo Osorio, "don Rorro", el actual presidente de la SCD. Nosotros lo hicimos en su momento, y ya está.

C: *Está bien. Ese discurso me parece correcto. No tengo nada en contra de eso. Pero la historia es más realista, más despiadada, y en esta cuestión yo creo que hubo responsabilidades, tonterías y malas decisiones. Como en todas las cosas. Y se cayó en una escandalera inhábil que no tendría por qué haber ocurrido, con temor a los medios, a ser juzgado por no sé qué tribunal de la historia, todo por una desprolijidad cometida por un técnico que puso ese programa. O sea, hay cosas que estuvieron mal, y que se hicieron mal. Lo que tú dices me demuestra que supiste superar la catástrofe. Saliste adelante personalmente, no te hundiste con el barco. Lo que me parece muy bien, por lo demás es lo que tenía que pasar dadas tus características personales. Pero me parece que hubo mucho descriterio, mucha ineptitud, falta de rigor, porque cuando uno tiene una responsabilidad, como la de ser presidente de la SCD, estás sujeto a una exigencia de rigor. Porque estás respondiendo ante todos los autores. Estás representando el interés de miles de personas que están detrás, y en ese sentido me parece que hubo poco tino, histeria. Cosas que son negativas y las consecuencias de eso son necesariamente negativas. Claro, uno no puede imaginarse cosas que no han ocurrido. Pero sí se puede ver qué cosas estaban ocurriendo y qué cosas se frustraron. Es obvio que muchas cosas se frustraron lamentablemente y se frustraron sin retorno, y eso es una cosa lamentable. Así que yo diría: "De pino y de queso". O sea, está bien, tú te salvaste, saliste adelante, pero que fue una estupidez todo el cuento a mí no me lo sacas de la cabeza.*

*Aunque me digas que ahora eres feliz y que la experiencia te abrió caminos. Eso es optimista, mirar el lado medio lleno del vaso.*
S: Es que eso es objetivo. Lo pasé bien, fue una etapa distinta llena de cosas nuevas...

C: *Lo que yo digo también es objetivo.*
S: Sufrí mucho también, por supuesto, pero al final...

C: *Eso es lo que no hay que olvidar... Yo creo que tú debiste sufrir muchísimo en esos días, debe haber sido bastante triste para ti y no me cabe duda de que fue así.*
S: Sin duda que fue difícil y también doloroso, y si me preguntas si yo habría preferido haber salido de la SCD en un acto público con una medalla (jajaja) y me hubiera ido lleno de abrazos. ¡Claro, obviamente que me habría gustado más! Pero en esto hay que ser...

C: *No estoy de acuerdo contigo.*
S: Esto es sin lloriquear, y no juzgo a nadie, me puedo hacer una recriminación a mí mismo porque podría haberlo hecho mejor. Pero no juzgo a nadie.

C: *Mal hecho, porque tampoco es malo decir las cosas como son.*

# El futuro del derecho de autor

C: *¿Cuál es el futuro del derecho de autor? ¿Hacia dónde va esto en la sociedad actual? ¿Qué pasa con la piratería y con toda esta nueva situación de los derechos en el mundo digital? Es muy curiosa la situación de los músicos en la actualidad: lo que se ganaba antes con los discos, que eran cifras más o menos importantes, se ha reducido prácticamente a nada. Esto afecta principalmente a la gente de baja y mediana difusión, que son los más perjudicados. Como que no reporta nada ser creador, o reporta cada vez menos, porque lo que te pagan por tu obra es una miseria. Por ejemplo, Spotify paga una media de 0,0033 dólar por reproducción. En este sentido, es una de las plataformas que menos pagan a sus artistas, ya que otras llegan a cancelar hasta 0,0054 dólar. Para que en Spotify un artista obtenga un dólar por su canción, esta debe escucharse un total de 250 veces.*
S: Lo he visto y lo sé, es que ese es un tema que tiene que ver con...

C: *Los que tienen grandes cantidades de bajadas ganan cientos de millones de dólares, pero la mayoría de los artistas reciben cifras irrisorias.*
S: Por otro lado se dice que el resultado operacional de las plataformas musicales es deficitario. ¿Pueden cobrar más las plataformas a los usuarios? ¿Están dispuestos los usuarios a pagar más? ¿Y tú crees que si pudieran cobrar más no lo harían?

C: *Lo que pasa es que esta cosa se transforma en el modo de existencia: si no estás en las plataformas, no existes, y entonces a alguien le conviene algo gratis, da lo mismo, no gano, pero estoy ahí, existo, ¿entiendes? "Estoy en Spotify, luego existo".*
S: Sí, pero tú lo estás viendo desde el punto de vista de los autores. Si yo licencio un repertorio en una plataforma como Spotify, que me paga por cada bajada, digamos, 0,002 peso, para que yo pueda ganar 200.000 pesos, Spotify necesita muchos millones de suscriptores o precios mucho más altos por las suscripciones, ¿Cuánto pagamos por una suscripción *premium* a

una plataforma como Spotify? ¿8 dólares? ¿Puede Spotify elevar el precio de esa suscripción?

Para seguir con el ejemplo: ¿Cuántos son los millones de usuarios de Spotify? ¿30 millones? En un planeta de 8.000 millones de personas. ¿Cuántos están conectados hoy, cuántos estarán mañana, etc.? Lo que podemos decir, mirando el vaso medio lleno, es que ya tenemos un mercado y que este entró en funcionamiento desde que se condenó a Napster, es decir, desde que el uso no autorizado de la música en las redes P2P se prohibió, lo que permitió que surgieran plataformas licenciadas como Spotify. Ahora hay que estar licenciado si me propongo hacer negocios con la música en internet. ¿Cómo puedo hacer para que ese precio se acerque a unas cifras que correspondan a las expectativas de los autores?

C: *En la medida en que la oferta sea más exigente.*
S: Piensa en las multinacionales, no en un autor individual como Eduardo Carrasco, una multinacional como Universal que tiene un catálogo gigantesco. Esa compañía cobra por su inmenso catálogo a un solo usuario, que es Spotify, y le cobra pensemos que unos cuantos millones de dólares para que pueda disponer de su repertorio por un período de un trimestre, por ejemplo, o bien pactar una cifra de USD 0,002 por bajada. Es probable que para Universal sea buen negocio que la bajada cueste USD 0,002, claro que podría gustarle subir un poco más el precio... pero a lo mejor no lo puede conseguir.

Esto muestra que la concentración de capital intelectual de una compañía como Universal le permite desenvolverse adecuadamente en el mercado de derechos digitales, dada su amplia oferta... ¿Pero es eso una falla del derecho de autor? No, esa es una falla del mercado, que no está remunerando adecuadamente a los autores, porque la alta concentración de capital permite economías de escala que hacen posible negociar un catálogo a muy bajo precio. Esta puede ser una posible razón de por qué un autor recibe tan poco.

C: *Eso ocurre en la música, Pero, ¿qué pasa con otras esferas del arte?*
S: Voy ahora al mundo audiovisual. Netflix es una plataforma que partió licenciando películas y ese fue su primer negocio. Pero después empezó a hacer sus propias películas. Actualmente es un productor cinematográfico que cambió su modelo de negocio de usuario y licenciado de audiovisuales, a

titular de derechos sobre sus obras. Invirtió su forma de proveerse de contenidos, ahora es titular de derechos de autor, y lo que hace es negociar con los agentes de los directores, cineastas, técnicos, etc., para comprar guiones y todos los insumos que se necesitan para quedarse como dueño del audiovisual.

Este es otro modelo de negocio donde la otra parte, el autor, recibirá poco o mucho, no lo sé, pero Netflix opera con un modelo que se llama el *buy out*, te compro y te quedas sin nada, te compro y todo es mío, y yo soy el titular del derecho. Entonces, desde ese punto de vista, en ambos casos el derecho cumple una labor de gran utilidad para el negocio y para el crecimiento de Netflix, en la medida en que le vaya bien y tenga muchos suscriptores que paguen puntualmente sus cuotas. Puede verse como algo perverso, porque si bien hace rodar el engranaje del negocio, el derecho de autor que se construye a partir de la persona que crea queda en segundo plano; se está dejando fuera tempranamente al autor de los frutos que su obra va a generar. Como Netflix es una ventana clave para muchos cineastas, las posibilidades de mejorar las condiciones de negociación son bajas.

**C:** *Y esto tiende a establecerse como un sistema que se entroniza en el mercado...*
**S:** ¿Cómo hacer para que las condiciones de ese mercado cambien? Individualmente los autores no lo pueden hacer. ¿Es la única fuerza que tienen? ¿Lo están haciendo bien las sociedades de gestión colectiva? Creo que no, en la medida en que no han podido quebrar esa barrera del sonido que hace que los medios digitales remuneren escasamente a los autores. No hay que olvidar que el gran mercado de producciones cinematográficas es Estados Unidos, y que allí los creadores tienen un sistema de negociaciones sindicales. No hay sociedades de gestión colectiva de derechos audiovisuales. En el resto del mundo son escasas, pero hay un vuelco de la situación en particular en América Latina. Entonces, esos dos modelos, concentración de capital intelectual y conversión de usuario a titular de derechos no está respondiendo a las lógicas del derecho de autor. Esto es una constatación. ¿Y cómo puede cambiar? Con más fuerzas para negociar las condiciones de uso. Esto será por etapas: primero se requiere que se consolide un mercado de derechos, que yo pienso ya está consolidado; es decir, que la oferta llamémosla"legal"sea la que impere como modo de distribución y difusión de las obras. Eso se logra porque hay suficientes personas que prefieren pagar ocho mil pesos, a darse la larga vuelta de buscar proveedores infractores,

sin licencia, unido a los riesgos que eso conlleva. En las etapas siguientes de las negociaciones entre titulares y plataformas deberían obtenerse ingresos más razonables para los creadores.

C: *Bueno, hay gente para todo y la gente del pueblo sigue pirateando igual.*
S: Pero ya no se venden discos en la calle, es todo digital, se acabó esa forma de piratería y todo es por transmisión digital, naturalmente a través de plataformas intermediarias.

C: *¿Dónde está la piratería ahora? Ese parece ser el tema.*
S: La piratería es una piratería *streaming*, que es cada vez más reducida. Entonces, ¿el mercado está funcionando? Sí, lo está haciendo.

C: *En la medida en que entrega su oferta.*
S: En la medida en que entrega su oferta y el consumidor la recibe y paga por eso. ¿Está remunerando adecuadamente el mercado a los autores? No, no lo está haciendo. ¿Hay imperfecciones en el mercado? De eso tenemos que hablar.

C: *Tal vez gran parte de lo que ocurre se debe a la inestabilidad generada por el cambio demasiado rápido de la tecnología. O sea, la tecnología va más adelante en sus cambios y modificaciones que el ordenamiento del negocio. Por ejemplo, en este momento todavía hay canales de cine en la oferta de la televisión por cable, cosa que es absurda, pues la mayor parte de la gente ya está usando otras maneras de ver películas.*
S: Los temas del derecho no son solo económicos. Hay una dimensión que es económica y distributiva de los bienes, y hay otra dimensión de justicia, que tiene que ver con la distribución de los beneficios. Resulta una paradoja desde el punto de vista de la justicia que las empresas más ricas del planeta, en volúmenes nunca conocidos en la historia, se nutran del trabajo de otros que reciben unos aplausos y muy poca retribución económica.

Hay que encontrar nuevos caminos y por eso estimo de mucha valentía lo que hizo el Parlamento Europeo al dictar una directiva que empieza a buscar esos mecanismos que permitan una mejor distribución de los beneficios. La directiva de"Derechos de autor en el mercado único digital", que establece que las plataformas son explotadoras de las obras.

C: *¿Eso existe solo en Europa?*
S: ¿Y te parece poco?

C: *Me parece bien, pero hay una cosa que en el último tiempo me ha llamado mucho la atención: con las nuevas tecnologías la situación de la cultura ha pasado a ser tremendamente incierta, hasta tal punto que tú por un servicio o por un bien cultural puedes pagar si quieres. Pero puedes no pagar por lo mismo, o pagar muy poco. Por ejemplo, compras un CD y pagas una suma "X", puedes usar Spotify y por la misma música pagas muchísimo menos, o puedes no pagar si tú vas a YouTube y escuchas las canciones que, sin ser necesariamente pirateo, son subidas por la gente que se interesa...*
S: Pero eso requiere correcciones en el mercado. La directiva europea sobre el mercado único digital, de 2019, y que ahora está en proceso de transposición a las leyes internas de cada país, fue muy discutida por las plataformas digitales. Wikipedia hasta hizo una huelga en su momento, cerrando su plataforma. La directiva estableció que si existe un modelo de negocios que consiste en permitir que sus usuarios compartan contenidos, esos usuarios son intermediarios de distribución de contenidos, realizan actos de comunicación pública, son por lo tanto responsables de esos usos y tienen que obtener licencias. Instagram, Facebook, Twitter, etc. Esto es una gran novedad.

C: *¿Esto está generando ganancias?*
S: No todavía. Pero el principio que se ha establecido me parece fundamental.

C: *Sí, lo es.*
S: Los usuarios no son libres de hacer lo que quieran. En sus estados financieros estas grandes compañías tienen una larga fila de "ceros" a la derecha. No solo porque tienen infraestructura tecnológica de última generación, sino que básicamente porque tienen muchos suscriptores que usan sus plataformas para compartir contenidos, y si no las usaran para ese propósito, su línea de ceros se reduciría mucho. Eso lo entendió el Parlamento Europeo, pero con muchos obstáculos, porque esta discusión está centrada en el consumidor. Se plantea como una dicotomía entre autor y consumidor, cuando en realidad es una controversia entre organizaciones de derechos de autor y plataformas intermediarias de contenidos.

Entonces, este planteamiento del problema usa una caricatura ridícula: por una parte, presenta a los autores como individuos que no quieren compartir y, por la otra, exhibe la generosidad de las plataformas digitales que solo quieren ayudar a compartir y facilitar el acceso.

Frente a esta explicación absurda, que presenta en conflicto al ciudadano y al autor, la comunidad debe reaccionar, porque el autor siempre va a estar relacionado con un intermediario, cuyo giro de negocios es distribuir contenidos. El ciudadano se relaciona con un distribuidor, que puede ser legítimo o "legal", es decir, que cuenta con una autorización o licencia del autor; o bien, puede tratarse de un distribuidor clandestino, que lleva a cabo su negocio usurpando derechos de autor.

En un momento fueron muchos los distribuidores ilegítimos. Pero hoy el gran avance es que la tasa de crecimiento de los distribuidores legales va en ascenso. Es cierto, como tú dices, que pagan poco, pero esa es otra pregunta que no tiene que ver con el reconocimiento del derecho, sino que con las imperfecciones del mercado.

Pero vamos a hablar del futuro, y lo que yo pienso es que eso es como hablar de la nada, o de lo que se nos ocurra, y en esto uno puede ser atrevido o irresponsable. Por eso, más que una conversación, esto es un ejercicio intuitivo, especulativo, porque cuando uno conversa puede decir cosas sobre las que ha meditado; en cambio, cuando me invitas a hablar del futuro, no tengo una reflexión muy clara o profunda. Porque el futuro, en relación con el derecho —ya que entiendo el derecho como un instrumento—, es algo que debe seguir a las cosas que ocurran, y no al revés. Entonces, podemos hablar del presente, como lo veíamos hace un momento, cuando te quejabas por los millones de bajadas de una canción tuya y por la que te pagan doscientos pesos. Pero ahí no estás hablando del futuro, sino que de lo que pasa hoy. Podemos hacer un análisis crítico de lo que pasa ahora, pero lo que hacemos es simplemente hablar del mercado digital de derechos y cosas por el estilo. Hablar del futuro implica hablar de las cosas que nos importan, siempre en relación con esas actividades o conductas que desarrollan las personas que descubren lo que otros no ven y que llamamos "creatividad".

Entonces uno puede preguntarse: ¿Qué será de la creatividad como actividad humana? Es una pregunta complicada, pero de eso va a depender de lo que digamos sobre el futuro, donde el derecho es un mero instrumento. Hoy tenemos una discusión de moda en relación con la inteligencia artificial —sobre lo que tengo una opinión—, en la que se piensa que esta forma de desarrollo tecnológico interviene en el proceso creativo. Es una pregunta a la que hay que responder, pero tiene que ver más con la tecnología que con el ser humano que crea, pero ya lo veremos.

Otra pregunta que uno se puede hacer es qué ocurrirá con los que hoy ejercen el oficio de creadores. Esa es una pregunta que no tiene un carácter económico, sino que una dimensión quizás antropológica. ¿Qué será del arte? Porque lo que se identifique como"arte"va a tener mucho que ver con el derecho, en el sentido de cómo vamos a regular las conductas relacionadas con el arte. ¿Qué va a ser de las industrias intermediarias entre la creación artística y los ciudadanos? ¿Van a concentrarse, atomizarse? O sea, son muchas preguntas. ¿Qué va a ser de la concentración de capital intelectual? De lo que ya hablamos y en lo que puedo ser hasta obsesivo. La pregunta de fondo es: ¿Qué va a ser del ser humano que crea? ¿Le va a importar o no a la sociedad? Y, por último: ¿Qué criterio de justicia va a aplicar la sociedad en relación con la creación intelectual? ¿Va a ser más utilitarista o más humanista? Ese futuro es quizás más lejano del que probablemente tú tienes en mente. Por último, ¿cómo se van a estructurar las relaciones y transacciones entre creadores e intermediarios? Hasta ahí llegaron mis preguntas, pero hay más, por ejemplo: ¿Qué papel va a tener el ciudadano-consumidor en ese futuro?

C: *Si analizamos solamente el último periodo de la historia de los artistas en el mundo, desde que comenzó la batalla por el derecho de autor, vinculada a la formación de las sociedades de autores en todos los campos del arte, etc., eso es una evolución y una historia, y uno puede preguntarse, dados todos los cambios acontecidos durante este tiempo, desde el vinilo al CD y ahora las plataformas: ¿Qué es lo que pasa con el derecho de autor? ¿Se va a afianzar o se va a debilitar? ¿Hacia dónde avanza la cosa? ¿Hacia un sistema más próximo al modelo anglosajón del* copyright, *o hacia un sistema de derecho de autor?*
S: Estamos en una situación cambiante, lo que es una obviedad, en la que transitamos a oscuras, lo que no es tan obvio, donde solo podemos detectar ciertas líneas de evolución y sobre esas líneas especulamos acerca de la función social que puede jugar el derecho de autor. Por ejemplo, el cuestionamiento del derecho de autor por los movimientos del libre acceso ¿tiene arraigo social? O, por el contrario, hay una necesidad de afianzamiento

del derecho de autor para hacer viable un desarrollo tecnológico con una raíz humanista. Cuando tú haces las preguntas, que por cierto son claves, mezclas dos cosas: cómo se van a organizar los autores para esta nueva realidad y cómo la sociedad va a mirar el derecho de autor. Son dos cosas distintas. Una tiene que ver con el ejercicio del derecho y la otra con el reconocimiento del derecho, y son cuestiones diferentes. El reconocimiento de estos derechos ejercidos sobre bienes inmateriales no solo forma parte de nuestra cultura desde hace tiempo, sino que es también un aspecto de nuestra forma de vivir.

C: *Entonces, ¿dirías que el derecho de autor está entronizado en la sociedad de tal manera que no corre peligro en el futuro?*
S: El derecho de autor es parte de nuestro modo de vivir en sociedad y creo que el derecho de autor goza de mejor salud que nunca, porque los bienes que configuran la riqueza actual en el mundo están directamente vinculados a los activos de propiedad intelectual; la estructura social está construida en función de estos activos.

C: *Explícame eso.*
S: El derecho de autor no solo apunta a bienes que son parte de la esencialidad de nuestra forma de vivir, de conectarnos, de divertirnos, de desarrollarnos, sino que además desde hace más de tres décadas abarca los bienes que son la base de la sociedad de la información: el software y las bases de datos. Mi amigo español Antonio Delgado decía que estos eran los invitados de piedra del derecho de autor, porque impactaron la percepción que la sociedad tenía de ese derecho y se introdujeron, forzando la estructura del régimen de protección. Sin embargo, se trata de una regulación instalada, que ya se quedó y no se discute. Es imposible hacerla desaparecer. Pueden encontrar otra denominación, modificar reglas, pero lo sustancial ya no cambiará. El derecho aplicable sobre los bienes inmateriales que resultan del avance tecnológico es la propiedad intelectual. Lo segundo es que la expansión exponencial de los activos de propiedad intelectual en las plataformas digitales y la multiplicación al infinito de las utilizaciones de las obras intelectuales muestran que este no es un proceso reductivo, sino que expansivo. Por eso digo que el derecho es un instrumento, entonces la pregunta es: ¿Cómo resolverá la sociedad la forma de conducirnos frente a estos bienes?

C: *¿Es un instrumento para qué?*

S: Un instrumento para que estas cosas inmateriales tengan valor. Las cosas tienen valor cuando son escasas, es un principio económico y es muy fácil de entenderlo en el contexto de los bienes físicos, porque su uso está limitado por la capacidad de servir al consumo de los seres humanos. Un estadio no es capaz de atender a todos los que quieren asistir a la final de un mundial. En los bienes inmateriales esto no ocurre, ya que admiten usos simultáneos y múltiples por miles de personas, como ya lo hemos explicado; entonces, lo que hace el derecho es generar una escasez artificial prohibiendo su uso. Como hay una prohibición se necesita de una acción que la remueva, y esto se consigue con la autorización de uso, que es el modo en que entran las obras intelectuales en el mercado de derechos. Así nos hemos organizado socialmente para que las obras circulen y se pueda remunerar a los que han producido esos bienes. Mediante este artificio que genera escasez respecto a estos bienes, ahora no todos los pueden usar, sino que solo aquellos que están autorizados, y la oportunidad de la autorización permite a quien tiene el poder jurídico de otorgarla fijar las condiciones de uso y la contraprestación económica consiguiente.

C: *Lo que tú me dices equivale a reconocer la propiedad de esos bienes.*

S: Ese vínculo entre quien tiene el poder de autorizar y el uso de la obra es una especie de propiedad. Así, visto desde un punto de vista estrictamente económico, si tú me preguntas: ¿Qué va a pasar con el derecho de autor? Yo creo que seguirá gozando de buena salud porque estos bienes tienen cada vez más importancia y a la sociedad le interesa que se produzcan. Si mañana se decidiera que no hay más derecho de autor y que todos los activos de propiedad intelectual, incluido *software*, bases de datos, música, películas, etc., son libres y se pueden utilizar sin restricción, entonces pasan a ser bienes comunes y dejan de tener valor económico. Esto también ocurre cuando la regla de prohibición deja de tener reconocimiento social, o es superada por la imposibilidad material y jurídica de reivindicar el poder de autorización del autor o del titular del derecho, como ocurrió con la industria musical discográfica al inicio de la ola digital.

C: *Pero esa regla de prohibición parece algo impopular...*

**S:** Todo el mundo tiene derecho a desear que las cosas sean lo más libres posible, como el metro, la energía eléctrica, las naranjas, el vino, etc., pero como esos bienes son naturalmente escasos, las sociedades se organizan y establecen estas formas para que existan mecanismos sociales que regulen el acceso, y la economía y los mercados cumplen un papel indispensable. Eso mismo pasa con las obras intelectuales, pero en función de esa artificialidad jurídica de la que estamos hablando. La otra pregunta acerca del futuro es si el uso de estos bienes inmateriales va a ser más o menos intenso en la sociedad del futuro. Pareciera que será lo primero, ya hay fenómenos como la realidad virtual, por ejemplo, que es un negocio relacionado con el uso intensivo de activos de propiedad intelectual y que van a necesitar una regulación, porque si no, no habrá interesados en producir esa realidad virtual.

**C:** *Siempre van a haber aficionados...*
**S:** Esta es la típica explicación utilitarista que tiene una buena prensa... Lo concreto que vemos en la vida diaria es la importancia que tiene este mundo de los bienes inmateriales, que son las obras intelectuales, las interpretaciones, las grabaciones sonoras, las producciones cinematográficas, todos vivimos alrededor de ellos en forma cada vez más intensa.

**C:** *¿Por qué te parece que eso es así? Me parece una postura optimista.*
**S:** Por varias razones. Desde luego porque el ocio va aumentando. El ocio en las generaciones de nuestros bisabuelos era una cosa casi incomprensible, porque estaban terriblemente ocupados en la subsistencia. No quiero desconocer que esa es una realidad social que sigue afectando a muchas personas, pero las nuevas generaciones miran con sospecha este afán de construir pequeños reinos económicos, aunque se trate de reinos poco esplendorosos, algo muy propio de nuestra generación. Las nuevas generaciones quieren disfrutar más de la vida: renuncian a sus trabajos, se van a viajar, quieren tener nuevas experiencias y menos compromisos de amarre; en fin, la experiencia de la libertad, de soñar, reír, llorar, jugar, etc., y eso parece atractivo. Esta nueva mirada del ser humano va siendo acompañada por la robotización, donde las cosas rutinarias ya las hacen las máquinas, entonces habrá más tiempo, el tiempo se va a expandir. Yo creo que hacia allá va la cosa, más bien hacia allá queremos que vaya, es una apuesta que se puede hacer, los seres humanos quieren jugar más.

C: *¿No será mejor introducir la idea de compartir en lugar de autorizar? A lo mejor de ese modo se podría hacer el derecho de autor una cosa más amable.*
S: En algún momento, en la época en que teníamos las movilizaciones autorales, en la época de los debates legislativos, nos acusaban de egoístas por no querer compartir gratuitamente las obras, y nos recordaban que los creadores se deben al pueblo, al gusto popular, etc. Claro, esos mensajes no venían del pueblo, sino que de algunos sectores de la industria intermediaria que tienen como principal cliente al pueblo.

Bien, de acuerdo, compartamos todo, bienvenido, no hay problema, pero siempre que el *commons* abarque todo, no solo las obras intelectuales. Veamos cómo se organiza ese planeta. En fin, esa discusión es un poco cándida, creo yo, ni siquiera se trata de un mundo utópico, sino que más bien ingenuo, porque lo utópico es algo que uno quiere alcanzar genuinamente, lo iluso es algo tonto, porque olvida que alguien tiene que producir los *commons*, no es el maná del cielo, y como hay que producirlo tiene que haber unos seres de carne y hueso que se encarguen de hacer las cosas, de reproducirlas, distribuirlas, en fin, y eso se llama una cadena de valor que tiene que llegar al consumidor. Y lo que el consumidor retribuye por eso tiene que nutrir a toda la cadena de producción, eso es la cadena de valor de los bienes. ¿Cómo se puede hacer eso en el ámbito de estas cosas raras que son las obras intelectuales? Solamente con un mecanismo como el derecho de autor.

C: *¿Por qué?*
S: Bueno, hay otros mecanismos para hacerlo. Uno es el mecenazgo; o sea, que los creadores vivan no del público que finalmente paga, sino que del Estado.

C: *De la plata que se les da.*
S: Claro, el mecenazgo es "pague lo que usted quiera", es "pasar la gorra", como lo hacen los músicos populares en las ferias. En algún momento fue una idea candorosa que pretendió cambiar las reglas. Fue un fracaso rotundo. El otro mecanismo, que fue implementado en los países del socialismo real, es un salario del Estado. Es el reemplazo de la sujeción del mecenas por el Estado. Finalmente, la otra vía es el derecho de autor, que es un mecanismo que permite hacer girar la rueda de creación, producción, distribución y acceso del ciudadano, que retribuye al distribuidor, y este al productor,

y finalmente este al creador. No se ha inventado otra cosa. Son las tres, el mecenazgo, la asignación de cuotas del Estado o un pago realizado desde el mercado, que se construye por el derecho autor.

C: *¿Funciona bien ese mercado? Tú afirmabas que no.*
**S:** El mercado de derechos puede tener imperfecciones, yo tengo un análisis crítico sobre el funcionamiento de ese mercado, para eso tendríamos que volver a los fundamentos del derecho de autor, para saber si realmente el mercado está cumpliendo con el fin, ya no solamente económico, sino que...

C: *¿Y cuál sería ese fin no económico?*
**S:** Su desempeño en la valoración del ser humano que crea, porque en eso...

C: *¿Todo el valor en el sentido económico de la palabra?*
**S:** No. En un sentido más finalista, porque si el mercado de derechos mueve la rueda hacia la concentración económica, o sea, hacia las grandes concentraciones de capital intelectual, no tiene sentido establecer un derecho de autor que dura toda la vida del autor y 70 años después de su muerte. Esta es una pregunta fuerte, que debería tener una respuesta desde el mundo autoral.

C: *¿Cuál es la respuesta a eso? ¿Qué tendría que hacerse?*
**S:** No la tengo, pero sí te puedo decir que si el derecho de autor se desliga del ser humano que crea, no tiene sentido persistir en la estructura del sistema normativo que hemos tenido hasta ahora: un derecho que está vinculado a la vida de una persona y hasta una o dos generaciones posteriores de su descendencia, que corresponde más o menos a 70 años después de su muerte. Por lo tanto, en un escenario de alta concentración de capital intelectual, uno podría decir que este ya es un derecho de industria, no un derecho radicado en la persona del autor, y en consecuencia no tiene sentido darle un trato diferenciado al derecho de patentes, que son 20 años desde la solicitud de patentamiento. Pero, ojo, esto lo digo desde la reflexión de una conversación, pensando que la acción estratégica de los autores debe ser reivindicar este carácter personal de la protección.

**C:** *No entiendo bien el problema de la concentración de capital intelectual...*
**S:** Si me pongo en el supuesto de la concentración de capital intelectual, lo que observo es que el autor está dejando de ser la fundamentación del sistema. Para mí lo medular del derecho de autor tiene que ver con la libertad de crear. A lo mejor, desde un punto de vista utilitarista el autor no importa nada, porque al utilitarismo lo que le importa es el bienestar social, que tengamos canciones, películas, imágenes, guiones, libretos, bases de datos, fotos, y si eso es lo que le interesa, y el régimen normativo genera estímulos para que se produzcan, da lo mismo si se hace o no con grandes concentraciones de capital intelectual. En esta argumentación está ausente la pregunta de por qué el derecho de autor es un derecho humano. Si es así, entonces tenemos que buscar los nuevos equilibrios.

**C:** *Cuando tú hablas de equilibrio, ¿es equilibrio entre lo que están ganando las empresas con esa forma de concentración de este capital intelectual y lo que están ganando los autores?*
**S:** Es un equilibrio entre la razón que sustenta el derecho de autor y su configuración final en la posesión y ejercicio del derecho. Esto, a un economista le puede parecer totalmente despreciable como argumento, pero si se trata de un derecho que se construye como una extensión del ser humano, ese individuo nunca puede estar desvinculado materialmente de su obra, ni de la suerte de su obra. El extremo es que el autor cree su obra y al momento de crearla ya no es titular de ningún derecho, porque se ha vaciado en favor de otro.

**C:** *¿Esa sería la anulación de su derecho?*
**S:** Claro, es un contrasentido. Por ejemplo, en el mundo cinematográfico, el guionista aporta su obra al productor cinematográfico y al momento de realizar su contribución pierde su derecho sobre esa obra, porque el titular de la obra cinematográfica es el productor, es decir, la empresa que lo contrató.

**C:** *O sea, le pago una plata o un sueldo por lo que él hace, una cantidad cualquiera, y después la propiedad de la obra que él produce es de la compañía productora.*
**S:** El *buy out*: te compro y fuera. Por ejemplo, es el mecanismo que utiliza Netflix, y es un tema en discusión. Por eso los autores audiovisuales están presionando para que sus derechos sean irrenunciables. Pero al sistema

económico no le gustan los derechos irrenunciables, prefiere derechos que se transen, se vendan, y también encuentra ventajas en la acumulación de capital intelectual desde el punto de vista de la eficacia poslicencia del sistema; es decir, para que la circulación de las obras sea expedita y sin las trabas del licenciamiento, más aún cuando son varios los creadores de una misma obra, como es el caso de los filmes, en lo que sería necesario contar con el consentimiento de todos para que el uso de la obra sea autorizado y su explotación sea legítima. El sentido pragmático del utilitarismo dice: "Mire, dejemos todo en manos del que hizo la inversión". Entonces, tu pregunta ya no tiene que ver solamente con el dinero, tiene que ver con el papel que le asignamos al creador o al autor.

C: *Que desaparezca el autor...*
S: Muchos dicen no entender por qué habría que darle un tratamiento especial al autor, por qué tiene que ser distinto al trabajador de la construcción, qué sentido tiene "este endiosamiento" del autor, que incluso lo categorizan como "creador".

C: *Entonces aquí podría ser interesante volver a la idea de creación de la que hablamos antes, porque si la creación no es la confección de una cosa nueva, como la que hace el artífice, el obrero que hace un jarrón, o, qué se yo, sino que es una cosa más misteriosa, algo que no es la simple confección de algo, sino que es el aparecer de algo que no estaba antes...*
S: Bueno, esa es la idea romántica que tú planteas.

C: *No, pero lo que pasa es que esa idea romántica ahora te puede servir a ti.*
S: No me sirve, porque es equivalente al caso real de una señora que escribió un libro y dice que se lo había dictado Jesucristo, y entonces cuando los herederos llegan a reclamar derechos por esa obra los editores les dicen: "¿Qué derechos reclaman?". "¿No han visto que la señora fulana de tal ha declarado que ella no escribió el libro y que simplemente se lo dictaron?".

C: *Sí, como la* Biblia.
S: Entonces, ¿qué importancia tiene el autor en ese proceso que llamamos creación si este es como un receptor de radio que recibe señales o un médium? No creo en eso. Lo podemos mostrar de otra manera, pienso que el

autor puede ser receptor de muchas cosas, pero el ser humano que sufre el parto en la creación de una obra es el autor mismo.

C: *Claro, pero lo que yo pienso es que quizás te podría servir porque esta idea valoriza el hecho mismo de la creación, la pone en otro plano y no en el terreno de la mera fabricación. Porque si la obra es resultado de una fabricación simplemente, de un hacer, o una cosa de oficio —lo que llamamos "la cocina", ¿recuerdas?—. Si es eso y nada más que eso, entonces la argumentación en favor de la anulación del autor y del poner el acento en la obra creada es mucho más poderosa. En cambio, si tú dices que el creador es un tipo especial, porque en él se da este fenómeno curioso y extraño, el fenómeno de la creación se transforma en algo extraordinario. Como yo creo que lo es.*

S: Voy a entrar en tu línea argumental, porque dices algo que se acerca a lo que yo planteo... En el fondo...

C: *No es lo mismo porque valoriza en forma especial el acto de crear y eso es lo que tú quieres...*

S: El acto de crear como tú lo presentas es una acción de un ser humano con antenas especiales para captar señales celestiales, para develar cosas. Bueno, en este caso se trata de un afortunado o bienaventurado, pero es mucho más valioso desde el punto de vista de...

C: *Lo que es importante aquí... —y ahí entramos en otro tema—, pero lo que es importante es señalar la particularidad y rareza del acto de creación y de la creación misma, porque la creación tiene varias cosas de las que no hablamos la otra vez, pero que me parece que son muy importantes, como, por ejemplo, hay una categorización de la creatividad, de modo que hay obras que tienen un valor muy especial respecto de otras. Pero es cierto que el derecho de autor no hace diferencias de acuerdo a lo que hablamos. El derecho de autor no hace diferencia entre la obra de Violeta Parra y la obra de no sé quién, cualquier compositor mediano que haga cosas populares, pero que no tengan ninguna profundidad. Pero con la obra misma pasa algo curioso desde ese punto de vista, porque no es lo mismo una que otra, y hay un sistema de valoración que finalmente la sociedad termina haciendo, incluso que se manifiesta en una valoración económica. Que un cuadro de Van Gogh valga millones de dólares, por ejemplo. ¿Por qué llega a valer eso? Por su rareza y por lo extraño que es, que algo como eso se haya producido.*

**S:** Estoy de acuerdo contigo en que la obra intelectual es una rareza y en que hay obras más raras que otras. Pero quiero saber cómo justificas que esas cosas raras, basadas y centradas en el ser humano que las ha creado, tengan una regulación valórica como la que propones.

**C:** *Ok. Comprendo que lo que tú quieres hacer es atribuirle rareza al tipo desde dónde surge esa obra, que es en sí misma rara también.*
**S:** No. Yo pienso que hay otros aspectos que están inmersos en esta discusión, pero que no los hemos nombrado, uno y principal es el de la libertad de crear; es decir, en la medida en que el autor es un mero engranaje de una máquina que transmite cosas negamos la libertad del autor o su autonomía para crear rarezas.

**C:** *Todo depende de lo que pensemos que es la libertad. Pero eso nos llevaría a temas demasiado alejados de nuestro punto. Lo que me interesa mostrar —ojo, estando de acuerdo en lo esencial con lo que dices— es al autor como algo más que un artífice que tiene una cierta técnica y que puede responder a la necesidad que tú le pongas: necesito un guionista, un iluminador, un camarógrafo, un director y junto todos esos oficios y hago una película. Pero es distinto cómo hace una película Fellini a cómo se hacen las películas comerciales en Hollywood. O sea, es distinto cuando el autor tiene la manija y se puede decir que ahí hay una obra, y cuando simplemente ejecutas un oficio porque te lo han encomendado. En un caso tú puedes producir algo que nunca va a ser una obra maestra, en el otro caso sí que puede aparecer eso, porque el individuo creativo y especial que tiene una sensibilidad que no todos tienen es capaz de aquello. Lo que estoy diciendo es de qué manera esta idea de la creación sirve para reforzar la valorización del creador.*
**S:** No estoy necesitado de un argumento para salir a la calle a defender a los autores, ese es otro tema que puedo hacer por vocación o por las razones que sean. Pero cuando discutimos acerca del fundamento del sistema de derecho de autor, y las imperfecciones que se pueden encontrar en el mercado de derechos, tienes que entrar en una discusión en serio, y asumir todas las hipótesis, incluso las que son más críticas. ¿Por qué razón decimos que el plazo de protección, por ejemplo, sea toda la vida del autor y 70 años *post mortem*, y no 20 años desde que se solicitó el registro patente como ocurre en las invenciones?

C: *Responde tú mismo.*
S: Por varias razones. Primero, porque yo atribuyo al acto creativo un carácter esencialmente humano, que merece un reconocimiento social particular en la persona que ha creado, eso es lo primero. Lo segundo es que para que ese acto creativo tenga la dimensión que me interesa, debe provenir de un hombre o una mujer libre, o lo más libre posible, y por lo tanto es necesario que ser autor sea una opción asumida por una persona. La sociedad lo necesita, pero no como un producto económico, porque a lo mejor desde el punto de vista de la rentabilidad social no es fundamental...

C: *O sea, que para que haya creatividad, tú necesitas un hombre libre. Eso me parece muy importante.*
S: El derecho de autor contribuye a su libertad, ciertamente. Por último, creo que el derecho de autor hace justicia con las personas que aportan con sus creaciones a la sociedad, y que les asegura que al menos durante toda su vida y hasta dos generaciones de su descendencia, después de su muerte, exista una retribución por esa contribución, no en función de una categorización social o económica del autor, sino que como resultado del rendimiento económico de sus obras, que finalmente deriva del mayor o menor uso o explotación de su trabajo.

El acto creativo es más que hacer una silla y si respecto de esa silla que ha hecho el carpintero nace una propiedad a perpetuidad; entonces, parece equilibrado conceder al autor al menos ese tiempo limitado de beneficiarse con el rendimiento económico de su obra. Después de ese plazo seguirán las obras rindiendo frutos económicos, pero ya no habrá beneficio alguno para el autor.

Por eso la pregunta que hacía al principio, y que debo reconocer es simplemente intuitiva y no predictora del futuro, tiene el sentido de querer saber qué es lo que piensa la sociedad humana del autor, ahora y en los siglos futuros, porque si lo considera un parásito, un tributario de todo lo que ha recibido y de todo lo que ya se ha creado, entonces no hay espacio para la creatividad...

C: *Es como la negación de la creatividad.*
S: Exactamente, la muerte del autor en un sentido distinto al de Foucault, donde es el público o el receptor quien realiza el acto creativo. La muerte

del autor de la que yo hablo tiene un punto de vista ideológico, donde nada en el arte y la cultura es atribuido a alguien y todo es de todos. Es la pregunta de Neruda en Macchu Picchu: "¿El hombre, dónde estuvo?". No se ven los que hicieron esa ciudad. Pero yo apuesto por una sociedad donde haya hombres y mujeres libres creando obras.

**C:** *Exactamente, pero en el fondo lo que está en juego es lo mismo que discutimos la otra vez: ¿Qué es la creación? Si es algo curioso, especial, raro, o es simplemente cocina.*

**S:** Decía que hay de todo, hay rarezas, pero también necesitamos la cocina.

**C:** *Sí, Pero lo que dijimos en ese momento, que me parece fundamental, es que al derecho de autor no le importa ese tema porque se trata de proteger las obras buenas y las obras malas. Pero desde el punto de vista que tú estás hablando no es lo mismo, porque tú estás valorando en forma especial la creatividad y no cualquier cosa. Lo que quiero decir es que en la propia creatividad hay un más y un menos, hay obras más valiosas y originales que otras. Tal vez son las obras más valiosas las que justifican que las protejamos a todas.*

**S:** Está bien, pero lo que hacemos ahora es evaluar este instrumento que es el derecho de autor, para establecer si ayuda a que existan hombres libres que creen obras. Pero si este derecho lo condiciono a un tribunal que diga cuáles son las obras que merecen protección y cuáles no...

**C:** *No, eso no, no estoy diciendo eso.*

**S:** Sé que no lo estas diciendo, solo menciono las dificultades que se encuentran cuando se establece una norma. Por eso las normas tienen que ser generales y en la generalidad de las normas van a protegerse obras buenas y malas, o, más bien, obras que subjetivamente nos parecen buenas o malas. Entonces, la norma que ha creado el derecho dice que vamos a proteger las obras que revistan características de originalidad; o sea, que sean únicas, al menos eso pide el derecho, que no sean copias de otras, que sean distintas unas de otras del mismo género. No digo que sea una gran obra, ni siquiera digo que protegeré esa obra si es el resultado de mucho esfuerzo, la norma dice que sean únicas y distintas, y que provengan de la inteligencia humana. Allí hay otra discusión con la intervención de la inteligencia artificial. ¿Será necesario establecer un sistema de control para determinar si una obra ha sido realizada solo por máquinas o con intervención humana? ¡Imagínate lo que eso significaría! ¡Es un absurdo!

C: *Quizás habría que hacer una diferencia. Todo lo que tú dices es correcto; el acentuar la universalidad o generalidad como tú lo estás haciendo en este momento me parece importante, porque de ese modo opera el derecho, que tiene que validarse por lo menos en un primer instante. No significa que no se pueda también en el derecho hacer una diferencia; por ejemplo, hacer la diferencia entre obras que son patrimonio de la cultura de un pueblo y otras que no lo son, hacer ese tipo de diferencias. De hecho, cuando tú inventaste la idea de "Figura fundamental de la música chilena" estabas haciendo ese tipo de diferencias.*

S: Pero, ojo, no debemos confundir esas diferencias con las obras que son patrimonio cultural común, que son aquellas cuyos autores han fallecido hace más de 70 años...

C: *Claro que no. ¿Pero no sería necesario, a tu modo de ver, que hiciéramos diferencias?*

S: En cuanto al derecho no, y no solamente lo considero innecesario, sino que también contraindicado, porque todo lo que sea calificación desde el punto de vista del mérito implica encargarle a alguien que diga lo que es bueno y lo que es malo, y en el mundo del arte eso tiene una historia muy tenebrosa. Prefiero que esa elección la haga la crítica o la realice el mercado o lo determine la popularidad, pero nunca entregar esa decisión a un burócrata que diga que esto tiene más valor que esto otro y, por lo tanto, dictamine si una obra merece o no protección por el derecho de autor.

C: *Tienes razón, el problema está en cómo hacer la diferencia, pero no significa que la diferencia no exista.*

S: Sin duda, pero en esto podemos pedir ayuda a Foucault, porque en realidad esa diferenciación la va a establecer el mismo ser humano auditor, cada miembro de la audiencia. Porque hay cosas que a mí me gustan y que ti no te gustan, y hay cosas que a ti te motivan o te hacen vibrar y a mí no, y viceversa. Hay una maravilla en estas rarezas, porque hay diálogos distintos entre el que crea y el que percibe lo creado, y por eso hay grupos de personas que siguen una tendencia, una moda, o una forma de escribir, de pintar, de crear. Por eso digo que el derecho de autor está basado en la libertad. Si uno quisiera llegar a ciertas conclusiones sobre lo que sucederá con el derecho de autor en el futuro, es más fácil responder si antes abordamos la pregunta sobre adónde van los intereses de la sociedad contemporánea.

Uno puede decir que esto de que las obras desaparezcan de las manos del autor al momento de nacer la obra no parece coherente con el fundamento base del régimen de derecho de autor, y tendríamos que buscar la forma de que esto no ocurra. Esto significa que debe validarse o asegurarse la presencia del autor en el sistema del derecho de autor, y yo abogo por eso. También abogo por evitar que el autor desaparezca asfixiado por la concentración de capital intelectual, que puede ser saludable para una economía, pero me parece muy perjudicial para el entendimiento que tenemos sobre el proceso de creación, sobre esas cosas raras que son las obras, bienes inmateriales que son objeto de la protección. Pero son preguntas que se responden socialmente. Por eso: ¿Cómo no va a haber una justificación mayor para la fortaleza de las sociedades de creadores, artistas, etc. a partir de este fundamento?

C: *Pero esta es una batalla. Lo que uno ve, de lo que somos testigos en este momento, es justamente un proceso de concentración de capital intelectual, y la mejor prueba es la que tú has mencionado varias veces, que es Netflix; o sea, el hecho de que cada día se tiende más a una producción en la cual todos los participantes pasan a ser empleados o engranajes de una máquina gigantesca que tiene todos los medios para hacerla y difundirla.*

S: Hay dos fenómenos que pueden servir para orientar las predicciones sobre el futuro: uno es un fenómeno multinacional nuevo, que se mezcla con el fenómeno global de los usos y de concentración de capital intelectual, que abarca a concentradores y plataformas...

C: *Y ese es el problema, porque las multinacionales se toman, por decirlo así, el mercado, en el sentido de que son las que tienen los medios, los instrumentos...*

S: En el sentido de que pueden atomizar el precio de las obras y de las prestaciones conexas, como hoy día sucede: todo está atomizado, y por eso se llega a tus 200 pesos, porque solo la concentración de capital intelectual permite que se hagan transacciones rentables, de bienes valiosos, a precios ínfimos, negociados con plataformas también concentradas...

**C:** *Es cierto, pero eso significa que uno podría decir que la evolución va en ese sentido. Lo esperable, tal como están sucediendo las cosas, es más bien un reforzamiento de esa tendencia.*
**S:** Creo que no, porque finalmente esa tendencia es el suicidio de esos mismos concentradores de capital intelectual.

**C:** *¿Cuál es el otro fenómeno que puede servir para orientar las predicciones sobre el futuro?*
**S:** Que las plataformas también se diversifican, y están sirviendo para que se multipliquen las formas de publicar. Si bien hoy estamos hablando de Netflix, si tú enciendes el televisor vas a ver que aparece una cantidad de plataformas distintas audiovisuales, que no las teníamos hace dos o tres años, y eso también va a ir en expansión. También ocurre con la música y con la literatura, con todo. Hay una estadística que muestra en forma dinámica cómo las plataformas de redes sociales han modificado su posición en el mercado; siempre se ve una alta concentración en los primeros tramos, pero también se observa cómo se producen cambios por el ingreso de nuevos jugadores, que en algunos casos logran instalarse en esos tres primeros tramos. Eso muestra que puede haber una desconcentración más temprana en las plataformas, que ya creíamos que habían agotado la posibilidad de ingreso a nuevos jugadores.

**C:** *Y entonces, ¿qué piensas que va a ocurrir con el derecho de autor en este juego de concentraciones?*
**S:** Es un mal negocio hacer desparecer al autor del sistema de derecho de autor. La sociedad no va a entender que eso esté ocurriendo, pero esta es una afirmación un poco al vuelo, que surge de la conversación y sobre la que habría que profundizar algo más. El principal argumento para decir que no es que, si bien todo ser humano es potencialmente un creador, hay una estadística —no tengo el estudio a mano— que dice que una de cada diez personas es un creador en el sentido productivo de la expresión. Por lo tanto, desde el punto de vista del género humano, los creadores son escasos. Las obras no son tan escasas, pero los creadores sí. Entonces, también hay una necesidad de poder protegerlos, preservarlos, motivarlos, etc., y todas las cosas que hemos dicho, a fin de evitar que sean una especie en extinción. Que el gato de la globalización no se coma al ratón de los derechos

humanos, como decía Saramago en Chile el año 2000. En consecuencia, yo pienso que los países se van a hacer eco de la necesidad de preservar —uso la misma palabra— las raíces, el fundamento del derecho de autor, porque nos interesa como sociedades libres y, por lo tanto, creo hay que golpear la mesa para que eso ocurra.

Esa voz no se ha escuchado hasta ahora, si bien se argumentó tibiamente en la directiva europea de 2019, asumiendo los desequilibrios que existen entre las grandes plataformas y los creadores y los artistas, lo que despertó una gran agresividad en contra de los autores y sus organizaciones. Creo que las sociedades de autores, con la fortaleza que les hemos atribuido en esta conversación, se justifican más que nunca. Resultaría un total contrasentido que el sistema de derecho de autor haga desaparecer al autor, que es su fundamento básico. Y para que no desaparezca, tienen que haber fuerzas sociales organizadas, preparadas y dotadas de los recursos necesarios para golpear la mesa.

C: *¿Y eso tú crees que son las sociedades de gestión?*
S: No sé si son las sociedades de gestión colectiva tal como ahora las conocemos, pero sin duda que conceptualmente no pueden ser sino las sociedades de autores. Si bien hay sociedades que cumplen muy bien ese papel, todas necesitan replantearse la forma en que operan. La sociedad de gestión colectiva no se justifica por sí misma, se justifica porque organiza a la comunidad creativa, porque les da una voz a los autores en la sociedad y les permite mantener el fundamento de su tarea en la sociedad. Y esto, como te decía, interesa a la sociedad en su conjunto, no solo a los autores, pues de estos no solo vienen maravillosas maneras siempre nuevas de entretenernos y utilizar nuestros tiempos libres, sino que el desarrollo de los más altos valores de la humanidad, que además de hacernos soñar pueden hacernos ser más inteligentes, más sabios y más creativos.

❋ ❋ ❋

# Anexo fotográfico

ARTES Y ESPECTACULOS 47

Santiago Schuster: hay que desarrollar la música popular chilena

SANTIAGO SCHUSTER

## Los derechos de los músicos

*Joven abogado, que canta boleros, inicia campaña de defensa de la propiedad intelectual de autores e intérpretes nacionales*

POR ANA MARIA FOXLEY

Una mirada superficial podría concluir que bajo el terno oscuro y la palabra segura y elocuente de Santiago Schuster, se esconde uno más de esos cientos de ejecutivos jóvenes que brotaron con el régimen de libre mercado. Pero se equivocaría. Porque este joven abogado que se tituló hace cinco años, se sale de los marcos.

Seguramente, porque nació en la provincia de Copiapó, hace 31 años, vivió toda su vida en Recoleta y supo compartir las pellejerías con sus nueve hermanos y un padre que, además de trabajar como empleado de la empresa de Transportes Colectivos del Estado, estudiaba sacrificadamente Ciencias Políticas en la universidad.

El ahora flamante director del Departamento del Pequeño Derecho de Autor está siguiendo los pasos de sus progenitores; tiene ya un muestrario de cuatro hijos, entre uno y ocho años, más un quinto que viene en camino. Parece que su pasado de barrio popular le dejó una gran calidad humana, que demuestra con un espíritu abierto a la crítica, al diálogo y a la búsqueda de soluciones lúcidas para los problemas.

Fue Mario Baeza, a cuyo coro ingresó el año 1974, quien lo introdujo en el mundo de la cultura. Después, cuando le dieron el Premio Nacional a Claudio Arrau, lo llamó para que asesorara al equipo. Del comité que recibió al maestro, saltó a la Corporación Arrau. Ahora está de Secretario General del Consejo de esa entidad luego que Baeza dejó el cargo.

### Boleros y leyes

A Schuster el gusto por la música le viene de chico, cuando aprendió a tocar guitarra. La sigue practicando a menudo. "Es que en plena época del *boom* económico, con un grupo de amigos ingenieros nos dimos cuenta que nos gustaba cantar boleros y cosas como *El plebeyo*. De ahí no paramos. Yo canto las del "Cancionero Romántico" de *La Bicicleta*, canciones de Gatti, valses peruanos, y tangos...".

Como cabeza del Pequeño Derecho de Autor tuvo que empezar a recibir las críticas —fundadas e infundadas— de moros y cristianos, que se venían acumulando desde hace más de 30 años... El departamento, que está bajo la tutela de la Universidad de Chile— único caso en el mundo—, es el encargado de recaudar los fondos de radios, televisión y locales que tocan música y, después de un largo proceso de cálculo por muestreo mensual, pagar los derechos de los autores y los derechos conexos, a los ejecutantes o intérpretes que se toquen en discos o *cassettes*.

Aunque él es funcionario del Congreso desde que era estudiante (como asesor técnico de las comisiones legislativas), se tuvo que meter de lleno en la Ley de Propiedad Intelectual 17.336, de 1970, recién modificada y publicada el 17 de octubre pasado con el número 18.443. Esta varía poco en cuanto a los delitos, pero sí en las penas. Si antes se pagaban mínimas multas, ahora, quienes omitan el pago de derechos, no envíen o falsifiquen las planillas de música, reproduzcan o distribuyan discos, *cassettes, videocassettes*... (los "piratas") tendrán penas de cárcel...

Schuster comenta que las asociaciones de autores e intérpretes tienen mucho de qué alegrarse por la protección que les da la ley, pero "poco se saca con proteger los →

HOY Nº 437, DEL 2 AL 8 DE DICIEMBRE DE 1985

"Los derechos de los músicos", reportaje sobre el inicio del proceso de transformación del derecho de autor en Chile, en *Revista HOY*, N° 437, diciembre, 1985.

Santiago Schuster mientras informa a los autores en el frontis del Congreso Nacional en Valparaíso. Abril de 1991. *Archivo SCD.*

Marcha de los autores liderados por Scottie Scott camino a La Moneda, para pedir la pronta aprobación de la legislación sobre gestión colectiva (1992). *Archivo SCD.*

Autores y artistas, encabezados por José Goles, con el Presidente Patricio Aylwin y el ministro de Educación Ricardo Lagos, en el Salón Montt-Varas (Palacio de La Moneda) en la ceremonia de promulgación de la reforma a la Ley de Propiedad Intelectual (9 de septiembre de 1992). *Archivo SCD.*

Firma del Acuerdo SCD/ARCHI, representadas por Luis Advis y César Molfino, que simboliza la consolidación del modelo de gestión colectiva en Chile (21 de octubre de 1998). *Revista ARCHI* Nº 22.

José Saramago. Inauguración del Congreso Mundial de Autores de la CISAC, 2000, en el Salón de Honor del Antiguo Congreso Nacional: "Si no nos defendemos, el gato de la globalización acabará engullendo al ratón de los derechos humanos". *Archivo SCD.*

Consejo Nacional de la Cultura, encabezado por su primer Consejo Nacional, del que surgirán las leyes del Fomento del Audiovisual, Ley de la Música y Ley de las Artes Escénicas (Cuenta Pública en el Congreso Nacional, 2005). *Archivo SCD.*

¡Acción!
Lanzamiento de la campaña "¡Acción!" Impulsada por ATN, CISAC y W&D, para el reconocimiento de derechos irrenunciables de directores y guionistas (2014). *Archivo ATN.*

Trato Justo. Movilización de las sociedades de gestión colectiva, durante el proceso de reforma de la Ley de Propiedad Intelectual. (Puente Peatonal Condell) 2008. *Archivo SCD.*

www.ingramcontent.com/pod-product-compliance
Lightning Source LLC
La Vergne TN
LVHW050751061126
851857LV00013B/1109